基于文化视角的思想政治教育研究

胡芬芬　著

中国纺织出版社

图书在版编目（CIP）数据

基于文化视角的思想政治教育研究 / 胡芬芬著. -- 北京 ：中国纺织出版社，2019.4（2024.2重印）
ISBN 978-7-5180-5314-8

Ⅰ.①基… Ⅱ.①胡… Ⅲ.①高等学校－思想政治教育－研究－中国 Ⅳ.①G641

中国版本图书馆 CIP 数据核字(2018)第 191562 号

责任编辑：姚 君 **责任印制：**储志伟

中国纺织出版社出版发行
地 址：北京市朝阳区百子湾东里 A407 号楼 **邮政编码：**100124
销售电话：010-67004422 **传真：**010-87155801
http://www.c-textilep.com
E-mail:faxing@c-textilep.com
中国纺织出版社天猫旗舰店
官方微博 http://weibo.com/2119887771
北京兰星球彩色印刷有限公司印刷 各地新华书店经销
2019 年 4 月第 1 版 2024年2月第9次印刷
开 本：710mm×1000mm 1/16 **印张：**20
字 数：298 千字 **定价：**98.00元

目 录

第一章 导论

第一节 文化概述

一、文化的概念

从词源学角度考察，“文化”是个外来语，英文为culture，来源于拉丁文cultura等词，有耕种、种植的意思。cultura最初作为动词使用，既表示耕种土地，也表示培养智慧，含有对人培养、教育的意思。在汉语中，“文化”一词可以分开来解释，“文”“化”各有其义。“文”通“纹”，许慎《说文解字》里说：“文，错画也。象交文。今字作纹。”除了有文字之意，还可指草木纹理、纹路等。“化”的古字是“匕”，《说文解字》里的解释是：“匕，变也。”有变化之意，而后经过演绎有了教化之意，如《周礼·大宗伯》中“以礼乐合天地之化”的“化”就有教化的意思。可见，汉语中的文化概念和“cultura”一样，最初都是作为动词使用的。波兰K.高里科斯基提到：汉语中“复合词‘文化’表示以‘文’的种种手段对社会所做的改变。‘化’在这里就是改变、转化的意思”。

将文化作为一个特定的学科进行研究，始于文化人类学或民族学。《韦伯斯特大词典》中把“人类学”定义为：“关于人的科学，着重研究人种、人类的体质和文化上的特征，人类的分布、习俗、社会关系等。”由此可见，文化与人类学关系紧密。英国人类学家爱德华·泰勒（Tylor）在《原始文化》一书中最早提出了人类学是研究文化的科学。他给文化下了一个经典性定义："文化，或文明，就其广泛的民族学意义上来说，是包括全部的知识、信仰、艺术、道德、法律、风俗以及作为社会成员的人所掌握和接受的任何其他的才能和习惯的复合体。"这个定义，至今仍为人类学者普遍接受，奉为经典。

"文化"一词有广义和狭义之分。广义的文化是指打上人类烙印的一切事物。它包括了"一个民族的全部生活方式，从出生到走进坟墓，从清早到夜晚，甚至在睡梦之中"，"文化在整个社会领域内惊人的扩张达到了这样一个地步，即可以认为我们社会生活中的每一样东西，从经济价值和国家权力到实践，乃至心理结构本身，从某种独特而尚未得到普遍认可的意义上来说，已经成为'文化的'（东西）了"。英国著名的人类学家马林诺斯基也认为文化是人对自然世界的加工。

广义的文化几乎无所不包，对文化进行分类就成为必要。美国社会学家乌格鹏将文化区分为物质文化（或应用文化）和非物质文化。根据文化这个词在农业劳动中的词源学渊源，它的意义首先是某种类似"礼貌"（civility）的东西，然后在18世纪差不多变成了"文明"的同义词，意指一种普通的知识、精神和物质进步的过程。第二种指有特色的生活方式。第三种就是逐渐专门用于艺术。格里茨认为文化主要包含三个层次：第一层是思想、意识、观念等。思想意识中最重要的有两方面：一是价值观念；二是思维方式。每个民族都有它比较特殊的价值观念和比较特殊的思维方式。第二层是文物。思想意识必须实物化、表现在实际的事物上，哲学家一定要有著作或语录，没有这些，一个哲学家在历史上也就起不了作用，著作就是思想的表现。第三层是制度、风俗，是思想观点凝结而成的条例、规矩等。

从对文化概念的界定中，我们可知：不同的学科，不同的视角，不同的研究目的，文化的定义各不相同，没有一种文化定义可以涵盖一切学科，适用于一切研究视角，只有深入构造文化概念的理论体系和运用它们的具体语境中，才能理性把握文化的内涵。

二、文化的内涵

“文化，是人类在其社会历史发展中不断创造、总结、积累下来的物质财富与精神财富的总和。”因此，文化是一种历史现象，是历史发展的体现。正因为如此，不论人们承认与否，文化从客观上存在着一种极其强烈的、割不断的历史传统性质。虽然，文化的历史传统在长期的历史传承过程中，可以使其性质逐渐地得到改变，但这种改变需要蔚成一种社会风气，在很长的历史发展过程中才能实现。文化传统的历史性改变，是一个长期的潜移默化的历史过程，往往是人们对它并不多么在意。但是，这种文化传统的性质一旦改变，哪怕是部分的改变，就将反转过来对人类社会生活产生巨大的影响，或祸或福。无论何种文化，其本质性的、深刻的内涵是哲学，是价值观、人生观、世界观、生存思想与方法的各方面体现。

文化的概念很宽广，又很灵活，难以把握，可能一百个人心中有一百种文化的定义，但一百种文化具有共同的属性，这就是文化的品性。“品”有“等级、好坏”之意，还指“有关道德的行为”。“性”表示事物的性质、性能、范围、方式等。“品”指向“向上”“向善”。“性”指向“向内”。“品性”是“品质、性格”之意。文化品性是指文化所表现出来的品格、性质和特征，即文化要向上、向善、向内的品格。所以，文化品性应该包含三个层面：一是文化引导人追求进步、追求真理、追求先进的“真”品性。二是文化引导人守德性、讲道德的“善”品性。三是文化关照人的精神健康、心灵和谐的“美”品性。文化之“真”品性可以评判文化是否正确反映了人类对客观世界的真理性认识，是否符合历史发展潮流，走在时代的前列，是先进的还是落后的。文化之“善”品性可以评判文化是否对人自身发展有益，是否能推动社会向前良性发展，是有价值的还是没价值的。文化之“美”品性可以评判文化是否能让人动心，让人的灵魂受到洗礼，感受到生活的希望与美好，是美好愉悦的还是丑恶乏味的。

在处于知识经济和科学技术高速发展的今天，文化也处于不断改革之中，紧跟时代发展，和社会的关系也越发紧密，尤其是学校已经将社会和时代的需求融入教学过程中，承担了更多的教育和培养职责，以达到培养人才服务社会的目的。文化的传承和创新已经成为了当下社会最急为发展的职能之一。文化一般包括精神文化、制度文化、物质文化和环境文化等几个方面的主要内容，其中精神文化尤为重要，它是文化发展的灵魂和核心。从教育的角度来剖析文化的内容来说，我们为了最终顺利实现文化的创新，离不开独立自由的学术知识、离不开持之以恒的毅力、离不开追求真理的勇气、更离不开追求进步的探索和勇于承担的责任。这些都是文化所要普及的教育。也只有在此基础上建成的文化才能体现育人的功能。文化作为教人、育人的核心内容，是促进人们形成良好品格的关键。社会要求实现人的全面发展，实际上就是发挥文化的育人功能，以提高社会的精神文明建设，促进社会更好地发展。

三、文化形成的特征

文化是一个历史性的长期概念，是在国家的发展过程中日积月累形成的。在反映社会总体文化内容，追求知识和科学技术进步发展的同时，也因文化承载个体的不同而存在着一定的差异性，这就体现在了文化的特色发展上。在社会大环境的影响下，文化的形成被赋予了以下几种特征：

（一）文化的历史性与时代性

文化是在历史传承和新兴时代相互融合下形成的。它是以社会实践为载体得以形成和发展的文化形式，是在国家的发展过程中吸收了每一段历史的优秀传统文化的基础上配合着新时代的特色需求而逐渐更新的文化。一般来说，文化的历史背景越长久，它的文化内涵就越丰富。因此，文化可以说是历史和时代合二为一的产物。但是历史的遗留和新兴的元素之间是不会立刻完全相融，甚至会出现冲突，从而阻碍着我国文化的进步和发展，这就需要我们以批判的态度来正视两者相磨合的过程，及时地了解社会主流思想和观念的走向，对社会意识流的方向进行正确的分析和判断，果断地舍弃不利的成分，以最好最快的方式实现优秀文化历史与时代的统一。

（二）文化的独立性与整体性

文化形成之后就独立于社会而存在，并在一定程度上作用于社会的发展。作为社会发展进步重要部分的优良文化更不例外。尊重社会文化的整体性，是文化获得良好发展、培养社会发展所需要的人才的前提。只有大环境的安定、团结才能给文化的更好发展提供良好的发展空间。在我国，文化所必须涵盖的就是以社会主义核心价值观为主体的教育内容，是由我国社会主义国家的本质所决定的。在顺应了社会文化大的发展趋势的同时，文化更多地融入了个体大学特色的理念和思想，这些特色是丰富多样的，甚至是独一无二的。例如，某所学校的办学理念、校风学风建设、特色学科的不同等都会影响这所大学的文化建设，这样会使学校培养出来的人才各有千秋，才能适应社会不同的需求。文化的个性与独立性也是更多地显现在了大学的特色建设中。在这种小环境的影响下，每所大学的文化都具有了其与众不同的面貌，是独立存在于其他大学文化之中的，在尊重社会整体主流价值意识的同时，每所大学可以因地制宜地选择自己的立足点来进行自身的独立建设，社会整体的大文化，然也要给予这些特色文化充分的发展空间，以形成“百家争鸣”的局面。

（三）文化的包容性与整合性

大学是文化发展的重要载体，大学是精英和人才的聚集地，他们是社会精神文明的领军者，是丰富的精神宝藏的源泉和知识的传播者。大学生在这样知识浓郁的环境里学习和生活，吸收着优秀传统文化的同时也还要作为时代的主人，应时应景地接触着新的文化元素，这就对大学文化提出了包容性的要求。而且无论是大学界学科之间的知识还是新的文化形式都不是完全相通的，这就可以以文化作为手段和媒介来实现跨学科的相互交流，使知识能够融会贯通，也使大学文化的延展性越来越广泛。大学是个知识领域较为开阔的学习之地，知识结构及文化形式的多样性要求大学文化必须具有良好的包容性，可以容纳各种优秀信息的传递与交流。大学文化作为一个系统的整体，它的内容必须是完整的，在包容多元信息并存的基础上又必须有较好的整合性，必须以整齐划一的培养体系作为一条鲜明的主线贯穿于教育活动的始末，不能出现块状分离的知识单元，这就要求大学文化能将各学科各方面的优秀知识集中统一，并较好地糅合，紧密地围绕在教育教学活动之中，以促进学校和师生的良好发展为最终目标，合理协调文化的包容与整合，为其主体的强大奠定更加丰富和深厚的文化底蕴。

（四）文化的国际性与民族性

文化的国际性与民族性之间是相对而言、相辅相成的。在信息化繁荣发展的今天，语言不通已经不能阻碍国与国之间的交流。地域有国界，文化无国界。无论是哪个地区、哪个国家的文化都是以其丰富灿烂的历史文明为基石而发展起来的，就如蒙着神秘的面纱，等着人们去学习、探索和发掘。学校是我国文化传播与发展的重要载体，尤其是大学。而优秀的大学文化也是来源于悠久历史的民族文化中的，我国最赋有特色的民族性大学文化就是以私塾为代表的书院文化。在书院的创始之初，它虽然没有政府的支持，以个人或家庭为主要创办模式，但却是我国传统的教育方式，它所传播的多为流传下来的传统美德和经典文化。由此而形成的书院文化对今天的大学生来讲仍是学习优秀传统文化的必修之课。对儒家孔孟之道的传承与发扬也奠定了我国大学文化最扎实的根基。在经济全球化的影响下，以孔子学院的设立为代表的种种现象均表明我国大学文化已经成功走出国门，走向世界。在国际性方面，学分制、年级班级制教学都受到了西方高等教育的影响，也奠定了现代中国大学文化学科制教学的基础。各大学对四六级英语等级测试的重视则是我国大学文化融入西方文化最有利的显示。外语教学在大学的盛行使大学生对西方文化产生了好奇和向往，直接导致了出国留学热的出现。随着外来文化的加入，我国大学文化的视野也越来越开阔，不再只局限于狭小的国内认知，对已有的大学文化体系也理性地分析和筛选，吐故纳新，不断融合，取长补短，实现大学文化国际性与民族性的合理共存，也是实现我国文化的国际性与民族性。

四、文化的功能

（一）化人功能

早在《易·贲卦》中就有“圣人观乎天文，以察时变；观乎人文，以化成天下”的说法。化人是文化最古老最持久的功能。张岱年曾说：“从人类社会活动所创造的成果的意义上，文化是文，还不是化。只有考虑到这些成果同时还意味着对人自身的改造，才是文化。”即如果没有化人的功能，就不能称得上文化。化人就是改造人。这个“化”有教化、感化、转化、美化、化解、塑造、熏陶等含义。其实，文化的化人功能有两个方面。一方面，先进文化具有积极的化人功能。人们需要通过先进文化启蒙心智、愉悦身心、陶冶性情，增加精神上的和谐感、幸福感，获得精神上的满足和归依。没有精神文化上的充实和丰盈，就不能说有真正幸福的生活和美好的人生。先进的文化以其内在的精神力量如理论指导力、理想凝聚力、道德教化力、舆论导向力、科技创造力、法纪整合力、艺术熏陶力、心理微调力等满足人对精神文化的需要。人的这种精神上的需要和满足会成为人无穷无尽的精神动力。当你向一个失足的孩子伸出温暖的手，你可能想不到，这个孩子因你的帮助从此有了光明的人生。当病人精神上注入了某种希望，或有了积极的精神暗示，就如打了一针强心剂，支撑他顽强地与病魔做斗争，甚至可以化腐朽为神奇，战胜病魔。另一方面，落后文化有消极的化人功能。落后的文化让人失魂落魄，精神萎靡。

当前，我国正处在经济社会转型期，一些人的思想困惑、精神焦虑有所增多，人文关怀、心理疏导、精神抚慰的任务更加繁重。我们应发挥文化化人的积极功能，用文化温润心灵，舒缓压力，涵养人生，丰富人的精神世界，满足人们多样化的文化需求，切实保障人民群众的基本文化权益，真正使文化成为“人民的精神家园”。

（二）软实力功能

文化的民族属性决定了文化的软实力功能。当今世界，文化在综合国力竞争中的地位和作用日益凸显。综合国力是一个国家生存、发展和施加国际影响的各种力量的总和。综合国力不仅需要经济硬实力，也需要文化软实力。约瑟夫•奈将软实力归纳为文化影响力、意识形态影响力、制度安排上的影响力和外交事务中的影响力四个方面。当一个国家的经济、军事等硬实力达到一定程度时，对国家的发展就不再具有决定性的作用，这时，起决定作用的将是文化软实力，这已经是一个时代的共识。文化软实力的主体实力是科技力、民族凝聚力和精神力。“文化的力量，深深熔铸在民族的生命力、创造力和凝聚力之中”，“加强国家文化软实力建设，对内增强民族凝聚力和向心力，对外增强国家亲和力和影响力”。体现强大民族凝聚力的先进文化因素渗透于经济、政治、军事之中，可以起到力量倍增器的作用。这种先进文化通过国际间的传播，对其他民族心理产生很大的影响力、冲击力、征服力，产生一种无形胜有形、柔弱胜刚强的软实力。

（三）育人功能

文化的育人功能与文化的知识属性是相对应的。育不仅是教育，还有培育、改变、提升的含义。首先，文化知识使人进化。知识使人由愚昧到文明、由愚钝到聪慧、由无知到博学。人和动物相区别，乃在于人是有知识、有文化生命的存在。人类学家兰德曼说：“没有文化，人什么都不是。”其次，文化知识可以塑造人。一方面，具有文化环境和文化氛围的生活环境对人潜移默化地影响和熏陶，把自然人塑造成社会人；另一方面，健全的教育体制，使人通过学习各种文化知识和行为规范，把人塑造成文明人。“教育的根本目标是‘使人作为人而能够成为人’，具体地说，现代教育的根本目标就是使人成为具有现代教养的人。”一个人的文化内涵，也就是一个人掌握的文化知识因素。此外，文化知识还可以提升人的素质和能力。通过掌握各种文化知识，人的创造能力大大提升，人可以由体力劳动者变成脑力劳动者，或者成为能力、素质全面发展的人。培根“知识就是力量”的名言影响了一代又一代的人们追求知识，改变命运。

（四）社会动力功能

当代社会，文化已直接影响着一个国家的综合竞争力，文化产业越来越成为重要的支柱产业。首先，经济社会发展需要文化支撑。没有文化，人类社会不可能摆脱自然状态和愚昧状态，就没有人类社会由野蛮阶段向文明阶段的进步发展。西汉初期，先进的儒家文化战胜了黄老文化才有了西汉的强大；1919 年，“五四”新文化运动倡导的新思想代替了封建社会的旧思想，才有了新民主主义革命和新中国的建立；有了中国化马克思主义理论的指导，才有了我国波澜壮阔改革开放的伟大成果和社会进步。随着文化的进步和发展，经济获得了新的发展动力。如果没有文化的发展作为支撑，经济发展就不可能获得质的提升。其次，社会协调发展需要文化支撑。文化越发展，文化功能越凸显，对社会的协调发展作用就越明显。世界上曾有一些发展中国家为了摆脱落后和贫穷，奉行西方工业化的发展模式，但是，由于片面追求经济增长，不注重科技文化和人文文化的融合，陷入了“有增长无发展”的境地。这些教训表明，经济增长不能自然而然给人类带来福祉，如果没有文化的价值导向，没有文化功能的发挥，社会就不能协调健康发展。最后，可持续发展需要文化的支撑。人类片面追求经济增长造成了地球生态环境的严重破坏和人类生存条件的急剧恶化，人类社会的可持续发展受到了挑战。20 世纪后半期，人类社会逐渐形成了新的发展观、新的文化价值取向，尤其是在知识经济时代，科技、信息和人才等文化因素，正在丰富和扩充原有的自然资源和物质资本，成为决定经济发展潜力和后劲的重要因素。因此，文化因其支撑着经济社会协调、可持续的发展而发挥着社会驱动的功能。

（五）经济功能

文化的商品属性决定了文化的经济功能。商品属性是文化产品经济功能的原动力，它内在地驱动着生产者将自己的文化产品推向市场，实现其劳动价值。文化的经济功能表现在文化产业化，被誉为 20 世纪最后一桶金的文化产业，因其资源消耗低、环境污染少、科技含量高等明显优点，成为典型的“低碳经济”“绿色经济”“朝阳产业”，正成为经济发展新的增长点和国民经济的支柱产业。

文化的经济功能还表现在文化与经济的融合即一体化。当今时代文化与经济日益交融，深刻推动了文化经济化、经济文化化、文化经济一体化的深入发展，物质产品的文化化作为文化的传播方式，不仅可以体现精神力量，而且还具有强大的经济功能。首先，文化因素使物质商品朝着个性化、多样化方向发展。物质的东西一旦加进了文化的元素，就变得有生命、有色彩、有内涵、有个性特色。

随着经济发展和人民生活不断改善，社会消费结构逐步发生着变化，个性化、多样化的需要越来越成为人们的主流追求。因此，物质产品加入文化内涵可以在满足人们多样化、个性化文化需要的同时，促进经济发展。其次，文化因素提升了物质产品的附加值。物质产品的价值和附加值的大小取决于文化的内涵，文化已经不是外在于经济的精神因素，而是直接成为经济生产过程不可或缺的因素，是经济发展的内生变量，文化软实力也是经济力。因此，文化越来越成为经济社会发展的重要支撑。文化与经济融合产生的巨大能量成为最为持久和最难替代的竞争优势。如果从更广阔的视野看经济发展方式的转变，实质上就是一次文化转型。

（六）政治功能

文化的意识形态属性决定了文化的政治功能。首先，政治、法律、道德等意识形态作为上层建筑的组成部分，对经济基础具有巨大的反作用。社会意识形态通过凝聚社会力量、整合社会观念、统一社会思想，维护自己赖以生存的经济基础。其次，意识形态是社会全面发展的内在要求。社会由物质现象和精神现象组成。意识形态作为社会精神现象的主体，不仅为社会的经济发展或物质文明建设提供精神和智力支持，它同样也是社会全面发展不可割舍的部分，是社会全面发展的内在要求。最后，意识形态是为政治服务的。意识形态一旦产生便力图为一定的社会制度和统治阶级的合法性提供辩护，反对各种不和谐的声音，为凝聚社会各种力量，为维护社会稳定恪尽职守。

当前，由于意识形态领域的斗争极其激烈、尖锐而复杂，坚持文化的意识形态属性一刻也不能放松。西方敌对势力宣扬“中国崩溃论”“历史终结论”“普世价值论”，反复鼓噪“军队非党化”“非政治化”等谬论，其目的就是企图“西化”“分化”我国。因此，我们要充分认识文化的意识形态属性，坚持用社会主义核心价值体系引领文化建设，发挥文化的政治功能，与“西化”“分化”等图谋打一场长期而持久的文化战役。

第二节 思想政治教育概述

一、思想政治教育的定义

思想政治教育是社会或社会群体用一定的思想观念、政治观点、道德规范，对其成员施加有目的、有计划、有组织的影响，使其形成符合一定社会所要求的思想品德的社会实践活动。思想政治教育是以人为教育对象旨在帮助人们形成符合社会要求的思想政治品德的一项实践活动，是不断实现既定目标的过程。思想政治教育是实现社会主义精神文明建设的核心手段和重要途径。在我国社会主义现代化进程中，思想政治教育发挥着巨大的社会作用。思想政治教育在社会意识形态、品德人格上对社会成员起到导向作用，它帮助教育对象树立正确的世界观和方法论，确立正确的政治方向和现代的思想观念，协调人与社会、人与人之间的矛盾，激发教育对象的积极性和主动性，进而促进个体的政治社会化和人格的完善，推动社会创新和改革。思想政治教育的最根本内容是世界观、人生观、价值观的教育，是实现思想政治教育对象思想、政治、道德、心理等方面要求的具体化。

二、思想政治教育的价值目标

思想政治教育最主要的就是对大学生人生观、价值观的培养和塑造，它以培养符合社会创新能力所要求的“四有新人”为最根本的价值目标。“以德育人”是大学思想政治教育领域核心的教育宗旨，是通过道德、品德的宣讲来教育大学生群体，使其成为德智体美劳全面发展的综合型人才，为社会培养出优质的建设者。

（一）思想政治教育是高校开展一切工作的生命线

高等学校是培养人的主要阵地，担负着培育社会主义事业合格建设者和可靠接班人的重要任务，应力求高度重视大学生的思想政治教育，确保当代大学生政治立场的坚定性和马克思主义信仰的坚定性。中共中央、国务院在《关于进一步加强和改进大学生思想政治教育的意见》中指出：“加强和改进大学生思想政治教育，提高他们的思想政治素质，把他们培养成中国特色社会主义事业的建设者和接班人，对于全面实施科教兴国和人才强国战略，确保我国在激烈的国际竞争中始终立于不败之地，确保实现全面建设小康社会的宏伟目标、加快推进社会主义现代化的宏伟目标，确保中国特色社会主义事业兴旺发达、后继有人，具有重大而深远的战略意义。”

大学生是一个特殊的群体，他们正处于世界观、人生观和价值观形成的关键时期，独立性和依赖性并存，他们学习和模仿能力强，渴望独立，渴望被认同，期待值高，但鉴别能力不高，对家长、老师和朋友有依赖。他们具有较强的可塑性，需要思想政治教育的正确引导。高校思想教育工作既要传播我国优良的思想品德和社会主义建设的主要思想，还要培养他们完满的人格和良好的独立性，以及他们步入社会所需要的基本思想行为准则如团体意识、社会责任感等。近年来，随着全球化思潮的影响，大学生面临着大量西方文化思潮和价值观念的冲击，一些腐朽没落的生活方式对大学生的影响不可低估，这就带来一些不容忽视的负面影响。一些大学生不同程度地存在政治信仰变得十分迷茫、理想信念也是模糊不清，更有甚者价值取向都发生了扭曲等问题。这就更需要大学生思想政治教育对大学生健康成长起到引导作用。唯有把思想政治工作提高到高校一切工作的生命线的高度，重视思想政治教育对大学生健康成长的重要作用，才能确保代当大学生成为社会主义事业合格建设者和可靠接班人。

（二）新时期大学生思想政治教育的价值目标

首先，大学生思想政治教育要坚持社会本位和个人本位的统一，既要坚持马克思主义的指导地位，坚持党的基本路线和进行社会主义现代化建设，又要符合大学生自身思想政治品德发展的需要，提高他们的科学文化水平和思想道德素质，使他们成为社会需要的高素质人才。中共中央、国务院在《关于进一步加强和改进大学生思想政治教育的意见》中指出："新时期大学生思想政治教育的主要任务是：以理想信念教育为核心，深入进行树立正确的世界观、人生观和价值观教育；以爱国主义教育为重点，深入进行弘扬和培育民族精神教育；以基本道德规范为基础，深入进行公民道德教育；以大学生全面发展为目标，深入进行素质教育。”因而，新时期高校的思想政治教育应以培养大学生坚定的社会主义理想信念为目标，坚持马克思主义基本理论教育，促进大学生的全面发展。

其次，用社会主义核心价值体系引领大学生思想政治教育是现阶段高校思想政治教育的价值目标。在党的十六届六中全会通过的《中共中央关于构建社会主义和谐社会若干重大问题的决定》中，首次提出社会主义核心价值体系的概念。这是我国现阶段思想领域的重大战略思想和指导方针，是中国共产党理论创新的又一重要成果。社会主义核心价值体系是社会主义的内在精神和生命之魂，为了保证大学生健康成长成才，高校必须以社会主义核心价值体系为指南，引领大学生思想政治教育。社会主义核心价值体系这一科学命题主要包括马克思主义指导思想、中国特色社会主义共同理想、以爱国主义为核心的民族精神和以改革创新为核心的时代精神、社会主义荣辱观四方面内容，这是当今大学生思想政治教育的根本方针，是在多样化条件下坚持马克思主义在意识形态领域指导地位的重要保障。这不仅有利于大学生坚定正确的政治方向、树立正确的三观、形成正确的道德准则和行为规范，同时也是社会主义核心价值观的本质要求，是我国社会主义文化前进的必然方向。因此，把社会主义核心价值体系的主要内容融入到大学生思想政治教育的过程是现阶段大学生思想政治教育的价值目标。

三、思想政治教育的主要内容

思想政治教育内容是思想政治教育者向受教育者对象实施教育的具体要素，它是思想政治教育过程的一个基本要素，是思想政治教育目的和任务的具体化，直接关系到思想政治教育目的的实现和任务的完成。思想政治教育内容的确定，既应以思想政治教育的目的和任务为客观依据，又要以受教育者的思想品德状况为现实依据。由于思想政治教育目标内在规定的丰富性，思想政治教育的内容是多方面的、广泛的。这些多方面内容按照特定的层次结构相互联系、相互作用，由此构成了思想政治教育的内容体系。

思想政治教育的具体内容包括哪些基本要素，理论界的认识并不完全一致，现在一般认为由五个基本要素组成，即政治教育、思想教育、道德教育、法纪教育、心理教育的“五要素说”。

（一）思想教育是思想政治教育的根本性内容

思想教育包括世界观教育和人生观教育。它通过对人类社会发展规律的认识和理解，使人们形成科学的“三观”，具有科学的理想、信念、态度以及开拓创新的精神，为人们认识世界和改造世界提供根本的思想方法和强大的思想武器，为政治教育、道德教育、法纪教育和心理教育提供价值理念支撑和世界观、方法论基础。

1. 世界观教育

世界观是人们对整个世界的总体的和根本的观点。它是人们对世界本质、人与周围世界的关系、人在世界中的地位和生存价值等一系列基本观点的总和，是人们在实践中对世界本质问题探索的思想结晶。世界观决定人们观察问题、分析问题、处理问题、立身处世的基本态度，决定着人们的人生观、政治观、道德观、法治观。因此，马克思主义世界观是思想政治教育的核心内容。马克思主义世界观教育主要包括辩证唯物主义教育、马克思主义认识论教育和历史唯物主义教育。

（1）辩证唯物主义教育

进行辩证唯物主义教育，最主要的就是要帮助人们正确认识物质与意识之间的关系，坚持一切从实际出发、实事求是的辩证唯物主义原则，树立辩证唯物主义的基本观点，从而提高人们认识世界和改造世界的能力。使人们在改造世界的过程中，想问题办事情能从客观存在出发，采取实事求是的科学态度，尊重事实、尊重科学、不迷信、不盲从；能注意运用联系的观点、发展的观点、全面的观点去观察和分析问题，防止绝对化和片面化；能掌握正确的思维方法。

（2）马克思主义认识论教育

进行马克思主义认识论教育，最主要的是要教育和引导人们在社会主义现代化建设和改革开放的实践中，用好解放思想这个法宝，自觉坚持实事求是的思想路线，做到一切从实际出发，实事求是，理论联系实际，在实践中检验真理、发展真理，使主观认识和客观实践保持具体的、历史的统一。

（3）历史唯物主义教育

进行历史唯物主义教育，最主要的是要教育和引导人们掌握社会发展的规律，坚定社会主义、共产主义信念，积极投身于社会主义现代化事业。另外，要学会运用历史唯物主义的观点和方法正确分析和看待历史事件、历史人物和各种社会现象。特别是要掌握社会存在与社会意识辩证关系这一根本原理，重视意识形态领域的工作和斗争，自觉坚持社会主义意识形态阵地。树立群众观点，尊重群众、相信群众、依靠群众，永远和人民群众紧密联系在一起。

2. 人生观教育

人生观是关于人生问题的根本观点和看法。它以人生为对象，是人们对生活目的、意义、价值各方面的理解和看法。具体来说，主要包括人生理想、人生目的、人生价值和人生态度四个方面。简单来说，人生观教育就是立足于社会发展和人的发展要求，以追求人生的整体和谐发展为目标，在引导人们树立正确的人生目的和科学的人生态度过程中，实现人生价值。

（1）人生目的教育

“人生目的是指人们在社会生活实践中关于活动或行为对象性的自觉认识，表现为活动或行为的自觉的对象性。”作为人类所特有的一种精神现象，人生目的的产生根源于社会生活的实践，是主体与客体相互作用过程中所形成的主观与客观、观念与现实的对立统一。人们对人生目的认识、理解和把握归根到底是和一定社会生产力发展水平及其生产关系相适应的。人类的主观能动性表现为有目的地创造历史，但这种创造并不是随心所欲的，它只能是在直接碰到的、既定的、从过去继承下来的、十分确定的前提下创造的。

“其中经济的前提和条件归根到底是决定性的。但是政治等的前提和条件，甚至那些存在于人们头脑中的传统，也起着一定的作用，虽然不是决定性作用。”不同的阶级、不同的政治经济地位、不同的生活经历和社会实践、不同的受教育程度和认识能力，造就了各种不同的人生目的类型。

人生观理论及其教育的任务，主要是研究人生的根本目的，进而对人生各项具体目的进行有效指导。人生目的教育过程中我们应努力避免两种错误倾向，一是脱离具体实际空谈终极目的；二是就事论事只讲具体目标而归于庸俗。这两种情况都没有考虑到人生目标的方向性与终极目标的统一。如果把科学的远大目标与大家的具体人生课题相结合，相信会对人们有实质性的帮助，也会受到大家的欢迎。

（2）人生理想教育

“理想”一词，最初来源于希腊语“idea”，意思是人生奋斗目标。在我国古代被称为“志”。《尚书》中有：“射之有志。”《辞海》中说：“理想是同奋斗目标联系的有实现可能性的现象。”理想属于人类精神生活范畴，是主观和客观的统一，既有主观的表现形式，又有高于生活的客观内容。它和人的需要紧密结合，既来源于人的需要，又体现着人的需要。因此，需要的性质决定着理想的性质，需要的层次制约着理想的层次，一定需要的满足总是和一定理想的实现同步的。

人生理想是指人们在实践中形成的具有现实可能性的对未来

的美好向往和追求。人生理想包含三个要素：人们的向往和追求，这是理想的实质；现实生活的可能性发展趋势，这是理想的科学性所在；人们对未来发展的形象化构想，这是理想的具体表现形态。人生理想是对社会和生活远景的构思和设计，这又是建立在人们对社会和自我实现及其发展规律认识基础上的，因此体现着主观与客观的统一。从内容来看，人生理想通常可以分为生活理想、职业理想、道德理想和社会理想。

（3）人生价值教育

人生价值的概念来源于价值的概念。价值是一个具有广泛意义的社会范畴，是客体满足主体社会性需要的属性，因为离开了人的需要，价值也就不复存在，故而价值是一个关系范畴，而非实体范畴。从这方面考虑，人在人生价值中具有两重性，个人既是以其社会实践满足社会需要的客体，又是在社会生活中产生生存、发展及劳动创造的各种需要的主体。因此，人生价值既要看个人对社会的贡献和责任，又要承认和重视社会对个人需要的满足。这种社会对个人的贡献和责任与社会对个人的尊重和满足的对立统一是我们正确认识和理解人生价值的基本前提。

人生价值指的是具体的人在其一生中通过劳动创造对自我、他人、集体、社会的需要的积极满足和贡献，或者说，是个人一生中的所作所为对自我、他人和社会的生存和发展的积极意义和效用。人生价值的本质体现在两个方面：一是人对自我生命创造本质的实现。创造是价值产生的有效途径，人生价值的创造本质是人之所以为人的根本，谈人生价值不可以脱离这一点。二是人的生存的社会本质的体现。离开社会便不会有创造的意义。而创造的意义与社会的意义是相辅相成的，没有创造就谈不上对社会的意义，离开对社会的意义创造便没有价值。所以，人生价值的本质是生命创造本质与社会意义的有机统一。在价值关系中，人同时是主体和客体，人生作为价值客体，其价值在于对社会有意义；人生作为价值主体，其需要又要求从社会得到满足。

（4）人生态度教育

人生是由不断涌现的生活实践构成的。在人生发展的各个阶段，我们会遇到各个阶段的学习、劳动、事业、友谊、健康、发展等一系列人生问题，在解决和处理这些问题的时候，我们必须要面对苦乐、得失、生死、善恶、荣辱、顺逆、成败等人生境况。人生态度，就是对各种人生问题、人生矛盾、人生境遇所持有的基本看法和意向，是关于自我人生相对稳定的心理倾向和态势。因此，判断个人的人生态度不能以某一时间地点的偶然事件所产生的短期形态为标准，而是个体一以贯之的、相对稳定的面对生活的总体态度。它蕴含在人的生命活动的每一个事件中，但又在总体上影响和支配着人的活动。而人是生活于社会之中的人，其必然受到周围环境的影响，因此人的生活态度必然是现实具体的，而不可能是抽象的。换句话说，人生态度是随着人们所处社会文化环境的影响以及自我生活经历的体验的丰富而形成、变化和发展的。人生态度包括人生认知、人生情感和人生意向三个要素，是三者的统一。

（二）政治教育是思想政治教育的导向性内容

政治观是人们对以国家为中心的政治关系和政治性问题的根本看法和态度。就我国现阶段而言，政治观是指人们对党和国家的路线、方针和政策的根本立场、根本态度和根本看法。政治教育是起导向作用的内容，从根本上决定和体现了思想政治教育的本质属性；贯穿思想政治教育的始终，对思想政治教育过程和其他思想政治教育内容起指导和支配作用；指导思想政治教育沿着正确的方向发展。包括：

1. 基本国情教育

基本国情是指一个国家相对稳定的总体的客观实际情况，是对社会和经济发展起决定性作用的最基本、最主要的因素。基本国情教育包括自然国情教育、历史国情教育、现实国情教育和比较国情教育等方面。基本国情是决策的基础和依据，在政治教育的内容体系中，基本国情处于基础层次，党的基本路线则属于深层次的教育内容。

进行基本国情教育最主要的就是要引导人们认识我国处于社会主义初级阶段，从而引导人们自觉的坚持党的基本路线；还要帮助人们系统地了解我国经济、政治、军事、外交以及社会、文化、人口、资源等各方面的历史和现状，了解我国社会主义现代化建设的目标、步骤和宏伟前景，并从中国和其他不同类型国家的科学对比中，看到我国的优势和差距、有利条件和不利条件，增强使命感和社会责任感，更好地发挥艰苦奋斗、勤俭建国的创业精神。

2. 党的基本路线教育

党在社会主义初级阶段的基本路线是："领导和团结全国各族人民，以经济建设为中心，坚持四项基本原则，坚持改革开放，自力更生，艰苦创业，为把我国建设成富强、民主、文明、和谐美丽的社会主义现代化强国而奋斗。"

进行党的基本路线教育可以从四个方面着手：第一，深入进行以经济建设为中心的教育，教育和引导人民始终不渝地坚持以经济建设为中心，把是否有利于发展生产力作为考虑一切问题的出发点和检验一切工作的根本标准；第二，要深入进行四项基本原则教育，教育和引导人们充分认识坚持四项基本原则的历史必然性和极端重要性，自觉地维护和坚持四项基本原则，旗帜鲜明地反对资产阶级自由化思潮，同时也反对把马克思主义教条化，把社会主义的模式凝固化，在改革开放的实践中丰富四项基本原则的时代内容；第三，要深入进行改革开放的教育，教育和引导人们充分认识到改革开放的重大意义，树立同改革开放和发展社会主义市场经济相适应的新观念，正确理解和积极参与改革开放；第四，要深入进行"两个基本点"的辩证关系教育。

3. 形势政策教育

形势是一定社会发展的状况和态势，政策是党和国家为实现一定时期的路线和任务而制定的行动准则。形势政策教育是政治教育的一项经常性的教育内容。进行形势政策教育要教育和引导人们学会运用马克思主义的立场、观点和方法去分析形势，正确认识形势中的主流和支流、本质和现象、局部和全局、眼前利益和长远利益等，把握事物发展的趋势；要教育和引导人们明确奋斗目标和任务，正确理解和自觉贯彻执行党的路线、方针、政策，促使社会主义现代化建设和改革开放的形势继续向好的方向发展。

4. 爱国主义教育

爱国主义是长期生活在一定疆域里的人民在深刻理解祖国所代表的各种价值对人类进步所具有的意义的基础上产生的强烈而执著的爱国之情和神圣信念。爱国主义教育是思想政治教育的主旋律，也是政治教育的一项经常性的教育内容。进行爱国主义教育，要引导广大人们充分认识无产阶级的爱国主义和社会主义的一致性，明确建设有中国特色的社会主义是新时期爱国主义的主题；要教育和引导人们正确认识弘扬爱国主义精神与坚持对外开放政策的关系，既要继承和发扬中华民族的优秀成果，也要学习和吸收世界各国包括资本主义发达国家所创造的一切文明成果，既要反对崇洋媚外，又要反对盲目排外；要同进行国际主义教育结合起来，加强反对霸权主义和强权政治、维护世界和平的教育。

（三）道德教育是思想政治教育的基础性内容

道德是以善恶来评价、依靠社会舆论和内心信念来实现的调整人们之间以及个人与社会之间关系的行为规范及其相应的心理意识和行为活动的总和。道德是调节社会关系的最基本的规范体系，政治、法律等必须体现社会主义道德的精神才具有正义性，通过道德教育，道德的调节作用就得以在最基础的层面上广泛而普遍地发挥。道德教育虽然在性质、方向上受政治教育、思想教育的影响和制约，但良好的道德品质对合格的政治素质、思想素质、法纪素质和心理品质的形成与发展起引领和提升作用。通过道德教育而形成良好的道德品质也就成了现代思想政治教育的出发点。道德分为社会主义道德和共产主义道德两个层次，道德教育主要包括集体主义教育、职业道德教育、社会公德教育和家庭美德教育。

1. 集体主义教育

集体主义是社会主义和共产主义道德的基本原则，是调节个人与个人之间、个人与集体之间利益关系的根本准则。集体主义原则的基本要求是：从无产阶级和劳动人民的根本利益出发，坚持集体利益高于个人利益；在保证集体利益的前提下，把集体利益和个人利益结合起来；当个人利益与集体利益发生冲突的时候，个人利益必须无条件地服从集体利益，必要时还要牺牲个人利益，以实现集体利益。

进行集体主义教育最基本的就是要教育和引导人们处理好以下四种关系：要正确处理国家利益、集体利益和个人利益的关系，教育人们自觉地把国家、集体和人民的利益看得高于一切，把个人的志愿和兴趣爱好同国家的需要结合起来，一旦发生矛盾就应以国家和集体为本位；要正确处理眼前利益和长远利益的关系；正确处理局部利益和全局利益的关系；要正确处理集体主义和个性发展的关系，教育人们懂得个人的成长离不开集体，只有在集体的土壤中，个人的聪明才智才能得到充分、全面的发展。

2.职业道德教育

职业道德是指从事一定职业的人们在履行其职责的过程中，在思想和行为上应当遵循的行为规范及其心理意识、行为活动的总和。社会主义职业道德的基本原则应该是：爱岗敬业、诚实守信、办事公道、服务群众、奉献社会。进行职业道德教育，首先要教育和引导人们敬业爱岗、忠于职守，热爱本职工作，努力提高为人民服务的过硬本领，在各自的工作岗位上，充分发挥自己的积极性和创造性；其次要教育和引导人们树立全心全意为人民服务的思想，勤奋工作，廉洁奉公，遵纪守法，办事公道，团结协作，不谋私利，为祖国、为人民在自己的岗位上做出应有的贡献；最后还要教育和引导人们树立职业平等意识，认识到社会主义社会中的各行各业，并没有高低贵贱之分，只存在分工不同。

3.社会公德教育

社会公德是指一个社会的全体公民为了维护公共生活秩序、调整人们之间的相互关系所必须共同遵循的道德规范及其相应的心理意识和行为活动的总和。它具有共同性、群众性和继承性、简易性。进行社会公德教育就是要教育和引导人们发扬社会主义人道主义精神，提倡人与人之间相互尊重、相互理解、相互关心、相互帮助、尊老敬贤；要求人们共同遵守公共秩序，维护社会的安定团结、见义勇为，助人为乐；提倡新人新风尚，在全社会形成一种健康、向上、文明的社会风气。

4.家庭美德教育

进行家庭美德教育要提倡婚姻自由；要平等相待，互敬互谅；要教育人们孝敬父母、承担培育子女的义务；要提倡晚婚晚育，实现计划生育；要不断改善邻里关系。

（四）法纪教育是思想政治教育的保障性内容

法纪教育包括法制观念教育和纪律观念教育。因为：首先从政治与法律的关系看，政治规范是法规的最高层次，法律纪律是政治准则的基本保障力量，进行法纪教育是维护政治原则和实现政治理想的重要保障；其次，从法律与道德的关系看，法律是道德的最基本法规，道德是法律的精神基础，只有加强法纪教育，才能更好地实现道德教育使其对象从他律向自律转化的功能；最后，社会主义法纪中包含着丰富的思想政治教育内容，加强法纪教育可以为这些内容的实施提供制度化保障。

1. 社会主义民主教育

民主是指一定社会的统治阶级按照少数服从多数的原则实行阶级统治的一种方式，民主问题从本质上说是国家制度问题。社会主义民主教育是社会主义法纪教育的基本内容。进行社会主义民主教育，要帮助人们认清社会主义民主与资产阶级民主的根本区别，充分认识社会主义民主的优越性，不断健全和完善社会主义民主；要帮助人们正确认识民主与集中的关系，防止无政府主义、极端民主化和官僚集中制；要帮助人们正确认识民主和法制的关系，决不允许任何有用超越法制范围的所谓“民主”来违背四项基本原则，损害国家和人民的利益。

2.社会主义法制教育

社会主义法制是社会主义国家按照工人阶级和广大人民群众的意志建立起来的法律制度和由此建立起来的法律秩序的总称。它的基本要求是“有法可依、有法必依、执法必严、违法必究”。进行社会主义法制教育就是要教育人们“知法”“守法”和“护法”。

3.社会主义纪律教育

纪律是指一定社会组织为实现组织目标要求其成员所必须遵守的一种行为规范。它调节着集体内部的相互关系，它既具有强制性又具有自觉性。进行社会主义纪律教育最主要的是要帮助人们正确理解纪律与自由的关系，教育人们自觉遵守各项纪律，用各项纪律来约束自己的行为。

（五）心理教育是思想政治教育的前提性内容

心理教育是思想政治教育内容的重要组成部分，是旨在提高受教育者的心理机能、发挥心理潜能、增进心理成长的教育。在政治、思想、道德和法纪教育的过程中，人的心理状况始终起着维持、调节和统合的作用，人的政治素质、思想素质、道德品质、法纪观念的形成，都要从一定的感知、情绪等心理活动开始，都要经过感觉、知觉、记忆、注意、想象、思维以及情绪、情感、意志、信念、行为等心理过程的发展和推移，都要受人的能力、气质、性格等个性差异的影响，因而心理是政治、思想、道德、法纪等的初级形式，是德性形成的起点和前提。心理教育是通过对人们良好心理素质的培养使人们形成健康的心理品质，为思想政治教育其他内容的实施提供赖以依靠的基础和平台。主要包括心理现象知识教育、心理健康与调适的基本知识教育、心理疾病的预防与咨询教育等。

1. 心理现象知识教育

通过对各种心理现象的认识，了解心理现象有健康与不健康之分，明白哪些是健康心理，哪些是不健康心理。进行心理现象知识教育，就是要使受教育者积极客观地评价和对待自己，正确处理与他人的关系；正视现实，热爱生活，有很强的责任心与进取心；心胸开阔，情绪稳定，心境良好。

2. 心理调适基本知识教育

在认识心理现象的基础上要提高受教育者的心理素质，主要从以下几个方面着手：

（1）自我心理修养指导

即通过训练和教导帮助受教育者科学地认识自己，并在自身的发展变化中，始终做到能较好地悦纳自己，如悦纳自己的优势和不足，培养自信、建立良好的自我形象等。

（2）健全人格的培养

即关于个体面对社会生存压力应具备的健康人格品质，如独立性、进取心、耐挫能力等。

（3）人际关系指导

即指导受教育者正确认识各类关系的本质，并学会处理人际互动中各种问题的技巧与原则，包括冲突解决、合作与竞争、学会拒绝，以及尊重、支持等交往原则。

（4）情感教育

即教会受教育者把握和表达自己的情绪情感，学会有效控制、调节和合理宣泄自己的消极情感，体察与理解别人的情绪情感，并进行相关技巧的训练，如敏感性训练、自我表达训练、放松训练等。

（5）学习心理指导

即帮助受教育者对学习活动的本质建立科学认识，培养学生形成健康积极的学习态度、学习动机，训练受教育者养成良好的学习习惯，掌握科学的学习方法等。

（6）智能训练

即帮助受教育者对智力的本质建立科学认识，并针对智力的不同成分，如注意力、观察力、记忆力等而设计的不同训练活动等。

3. 心理咨询

一般有三类咨询，一是障碍心理咨询。是对来访者一定程度的心理障碍、心理疾病以及身心疾病的咨询和治疗。二是预防心理咨询。是偏重于心理保健，是对可能引起较重的心理障碍、心理疾病的各种心理问题进行认知转变、情绪调节和行为抵制。三是发展心理咨询。偏重于心理开发，指导来访者更好地认识自己，开发潜能，提高学习、生活和工作水平与质量。

四、思想政治教育的文化路径

（一）运用大众文化丰富思想政治教育的内容

1. 利用影视文化加强爱国主义教育

影视文化作为大众文化的重要组成部分，极大地丰富了现代人的文化生活。随着影视时代的到来，不管人们愿意与否，影视文化依旧具有强大的影响力，大学生都处在影视文化的影响之下，都在主动或被动地接受影视文化的熏陶和洗礼。大学生爱国主义教育是思想政治教育的重要内容，传统的说教式教学模式缺乏新鲜感和认同感，不符合当代大学生的心理发展状态，不具有绝对吸引力。因此，加强和改进爱国主义教育迫在眉睫。大学生思想政治教育工作者必须适应大众文化的迅猛发展趋势，转变教学方法，改变简单的“灌输式”做法，将多元化投入教学模式，并将影视文化视为爱国主义教育模式创新的典范，形成爱国主义教育多元化的教育模式。爱国主义题材的影视作品可以引导大学生价值观的塑造和行为选择，熏陶着大学生，使其在脑海中形成正确的积极的爱国意识。影视文化反映着大众文化的内涵，对此我们必须重视影视文化对大学生道德教育的影响力，有利于促进大学生形成积极心态，进而影响大学生的思想意识，即在潜移默化中促进大学生树立爱国思想意识，有利于进行爱国主义教育。

影视文化增强了大学生爱国主义教育的生动性。影视文化具有寓教于乐的特点，令其枯燥的内容变得有乐趣，更有利于改变当前大学生爱国主义教育渠道的陈旧形式，更好地贴近实际，贴近生活，贴近学生。影视文化的新形式，可以避免冗长的灌输理论。利用影视文化的优势能提高大学生的注意力，减少教育过程的枯燥乏味，让学生在轻松愉快的气氛中感受爱国主义教育。特别是一些经典的爱国主义题材的影视作品，将爱国主义的思想巧妙艺术地传达给大学生，让大学生既感受到了当代影视文化的艺术之美，又培养爱国主义情怀和民族自豪感，提升他们的价值观，为培养健康的人格打下坚实的基础。

影视文化丰富了大学生爱国主义教育形式。影视文化可以从视觉、听觉等多方面入手，将爱国主义的思想内涵表达出来，给学生们带来极大的影响。为了激发大学生加强爱国主义教育的主动性，提高学习兴趣，可以利用爱国主义题材影视剧中塑造的一个个令人敬仰的爱国主义英雄形象，在听觉上，那些经典的影视红色歌曲已经在大学校园里非常流行，大学生们都耳熟能详甚至会哼唱红色歌曲，这样就会充分发挥大众文化的深刻影响力，提升当代大学生的精神境界，使当代大学生的个人素质得到提高，帮助大学生深入理解和接受爱国主义教育。影视文化创新了大学生爱国主义教育的平台建设。影视文化不仅可以培养学生的艺术气息和人文精神，还可以鼓励学生奋发向上，塑造健全的人格。高校思想政治教育理论课教师必须高度重视影视文化带来的积极影响，抓住当前影视文化蓬勃发展的契机，以影视文化为有力依托，建设新媒体视域下的爱国主义教育的网络视频平台，形成大学生们积极参与的新阵地，提高教育内容与影视文化相结合的紧密性，建设积极向上的校园文化。通过教育和指导学生结合影视文化和网络教育资源来进行大学生爱国主义教育，将为爱国主义教育创造一个全新的环境，能更好地提高大学生爱国主义教育。

2. 利用网络文化加强社会责任感教育

网络文化是以网络信息技术为基础的，在网络空间形成的文化活动、文化方式、文化产品、文化观念集合的一种新兴文化形态，是大众文化的优秀组成部分。网络文化是现实社会文化的延伸和多样化的展现，同时也形成了其自身独特的文化行为、文化产品特色、价值观念和思维方式。在网络文化影响下大学生社会责任感教育的发展，是伴随网络文化的变化而改变的。大学生的社会责任感教育的最终目的是加强大学生的责任意识，提升大学生的综合素质，为社会培养出有强烈社会责任感的人。网络文化是加强社会责任感教育的一把利剑，对大学生形成正确的价值观、道德观和判断力产生潜移默化的影响。同时，我们要进一步加强和培养大学生自觉维护网络秩序的责任感。

网络文化丰富了大学生社会责任感教育的内容。人类社会的形成，必然依赖于人与人之间的交往。合理的网络教育机制可以创造一个良好的社会网络文化，可以规划合理的网络发展模式，可以利用发展主流向上的网站建设来完成对大学生责任感的培养。随着网络时代的飞速发展，大学生社会责任感教育既有机遇也有挑战。网络文化可以丰富大学生社会责任教育的内容，为社会责任工作注入新的活力，如现在广为流行的远程教育、虚拟教室等。同时，网络文化的负面因素也对大学生的思想、价值观念和行为方式产生巨大的冲击，使大学生的社会责任感教育作用大大削弱。因此，我们应充分利用网络阵地，化被动为主动，从根本上提升大学生社会责任感教育的效果。

网络文化增强了大学生对网络信息的识别能力。信息技术、空间和时间意识的变化，生活方式的改变，思维方式变化与网络文明形态等都是影响青少年网络责任感形成与发展的因素。网络文化加强了大学生作为社会人的自主选择权，使网络文化环境进一步变为优先选择，网络的自由丰富了大学生对文化的需求，也赋予了大学生文化选择的权利。社会人是指通过社会化的、掌握了道德和文化的、学会了伦理的、独立的具有自我意识的人。社会化的过程使大学生从自然人发展成为社会人，加强了适应人类社会的基本能力。从人性来说，网络文化绝对自由的环境是其最大的吸引力之一，对于不够独立的大学生没有拒绝的能力与理由。大学生应该具有自觉抵制西方敌对势力利用现代信息技术和传播媒介对我国进行西化、分化阴谋的能力，从而避免文化的混乱和盲从。

网络文化提升了大学生对社会责任感的认识水平。信息全球化为我国的教育改革带来了信息技术教育发展的契机，信息化教育正逐步走向规范和成熟，而网络已逐步成为大学生获得最新信息的途径。学校在加强大学生社会责任感教育工作，扩展社会责任感教育手段的同时，应着力提高思想政治教育工作者的素质，准确了解网络文化优缺点，最大限度地发扬网络文化优势。学校教育是网络文化环境影响下大学生的责任意识加强的重要途径，加强大学生社会责任感教育是全社会的共同责任。高校思想政治教育工作者应利用网络文化对大学生进行社会责任感教育，培养一批勇于承担、勇于进取的时代青年。

3.利用娱乐文化加强诚信友善教育

娱乐文化拓宽了诚信友善教育渠道。娱乐文化在人的日常生活当中，尤其是大学生校园里，各式各样的娱乐形式随处可见，这主要是因为大学生追求娱乐生活，还有大学生的集体生活带来的互相影响，其中许多娱乐文化形式都已经潜移默化地融入大学生的日常生活里。娱乐文化会有多种方式在大学生的生活中出现，从正面或者侧面不断地影响着大学生的生活和思想。娱乐文化有升华精神、开阔眼界、陶冶情操、互动交流等作用。大学生通过娱乐文化活动得到知识和信息，可以更好地与外界交流，开阔视野，扩展知识，增长智慧，从而达到更好地发展的目的。由于娱乐文化已经深深地融入大学生日常的生活和学习当中，所以我们可以利用娱乐文化加强诚信友善教育。

娱乐文化丰富了诚信友善教育内容。娱乐文化具有形式多样性、吸引力强等特点，改变了人们传统形式中认知内容的有限性以及获取内容途径的单一性。在社会结构、生活方式和价值观念的关键时期，经济的迅速发展与道德教育容易脱节，导致人们在生活中时常面对道德选择。娱乐文化的兴起与发展以其神奇的力量改变着大学生的思维方式、政治倾向、价值观念和伦理道德。面对娱乐文化对大学生思想道德品质产生的极大影响力，高校思想政治教育工作者更需要对娱乐文化进行全面的、系统的研究，从而引导大学生树立良好的社会伦理和道德观念，努力提升大学生思想道德品质。娱乐文化丰富了思想政治教育的内容，而娱乐文化形式的多样性，正是对应了娱乐文化内容与思想的多样性，我们可以从娱乐文化当中挑选出较好的思想和内容，投入到思想政治教育的课程当中去，可以更好地传播诚信友善的做人方针，有利于大学生加强诚信友善教育。

利用娱乐文化加强诚信友善教育是促进社会向前发展的必要过程。大学生是经济发展的中坚力量，推动社会和政治的主体，大学生的思想道德品质是中华民族整体素质的风向标。我们应引导大学生过健康的娱乐文化生活，加强对中华民族优良传统的继承，同时也提升了当代大学生的品德素质和精神追求。因此，对在校大学生进行娱乐生活引导教育则显得尤为重要，利用娱乐文化提升大学生的诚信友善的价值观，进而提升整个社会的道德素养。

（二）借鉴大众文化增强思想政治教育效果

1. 运用流行语言加强思想政治教育的生动性

流行语言是网络文化、新媒体文化的衍生产品，是大众文化的主流传播手段。流行语言在大学生群体里受到广泛欢迎，慢慢发展成大学生一些日常用语的一部分，在大学生群体中的影响十分明显。流行语言是较为中性的语言，对大学生的交流互动、平时互动沟通以及对事物的思考方式等都会产生潜移默化的影响。流行语言能够映射出当前社会现象，流行语言的出现，是社会网络化程度越来越高的体现。随着社会的不断进步发展，流行语言的来源大多依靠社会热门事件，并且不断推陈出新，具有极强的时效性。有人将流行语言在比喻成现代社会的科技形象，运用通俗易懂的语言，可快速、轻松地了解社会现状，这为大学生价值观教育中语言的开拓提供了有效的文化资源。流行语言体现现代多元文化，相对于比较严格、宏观并有些死板的大学生价值观教育语言，流行语言的自由度、开放性来自全球范围内文化的互相融合。针对流行语言的合理参考借鉴，为高校大学生思想价值观教育的多元开展提供了新型途径，更新了高校思政工作语言，让大学生价值观教育更加具有活力。流行语言在大学生思想政治教育中的应用，可以使思想政治教育更加生动。

流行语言提高了思想政治教育的互动性。流行语言具有平民性，更加贴近生活、贴近现实、贴近大学生。同时，流行语言又存在多种弊端，如冲动暴躁、低俗庸俗、缺少约束、不稳定不确定等。对于大学生思想政治教育工作者来说，流行语言是能够借用的，但要合理地把握尺度，在合适的场景下使用。对于思想政治教育工作者来讲，流行语言不仅在教学课堂内使用，也应该在日常沟通中使用。对于课堂教学，娱乐性过浓的流行语言，并不适用于讲授专业知识，老师可以充分发挥流行语言的独特魅力，活跃课堂气氛的优势，以确保科学严谨的同时，增加了教学过程中的互动性。大学生们可以在课堂上互动价值观教育，从中引入流行词汇，借社会热点切入教学观念，帮助学生积极健康地看待社会中的种种热点现象。

流行语言提高了思想政治教育的吸引力。流行语言产生于复杂多变的网络空间中，穿行于纷繁多样的大众文化中，思想政治教育工作者易于忽略语言的教育作用。流行语言因其风趣幽默的特点，较之于死板的教育语言，对大学生的吸引力更强，使它拥有一定的舆论功能。阳光健康的流行语言，已经在弘扬社会主义核心价值观的道路上产生较为明显的推动力。例如，物理专业名词“正能量”，在微博、Q Q等网络空间被网友点燃，从此爆炸式发散向群众，逐步呈现出乐观积极、充满正能量的新面貌。大学生广泛使用网络热词“正能量”，引发了对真善美的歌颂与表达，让大学生充满了向往美好生活的理想，“正能量”表达的积极元素，对于大学生的价值观教育起到积极作用，也推动了社会的和谐进步，有力地证明了流行语言能给人积极向上的力量。流行语言开创了大学生思想政治教育的新渠道。流行语言是教育内容的表达、沟通教育者和受教育者的重要交流媒介。大学生思想政治教育语言贯穿于高校思想政治教育全过程。长久以来，大学生思想政治教育语言作为弘扬社会主流价值观的交流载体，极大地推动了高校思想政治教育工作的顺利进行。随着多元流行文化的普及以及互联网思想的迅速发展，大学生思想政治教育工作者应及时更新观念、与时俱进。为了巩固当前思想政治教育成果，大学生语言要在原有的发展基础上进一步扩展教育阵地，不断增强大学生价值观语言的潮流性和有效性。

流行语言作为时代潮流的文化产物，为大学生思想政治教育的创新开创了新渠道。流行语言能够剖析大学生的内心世界。大学作为思想政治教育的主要阵地，应不断扩展自身思想政治教育资源，保证教育教学质量，确保大学生思想政治教育工作的有效性。在大学生对于流行语言的认可度极高的背景下，一味地拒绝是不符合时代潮流的做法，而应该在适度原则下，主动接触流行语言，并合理健康地使用流行语言，通过流行语言传递积极向上的价值观。为了进一步走进大学生的内心，大学生思想政治教育工作者可以加大对流行语言的使用频率，引导大学生走出心理阴影，帮助他们建立一个积极健康的心态。思想政治教育工作者可以借用流行语言，加强与大学生交流，在与大学生虚拟的网络交流中，辅导员可以用幽默的话语、有趣的流行语言，了解大学生的生活动态，也可以通过网络语言来表达他们的情感，帮助启发大学生顺利排解生活中的烦恼，积极乐观地面对生活困惑。思想政治教育工作者可以通过用流行语言的交流方式，剖析大学生的内心世界。思想政治教育工作者要对流行语言进行疏导与引导。流行语言中不可避免地存有众多消极低俗的词语，带有恶性歧视以及侮辱性的语言。大学生思想政治教育工作者应针对不一样的语言性质，区分开来，搜集健康向上的流行语言，运用合理宣传，扩大其影响力，让大学生思想政治教育更加生动。流行语言由于其具有创新性、幽默性、广泛传播性等多重特点，以它独特的魅力征服大学生群体，大学生通过使用流行语言，以表达对内心的感情。大学生面对学习生活中的各种压力，流行语言的使用为大学生提供了减轻压力和表露内心的方式。应用流行语言，大学生能够平衡心理状态，将现实中的不愉快和烦恼用幽默的语言形式表达，这样既能够发泄情绪，又能够让压力得到缓解。在调节心理功能之外，有些大学生也把自己的叛逆心态用流行语言表达出来。在网络平台如贴吧、微博上的谩骂、侮辱、个人攻击等恶性行为，大学生价值观教育工作者要足够重视，并及时制止，以免产生不良影响。

2.运用校园微文化增强思想政治教育的互动性

互联网技术的飞速发展把我们带入了微交往、微传播和信息微循环的时代，在数字化、互联网、泛传播的大背景下，微博、微信、微视频、微电影、微小说、微公益、微支付等迅速风行。在大学校园里，“校园微文化”成为校园文化的重要组成部分，越来越受到大学生的喜爱。从微传播影响到微信息，微信息影响到微文化，微文化影响到微生活，碎片化时代为“校园微文化”插上了飞速发展的翅膀。

校园微文化是伴随着网络时代快节奏发展而新兴的网络微文化，校园微文化既包括QQ、微信、微博等即时交流工具，也包括微电影、微视频、微小说等微时代的特定产物。校园微文化具有碎片性、草根性、微小性、随意性等特征，以其独特的魅力，对大学生思想政治教育产生了巨大的影响。校园微文化为高校思想政治教育改革提供了强大的技术手段和快捷通畅的教育方式。互联网时代的信息发展，将大学生价值观教育转变为一种不受时间、空间影响的即兴教育，突破了传统大学生思想政治教育的地域和时间界点以及难以逆转的主被动关系。高校思想政治理论课教师和思想政治辅导员，要合理运用信息技术和互联网新兴手段，创新当代高校思想政治理论课教育教学体系，突破时间、地域，运用多种形式开展大学生价值观教育，提高思想政治教育的实效性、认可度。校园微文化有效增强了高校思想政治理论课的感染力。大众文化在新兴媒体中的高速传播，大学生价值观与被教育者的地位、身份、年龄等各项因素被忽略，有利于双方交流缩短心理距离，不同观点交流更具有真实性、可靠性。

校园微文化为大学生思想政治教育工作者开辟新的思想政治教育道路提供了新的途径。微信设计的最大亮点在于创造了各类信息的传递，微信通过手机传递文字消息、音频消息和图像视频文件，并且具有在微信平台发朋友圈的功能，微信的盛行将手机的功能提升到一个新的层次。因为微信源于网络，不受时间、空间的束缚，也消除了面对对方产生的心理压力和尴尬，在移动终端和网络的唯一的存在，可以轻松地讨论，发表无拘无束的观点。它可以不限于文本消息，同时支持语音、文本、图像、视频发送，可以使用并且自动储存图片或视频。高校思想政治教育工作者还可以借助微信，随时了解学生的最新情况，可以把大学生的“各种潜在风险”消灭在萌芽状态，有助于思想政治教育工作者及时了解学生的思想动态和心理变化。校园微文化实现了思想政治教育即时互动。当前，大学生思想政治教育工作者特别是思想政治辅导员都开设了自己的微博，通过微博可实现与学生平等的交流互动搭建平台，更有利于与学生成为朋友。通过发表微博，可了解学生的内心世界，帮助他们走出误区，可以让学生们感兴趣的图片、视频、音频、语言等多种形式融入价值观教育中。同时，大学生价值观教育工作者还可以将微博直接与移动终端绑定，增加关注动态的实效性，让信息的发布更为便捷。思想政治教育工作者在微博上解答疑惑的同时，不仅可以针对单个学生，也可以让其他同学看到，这样极大地提高了学校思想政治教育工作的全面性，从而增强了思想政治教育的高效性。

在移动互联网背景下，探讨运用新媒体技术来形成思想政治教育的合力则成为当前的重要课题。利用校园微文化优化大学生社会实践活动的原有教学模式，让社会实践真正的教育意义得到体现。在思想政治教育过程中，可通过微信、微博、QQ 等新媒体社交网络平台广泛使用，思想政治工作者使用这些网络服务平台实行真正的实践，让虚拟和现实的做法相互配合，成为良性互动的循环。大学生思想政治教育工作者们还应注重互动和交流的平台，及时了解学生的感受、动态、思想情绪和心理需求等。充分发挥学生社团的组织优势，增加帮助学生解决时效性问题、传递正能量的学生社团。大学生思想政治教育工作者应善于利用新媒体开放性的传播优势，利用校园微文化掌握新兴媒体的话语权。

3.运用大众文化传播规律增加思想政治教育的吸引力

大众文化传播规律具有信息内容的海量性与多元性、信息分享的即时性与灵活性、交流方式的虚拟性和隐蔽性、传播主体的平等性与交互性等主要特征。大众文化的流行带来了大众文化传播规律，大众文化传播规律能够开拓教育载体，增强思想政治教育对大学生的吸引力。思想政治教育工作者要以时代发展规律为考量，选择合适的教育载体进行思想政治教育内容的传播，挖掘大众文化带来的先进现代传播规律，开拓思想政治教育的新载体，增强大学生思想政治教育的吸引力。

大众文化传播规律可以增强思想政治教育的自主性。思想政治教育在大学阶段十分重要，而传统的思想政治教育方式死板，同时缺乏趣味性，不符合新时代大学生的个性特点。而大众文化可以很好地弥补传统方式的诸多缺点，能够很好地与社会接轨，增强思想政治理论课的实效性。思想政治理论课的重要作用之一就是为大学生进入社会做出一个良好的铺垫，让大学生更好地了解社会，结合自身条件和特点，可以很好地融入社会。大众文化传播的社会现实意义就是社会上所反映的基本信息，这些信息包括了各种各样的有利、无利的情况，通过鉴别这些信息，大学生可以选择对自己有用的、有益的信息。针对那些对大学生可能造成影响的信息，我们则可以制定出一套有效的思想政治教育措施。

大众文化传播规律能够增强思想政治理论课的实效性，可以很好地补上思想政治理论课在社会相互连接的这个方面上的一块短板。大众文化的传播以电视、电影、网络、广播等作为媒介，时效性优于杂志、报刊、书籍等是纸质印刷的传统传播媒介。听讲座、听报告、上课讲解、下课讨论等方式是开展传统高校思想政治教育的主要方法。在传统的思想政治教育过程中，高校思想政治教育工作者没有足够有效的信息资源和同学分享，所以在工作方式上并没有办法改进，仍是传统的说教模式，学生从始至终只能是被动接受的角色。在这样的情况下，高校思想政治教育的教学目的并没有达到应有的效果，限制了学生的素质提高，从而限制了高校思想政治教育的发展。思想政治教育利用大众文化传播规律可以提升大学生学习的主动性，更加注重学生的个人感受。将现代传播规律运用于教学工作中，可以充分调动学生的听觉、视觉、触觉等感官，可以有效提升学生的学习效率，进而激发学习的积极性和主动性。通过先进的传播理念，弥补了传统方式的诸多弊端，从授课人和接受者的角度来看，对于思想政治教育的传播效果都会带来更好的影响。未来，学校应更好地发挥好大众文化传播规律的优势，正确引导大众文化的使用，弥补高校思想政治教育资源的不足，这样既可以提高思想政治教育工作者的积极性，又能使大学生受到良好的教育效果，并提高大学生学习的主动性。

第三节 基于文化视角的思想政治教育功能发挥

一、思想政治教育功能定位

（一）文化视角下思想政治教育功能解读

改革开放以来，思想政治教育成为新时期政治思想工作领域统一的标准提法。随着思想政治教育学科地位的确定，思想政治教育工作者为认识和界定思想政治教育功能做出了许多努力，提出了许多重要的见解，深化了对思想政治教育功能的认识。通过归纳梳理，我们不难发现，学者们对思想政治教育功能一般“概括”或“描述”为导向功能、凝聚功能、转化功能、保证功能、传播功能、稳定功能、育人功能等。不可否认，这些概括基本上是中肯的，但综观这些概括，我们又不无遗憾地发现，学界较少从学理上就思想政治教育功能本身进行探究，研究深度有待进一步加强。思想政治教育功能的问题，应该包括两个子问题：思想政治教育功能是什么？思想政治教育功能应该怎么样？前者，是与思想政治教育本质具有同一性的问题，主要回答“是什么”；后者，则进入方法论层面，主要探究思想政治教育功能实现可能性及如何实现的问题。目前学界的研究主要回答了第一个问题，对后一问题的研究则不多见。或者说，他们只是在“概括”“描述”思想政治教育所具有的功能，没有在此基础上进一步探讨思想政治教育的功能实现，而这恰恰又是问题的重点所在。

文化视角下思想政治教育功能研究就是从作为社会实践活动主体的人的角度出发，联系思想政治教育存在的整个社会文化系统，从思想政治教育“化人”的角度来思考思想政治教育的功能。人是一种主体性的存在，人类要维持自己的存在，就必然要通过认识和改造自然、改变自然的原生态，使之成为“人化自然”“为我之物”。在这个过程中，人与自然之间、人与人之间始终进行着物质和能量的交换活动，与动物的活动不同的是，人类的这种交换活动是有目的的、能动性的活动，我们称之为主观能动性。马克思主义认为主观能动性是人与动物的根本区别。思想政治教育概括地说，是指一定的阶级、政党、社会群体用一定的思想观念、政治观点、道德规范，对其成员施加有目的、有计划、有组织的影响，是他们形成符合一定社会、一定阶级所需要的思想品德的社会实践活动。中山大学郑永廷教授指出：“思想政治教育是一种有目的性，具有超越性的实践活动。”这里的“目的性”，“就是思想政治的目标指向性或价值取向性，在阶级社会里，表现为阶级性或党性”。目的性是思想政治教育最鲜明的特性。而“超越性”则指“其面向未来的发展性及对社会实践活动和人的行为的先导性”。在笔者看来，思想政治教育的这种“目的性”源于特定阶级、政党、社会群体的现实需要，可以统纳于“意识形态性”之下；而“超越性”基于这种“目的性”基础之上，具有对现实的扬弃和对未来的前瞻的意蕴，关注人自身的进化发展，体现了“人文认知性”，它直接指向于实现思想政治教育的根本目的：实现人的全面发展。人的全面发展既是一个具有普遍永恒价值诉求的目标性概念，也是一个被赋予具体时代内涵的现实性概念。历史上包括共产主义制度在内各种社会制度的形成过程中，都将实现人的全面发展作为其核心理念。人的全面发展永远不会失去其包含对现实的扬弃和对未来的前瞻意蕴的理想特性，因而成为人类永恒不变、普遍追求的社会理想。同时，这种社会理想又是指向现实的，它不仅仅停留在对未来做出纯粹的描述，而是作为一种价值观念对社会现实进行引导和规范，这种价值理想的规范和引导结合不同历史阶段统治阶级和社会发展的需要，便形成了对于社会成员个体的思想政治教育。在这种意义上，思想政治教育的功能体现在意识形态功能和人文认知功能两个方面。

思想政治教育的意识形态功能和人文认知功能是不可分割、相辅相成的两个方面。一方面，意识形态功能反映思想政治教育的阶级本质，它决定思想政治教育的方向，规范、引导着人文认知功能；另一方面，人文认知功能反映思想政治教育的根本目标，它直接影响和决定意识形态功能对个体产生的教育效果，影响社会发展和意识形态领域的变革。意识形态功能和人文认知功能在不同阶段的思想政治教育实践中可根据现实条件有所偏颇，但一味地强调一种功能的发挥，则会造成思想政治教育“失灵”。虽然当今各国对于思想政治教育冠以的称谓有所不同，但各国都存在思想政治教育却是不争的事实。各国思想政治教育的手段、方式和方法千差万别，取得的效果也各有不同。具体到我国现阶段而言，思想政治教育的功能主要体现在促进社会主义社会的全面发展和促进人的全面发展两大方面。

（二）意识形态功能的定位

意识形态是指能自觉地反映某一特定社会集团或阶级政治经济利益，被系统化、理论化的思想观念体系。换言之，凡是打上阶级烙印的思想体系，我们都可以说它具有意识形态性。所谓意识形态功能，即“思想政治教育作为人类精神层面的实践活动，它是统治阶级为夺取和巩固政权，维护社会稳定和促进社会发展，培养合格的阶级接班人和社会成员而进行的社会教化的一个方面”。这就决定了思想政治教育的主要任务就是统治阶级领导下，进行社会主导意识形态的灌输和行为规范的训导。

思想政治教育的意识形态功能是思想政治教育阶级性或党性的延伸，它主要体现在导向、保证、稳定和凝聚四个方面。意识形态教育是社会主义文化建设的内核与灵魂，导向和保证作用的发挥直接影响社会主义文化建设的方向和目标；意识形态是实现社会全面发展的基本条件，稳定和凝聚作用发挥的最终目标是促进社会的全面发展。

思想政治教育的意识形态功能直接影响文化建设的方向和目标。在当今中国，加强思想政治教育的意识形态功能来促进社会主义文化建设的发展，就是在文化建设中坚持以人为本、全面协调可持续的科学发展观。科学发展观作为马克思主义中国化的最新理论成果，是中国共产党人对共产党执政规律、社会主义建设规律和人类社会发展规律的真理认知，是当代中国的马克思主义，是中国特色社会主义必须长期坚持的重大战略思想。在社会主义文化建设中坚持科学发展观，首先要做到以人为本。科学发展观落实到人，一个根本方面就是落实到人的文化发展。坚持以人为本进行文化建设，就是要着力提高全民族的思想道德素质和教育科学文化水平。只有搞好文化建设，不断提高人的素质，经济社会发展才有后劲，才能实现全面进步。在科技迅速发展、综合国力竞争日益激烈的当今世界，文化建设从根本上决定着一个国家综合国力和国际竞争力的提高。在社会主义文化建设中首先要坚持科学发展观，其次要促进文化建设的全面协调发展。促进文化建设的全面发展要区分层次，因势利导，“对先进文化大力提倡，对健康文化全力支持，对落后文化坚决抵制”。促进文化建设的协调发展要注意均衡发展，既要提倡多样化，又要弘扬主旋律；同时还要注意文化产业和文化事业的合理发展。在社会主义文化建设中坚持科学发展观，还要实现文化建设的可持续发展。文化建设的可持续发展，就是合理利用文化资源，注意保护文物古迹，杜绝破坏和浪费文化资源。

思想政治教育的意识形态功能是实现社会全面发展的基本条件。在当今中国，加强思想政治教育的意识形态功能来实现社会的全面发展，就是在科学发展观的指导下建设社会主义核心价值体系，积极构建社会主义和谐社会。实现社会和谐，建设美好社会，始终是人类孜孜以求的一个社会理想，也是包括中国共产党在内的马克思主义政党不懈追求的一个社会理想。核心价值体系是一个社会中居统治地位、起支配作用的价值理念，受社会主流意识形态影响产生并长期被社会所遵循，这里的核心一是指它直接与社会主流意识形态相一致，二是指它在社会的价值体系中处于主导地位。“核心价值体系是维系社会和谐发展的精神纽带，是推动社会平稳运转的精神动力，是指因社会有序前进的精神指标。”2006 年 10 月，党的十六届六中全会通过的《中共中央关于构建社会主义和谐社会若干重大问题的决定》第一次鲜明地提出了“构建社会主义核心价值体系”的重大命题，明确了社会主义核心价值体系的基本内容：“马克思主义指导思想，中国特色社会主义共同理想，以爱国主义为核心的民族精神和以改革创新为核心的时代精神，社会主义荣辱观，构成社会主义核心价值体系的基本内容。”“社会主义核心价值体系是社会主义意识形态的本质体现，是建设和谐文化的根本。”没有社会主义核心价值体系的引领和主导，构建和谐社会，和谐文化的建设就会迷失方向。和谐是一个社会历史范畴，不同的社会对于和谐有着不同的理解和认识，对和谐的内容也有不同的规定。胡锦涛同志指出："我们所要建设的社会主义和谐社会，应该是民主法治、公平正义、诚信友爱、充满活力、安定有序、人与自然和谐相处的社会。"就构建社会主义和谐社会建设的基本内容而言，"其核心在于维护和促进社会公正，其基础在于优化社会结构，其关键在于协调社会利益关系，其着力点在于制定和实施系统的社会政策"。在当代中国，思想政治教育所肩负的意识形态功能主要是社会主义核心价值体系教育，而思想政治教育意识形态功能所要达到的目标就是通过社会主义核心价值体系教育实现社会和谐，并最终实现社会的全面发展。

（三）人文认知功能的定位

所谓人文认知功能，即通过思想政治教育，达到对人自身及社会的认识理解和建构塑造，帮助个体树立理想、坚定信念、陶冶情操、完善人格、提升境界，确立社会共同的价值观念、人性理念，实现建构人类共同的美好精神家园。思想政治教育人文认知功能，简单地概括就是促进人具备实现全面发展的基本思想政治素质的过程。

思想政治教育的人文认知功能的定位，是促进人具备实现全面发展的基本思想政治素质的过程。它主要表现为文化的普及、整合和孕育过程。这一过程既受作为思想政治教育主体的人的自身素质的影响，同时还受人所处的社会现实条件的制约。

第一，思想政治教育人文认知功能引领人的基本思想政治素质的普及。思想政治教育作为人类精神层面的实践活动，其实质是以思想政治教育理论化人的过程，是促进人具备促进人的全面发展所需各种思想政治素质的过程。人的基本思想政治素质既是思想政治教育活动的直接目标，又直接影响到思想政治教育的效果。2004年10月，中共中央、国务院发布了《关于进一步加强和改进大学生思想政治教育的意见》，明确指出了加强和改进大学生思想政治教育的主要任务，规定了新时期人的思想政治素质发展的基本内容。分为四个部分：一是以理想信念教育为核心，深入进行树立正确的世界观、人生观和价值观教育；二是以爱国主义教育为重点，深入进行弘扬和培育民族精神教育；三是以基本道德规范为基础，深入进行公民道德教育；四是以大学生全面发展为目标，深入进行素质教育，促进大学生思想道德素质、科学文化素质和健康素质协调发展，引导大学生勤于学习、善于创造、甘于奉献，成为有理想、有道德、有文化、有纪律的社会主义新人。在当前形势下，思想政治教育人文认知功能的发挥，首要的就是坚持以科学发展观为指导，根据中共中央国务院关于加强和改进思想政治教育基本要求，着力人的基本思想政治素质的提高。

第二，思想政治教育人文认知功能推动社会多元思想文化的整合。所谓文化整合，是指不同文化之间相互吸收、融化、调和而趋于一体化的过程。文化整合，是社会发展和人的发展的客观要求，也是实现社会发展的人的发展的客观需要。随着改革开放的深入，所有制形式多样化、利益主体多样化，必然导致思想文化的多元化，国外各种思想观念、生活方式、道德准则等意识形态不断涌入我国，出现了传统文化与现代文化、东方文化与西方文化、精英文化与大众文化、主流文化与非主流文化等多元文化并存的现象，我国社会呈现出多元文化的格局。社会存在决定社会意识，多元文化的存在必然导致多元价值观的出现。在多元价值观面前，人的传统价值理念和价值传统将会受到冲击，从而引起价值观、信念和行为方式的混乱和错位，给个体的心理和社会带来冲击。“我们所从事的思想政治教育，是在马克思主义指导下，为了保证党和中华民族奋斗目标的实现，以宣传和传播社会主义和共产主义思想体系的综合教育实践。”具有天然的先进性和开放性。它坚持社会主义核心价值，正确认识和充分整合中国传统文化的教育资源，重塑大众文化和主流文化，能够最大限度地形成社会共识，凝聚人心，激发活力，为社会主义和谐提供文化精神和动力，有效推动社会主义和谐社会的建设和发展。

第三，思想政治教育人文认知功能推动和谐文化氛围的构建。良好的文化氛围不是人以外的某种神秘力量创造的，也不是自然而然形成的，而是积极建设的结果。发挥思想政治教育文化功能，提高人对文化氛围的能动作用，是文化氛围建设的重要方式。和谐社会，多元文化拓展了人们的视野，人的智力和对社会的理解能力都大大提高。站在古今中外文化的交汇点上，人的认知领域和认知外界思想道德现象的敏感程度和接触的广度、深度都大大超过以往任何一个时代。社会主义和谐社会的理念，是建立在“以人为本”的文化基础上的，这种理念所包容的文化，所营造的文化氛围，能为个体提供更多的选择机会和价值取向，赋予个人更多的自由和更丰富的精神世界，赋予个人更有力的表现和更有意义的生命存在，陶冶人的心灵世界，激发人的高尚情操，促进科学的人生观、价值观、道德观的形成，从而促使社会更具活力和更加稳定。

二、思想政治教育功能发挥

思想政治教育不是一般的实践活动，它存在自己的特性。因此，在功能发挥的过程选择上，也应满足社会和人的需要，以达到思想政治教育目的为标准。我们从三个方面对思想政治教育功能的发挥进行解读：基本过程、主要途径、时代变迁。

（一）思想政治教育功能发挥的基本过程

思想政治教育功能发挥的基本过程，即思想政治教育作为实践活动，作为一种肩负特殊任务的人类精神层面的实践活动对主体需要满足的过程。这主要是学术界通常所认为的灌输、接受、交流的过程。“思想政治教育作为客体，要满足主体的需要，从效用关系角度来看，应采取两种途径，即灌输引导途径和接受选择途径。”它们共同构成思想政治教育功能发挥活动的两个轴心。思想政治教育功能发挥的这两个基本过程贯穿于思想政治教育活动的始终，并起着主导作用。灌输既是思想政治教育功能发挥的要求，也是思想政治教育本性之体现。思想政治教育作为一种实践活动，“它就是在做一件事：把社会的要求规范灌输到人们的头脑中去，使它转化为人们的认识、情感、意志、信念，并体现在人们的行动中。思想政治教育不是干别的，正是专门做这个‘灌输’的”。思想政治教育活动传播的是社会的主流价值观念、道德观念和政治思想。人来到这个世间，虽然急于融入社会，急于完成自身的社会化、政治社会化，但是人对于外在之物，特别是社会的主流思想不甚了解，在这种情况下，灌输就成为思想政治教育最好的选择。当通过灌输，思想政治教育的目的达到之时也就意味着思想政治教育功能得到发挥。也有人认为灌输对于个人而言，往往是被动接受的，对于思想政治教育功能的发挥而言，不是特别有效。事实上，也许一开始个人是被动接受的，但是只要他想要实现自身的政治社会化，这种教育进行到一定程度以后，被动即会变为主动，灌输即会变为自我索取。当然，我们必须注意的是，灌输不是不考虑个人接受能力和接受规律的填鸭式硬灌，这一过程应当是通过初期的灌输，唤起价值主体的自我教育意识，进而完成思想政治教育功能的发挥。这里就需要在思想政治教育的实践中，在思想政治教育功能发挥的过程中，创设适合培养个人主体意识的文化情境，变被动灌输为积极的自我索取。灌输与接受作为思想政治教育功能发挥过程中一个问题的两个方面，两者实际上是统一的，只不过是从不同的角度认识而已。对于接受而言，更多地体现了以人为本的精神，表现出一种主动性，但实际上接受的初始阶段是接收，是对于灌输行为的被动接收，通过接收唤醒主体意识，从而实现接受并内化的可能。这又与灌输达到了同样的效果。

我们所要创设的文化情境，不仅仅是在强调灌输与接受的重要性与同一性的同时，摒弃对于个人的强制约束与外在强灌，注重对于个人主体意识的承认和培养，更重要的还在于注重与个人日常的平等交流。交流是思想政治教育功能发挥的重要过程，交流不是一方高高在上，另一方被动倾听，这样的交流也许初期能够取得一定的成效，长此以往，这种交流本身存在的问题就会暴露无疑。正如苏联教育家苏霍姆林斯基所说："一个只是在讲课时隔着讲台跟学生会面的人是不会了解儿童心灵的；而不了解儿童，就不可能成为教育者。对这样的人来讲，孩子的思想、情感和意愿都是不可捉摸的。教师的一座讲台有时候会变成一堵高墙石壁，教师在墙壁后面向他的学生'敌人'发动进攻。但更多的情况则是讲台变成被包围的堡垒，'敌人'才能围攻它，而躲在里面的'指挥官'则感到手足无措。"真正的交流是在思想政治教育的过程中，教育者与被教育者"都为教育活动所吸引，他们公共参与、合作、投入和创造相互交往的活动，因此对话不仅仅是指二者之间的狭隘的语言的谈话，而且是指双方的'敞开'和'接纳'，是对'双方'的倾听，是指双方共同在场、互相吸引、互相包容、共同参与的关系，这种对话更多的是指相互接纳和共同分享，指双方的交互性和精神的互相承领"。只有这样，思想政治教育的功能才能得到发挥，思想政治教育的目的才能达到，思想政治教育的效果才能巩固和持久。

（二）思想政治教育功能发挥的主要途径

思想政治教育功能发挥的主要途径，主要为利用教育这种模式，来实现思想政治教育的目的，包括家庭教育、学校教育和社会教育。有关家庭教育、学校教育和社会教育的作用，学术界已经有了诸多认识，此处就不再详议。在思想政治教育功能发挥的过程中，家庭教育、学校教育和社会教育的作用是非常明显的，并且成为思想政治教育功能发挥的主要途径。家庭对于一个人初期信仰的确立，对于一个人社会价值规则意识的启蒙，产生了极大的影响。它是一个人主导观念形成的初期影响源，并且影响也是长久的。学校教育中既有正规的课堂教育，又有校园文化、制度、环境等隐性因素的影响，这对于人的政治社会化的促进作用是巨大的。美国政治学家安东尼·奥勒姆的话也许是对学校教育这一思想政治教育功能发挥的主要途径的最好注解——“学校在指导人民的政治思想方面发挥重要作用。学校的任务是维持社会制度，保证后代人像前代人那样思考政治。这实际意味着，社会对学校的期望主要是为社会训练出好公民，训练出有责任心的、尊重不断发展的社会政治制度的、因为有助于维护和延续国家的公民。”除却家庭教育与学校教育之外，思想政治教育更是渗透到人们的日常生活当中，成为社会教育的重要内容和主要方式。“社会组织对价值观念的彰示，人与人之间的相互交流与影响，各种大众传媒对主流理念的宣传，各种图书、影视作品对社会杰出人物的褒扬，各类爱国主义教育基地对主流价值观的宣示，以及各类节日对主导精神的展示，都是进行思想政治教育的经典”，都能有力地促进思想政治教育功能的发挥。

（三）思想政治教育功能发挥的时代变迁

思想政治教育功能发挥的时代变迁，主要是指思想政治教育功能的发挥需要依靠现代科学技术的进步，并以科技进步所形成的现代教育渠道为功能发挥的过程。伴随着时代的发展，思想政治教育功能主体的需求有了新的改变，与此相对应，教育的模式也发生了改变，这集中表现在：其一，教育模式的虚拟化及接受心理的实在化。伴随网络，思想政治教育的开展不再是教育者与受教育者面对面的传统式教育，而是通过文字、声音等符号进行传输、交流；而在受教育者的视野中，他们更关心的不是谁是传授者，而是所接收到物化形态的思想或观念是否合乎自己的需要。其二，教育者宣传引导的文化传播角色凸显。网络时代思想传授的方式不再仅局限于课堂讲授，教育者将越来越成为一位顾问、一位意见提供者、一位矛盾发现者，其职能越来越多地在于创造适于受教育者接受思想政治教育的文化氛围和环境，通过舆论等各种手段引导激励受教育者有效地接受思想。也就是说，在网络教育时代，试图让受教育者不加选择地接受思想的灌输是根本不可能实现的，教育的关键是让受教育者知道哪些思想、观念对自身有用，引导受教育者在最短的时间内接受教育者所传播的思想，并固化于行动当中。基于时代的要求以及思想政治教育所面临的新形势，要充分发挥思想政治教育的功能，就必须从功能主体的角度来规划设计整个思想政治教育活动，满足功能主体的需要。这一满足需要不仅是指思想的内容要合乎功能主体的需要，而且还包括传授思想的方式、方法要适合功能主体的接受标准。同时要求思想政治教育要充分利用现代科技，特别是以互联网、手机为代表的新媒体，充分利用它们的广泛覆盖性、影响即时性、效果持久性等特点，满足价值主体的需求，以促使思想政治教育功能得到发挥。

三、思想政治教育功能发挥规律

遵循思想政治教育功能发挥的基本规律，是实现思想政治教育基本目的的根本条件，本文从以下角度解读其基本规律：

（一）“认知—认同”规律

思想政治教育功能发挥的“认知—认同”规律是指思想政治教育实施过程中，受教育者对政治、思想、道德等理念、原则接受要经过一个由认知到认同的过程。其中认知是前提，认同是发展；认知是因，认同是果；认知是过程，认同是结果。思想政治教育功能发挥过程中的“认知—认同”规律植根于中国数千年的德教经验，它的直接理论来源是当代西方著名的道德心理学家劳伦斯·科尔伯格提出的“道德认知发展理论”。科尔伯格认为：“人的道德发展是认知结构从低到高的一个发展过程，道德教育绝不是背诵和记忆道德条例或强迫执行某种纪律。”这种“认知—认同”规律强调的是在整个思想政治教育过程中，受教育者对于政治理念、思想观念、道德规范等由低级到高级、由认知到认同的全过程。

坚持思想政治教育“认知—认同”规律，就要遵循人的认知规律，遵循由简单到复杂、由低级到高级、由单一到多元的发展规律，不可操之过急，急于求成。比如，对中国传统文化的传承，就必须“建立在对中国传统文化具体形态的认知基础之上的，包括饮食、服饰、建筑、音乐、舞蹈、文学、民俗等具体文化形态的感性认识、理性认识，然后才能形成强烈的文化认同感”。爱国主义作为思想政治教育的重要内容之一，其本身就是对于民族文化的认同感，它也正是建立对民族的历史、地理、风俗、文学等具体的文化形态的基础上而形成的。由此可见，遵循思想政治教育“认知—认同”规律，注重传统文化的教育和引导，是发挥思想政治教育功能的必然选择。

（二）“选择—整合”规律

思想政治教育功能发挥的“选择—整合”规律是指思想政治教育实施过程中，教育者引导人们在多元文化中选择正确的政治理念、健康的价值观、进步的道德观，进而整合形成具有自身特色的政治观念和道德价值体系。随着科学的进步、生产力的发展、市场经济的成熟和改革开放的逐步深入，中国社会正步入社会结构的转型期，原有的价值体系已经解构，原有的道德体系已经破碎，同时新的价值体系、道德体系尚未完整建立，多元文化渗透到社会每一角落，不同的价值体系和道德观念，都在通过互联网等多种载体，对民众尤其是学生产生广泛的影响，道德冲突和价值悖论的出现使人们在道德认知、道德选择中出现无所适从的尴尬，发挥思想政治教育的功能，遵循其“选择—整合”规律势在必行。

思想政治教育的“选择—整合”规律在中国有着厚实的实践基础，孔子所开创的德教先河就是从整理古代文化典籍开始，选择并整合了孔子之前人类文化中积极的成果，遵循这种“选择—整合”规律，建立起了独特的德教理论体系，对其弟子实行德教。在社会主义革命时期和建设时期，中国共产党选择了马克思主义文化和中国传统文化的精华，整合建构了中国化的马克思主义，其内容包括：毛泽东思想、邓小平理论、“三个代表”重要思想和科学发展观等、习近平新时代中国特色社会主义思想，使之成为思想政治教育功能发挥过程中教育民众的主要内容。

面对当前日益进步的科技，日益发达的经济，日益繁荣的文化，日益复杂的价值观，中国共产党提出了建设社会主义和谐社会的政治任务，标志着中国特色的社会主义建设进入了一个全新的时期。文化领域也相应地需要“和谐文化”的策略，它包括“政治文化以马克思主义为主导、大众文化以社会主义核心价值体系为主导、多元文化以民族文化为主导”。思想政治教育坚持“选择—整合”规律，从多元文化、多元价值观中选择一切有利于人的全面发展、有利于改革开放、有利于生产力发展和社会进步的一切积极的人类文化成果，为构建社会主义和谐社会提供价值导向和道德支撑，以促进人自身的和谐、人与人的和谐、人与社会的和谐。

（三）“交流—互动”规律

思想政治教育功能发挥的“交流—互动”规律，是指思想政治教育实施过程中，教育者与受教育者、受教育者与受教育者之间发生双向的情感、思想的交流互动规律。交流互动规律是文化育人过程中最常见的规律。伴随着科学技术的突飞猛进，信息技术和网络技术迅猛发展，人际交流越来越密切，信息流量越来越大，人们的主体意识也越来越强，尤其是青少年的独立意识、价值判断能力、道德判断能力都空前增强，思想政治教育单纯依靠灌输、讲解等手段，往往不能达到理想的效果。遵循“交流—互动”规律，创造让教育者与受教育者、受教育者与受教育者相互交流、相互沟通的平台，使他们在交流与互动中澄清思想误区，完成价值判断和道德选择显得尤为重要。

孔子是思想政治教育“交流—互动”规律践行的鼻祖，整部《论语》几乎都是孔子与其弟子交流互动的思想精华。这种“交流—互动”规律已经为今天的思想政治教育工作者所发现并广泛采用，它具体包括了学校教育中的师生互动、生生互动以及社会上群体之间的群体互动等多种形式。师生交流互动，师生双方以自己头脑中固有的概念和经验作为基础，去理解对方的思想和观念，在交流与互动中实现思想、观念和价值的认同。生生交流互动，学生之间为了实现社交能力、心理调试能力、竞争意识等各方面的提高，进行交流互动，进而实现思想、道德、心理教育的目标。群体之间的交流互动是指跨越学校界限、地域界限、民族界限甚至国家界限的不同群体之间，通过平等的交流和情感思想的互动，达到相互了解、取长补短、促进发展的教育目标。经济全球化、社会信息化和文化多元化，为这种群体间的交流互动创造了条件，并提供了可能性，通过这种交流互动，思想政治教育也能更好地发挥其功能。

（四）“践履—探索”规律

思想政治教育功能发挥的“践履—探索”规律是指思想政治教育实施过程中，受教育者对于新的政治理念、思想观念、道德价值、道德规范等需要得到一种实践行为的验证与强化，才可能内化为自己的思想政治素质和品质素质。“实践是检验真理的唯一标准”以及“理论与实践相结合”等马克思主义哲学原理，是“践履—探索”规律的理论基础。

中国两千五百多年儒家德教的“经世致用”精神和人生态度，是思想政治教育功能发挥“践履—探索”规律的文化基础和社会基础。“践履—探索”规律的发挥主要分为两个阶段：学术实证和社会实践。所谓学术实证，是指在思想政治教育过程中，教育者不强迫受教育者接受自己的思想理念和价值观念，而是提出问题，让受教育自己通过学术实证的办法，证明其理念或观念的正确性，从而自觉接受。社会实践可以是参观感受、可以是志愿服务，也可以是社会调查等，其目的在于通过实践，认知新的思想理念和价值观念，巩固原有的思想认识和道德认知，促成道德品质的形成。

第二章 思想政治教育中的文化思想体现

第一节 基于“文化育德”思想的思想政治教育

世界各个国家都非常重视开展对人的思想的教育活动，尤其是西欧各国、美国、新加坡等。这些国家高度重视人的政治素质和道德素质的养成，积极发挥文化的育人作用，围绕着如何提高人的素质广泛开展了多种政治社会化活动，积累了丰富的“文化育德”经验。

一、各国“文化育德”的具体实践

许多国家虽然都不使用“思想政治教育”概念，但是都存在着思想政治教育的实践活动。这种实践活动体现在政治教育、道德教育、公民教育、文化教育等之中，充分体现了思想政治教育与文化之间的密切联系。

（一）西欧国家的道德教育

西欧具有悠久的历史传统，其文明历史可以追溯到公元前 8 世纪到公元 4 世纪的古希腊罗马时期。近代以来，西欧成为世界资本主义经济、政治、文化的中心，其文化中包含的丰富的教育思想也引领着世界各国教育的发展。古希腊罗马时期的城邦政治理论、中世纪的宗教神学理论、近代的天赋人权理论、现代的政治社会化理论和公民教育理论等，都具有丰富的思想政治教育思想和文化育德思想。可以说，不管在哪一个时期，西欧国家都非常重视道德教育，都不遗余力地将统治阶级的政治思想和价值观念灌输给民众，进而维护其意识形态。

1. 古希腊时期的道德教育

古希腊是西欧文明的发祥地。在古希腊时期，西欧国家就已经形成了诸如好、善、美、正义等价值观念。这些基本的价值观念一直影响着西方的理论发展和科技进步，并无形地渗透进西方的生活方式和思维方式之中，成为西方社会的最基本的道德理念和价值标准。

在理论方面，古希腊时期的许多思想家都非常重视文化对教育的感染作用，注重文化环境对教育的积极影响。柏拉图认为，音乐和文学的感染、行为习惯的培养、文化环境的熏染等都有利于教育的实施。他认为，音乐能够反映一个国家的兴衰，能够触及人的心灵深处；好的文学作品、好的故事也能够激发人们的思想情感，使人们变得积极、勇敢和坚韧；参加游戏、体育活动、军事训练以及算数、几何、数学等课程也有利于引导人们的思想，从而形成社会所需要的美德。因此，国家应该严格地审查音乐、歌曲、文学作品等方面的内容，通过实施符合国家要求的音乐、文学教育，培养社会所需要的人才。亚里士多德也认为文化对教育具有重要的影响，强调体育、音乐、诗歌、文学等都是实施道德教育的重要方式和重要途径，对人们形成社会所要求的道德素质具有重要的作用。

在实践方面，古希腊的统治阶级非常注重对民众进行政治教育和道德教育。在斯巴达，统治阶级广泛开展了“战士教育”，将团结、服务、吃苦、牺牲等精神融入了公民社会的各个方面，以培养合格的、能够献身国家的合格公民和军人。在培养合格战士过程中，他们强调严格的政治灌输，通过讲解国家的政治、法律、风俗习惯、行为规范等促使民众养成服从领导、忠于国家的政治品德。他们还注重发挥诗歌艺术的作用，将诗歌艺术变成灌输统治阶级主流思想的重要工具。在雅典，统治阶级广泛开展了“民主教育”，以唤醒民众的公民意识。他们倡导用动人的辞令去说服广大民众，影响民众的思想和行为，通过“自制”“善于抑制情绪”等品德和行为的教育，使广大民众消除反抗心理，甘当顺民。在这一时期，德育已经成为学校教育的一部分，有的学校还专门开设了德育课程。

2. 古罗马到中世纪时期的道德教育

在古罗马时期，奴隶主贵族非常重视发挥思想政治教育的作用，广泛开展了忠臣和顺民教育，培养了一大批忠臣和顺民，巩固了统治阶级的统治。他们努力通过家庭和父辈的教育，使青少年养成爱国、守法、恭顺、谦虚、认真等道德品质；通过学习十二铜表法使青少年从小就养成服从观念和顺应习惯；通过在学校中开展演说家、雄辩家教育，培养演说和辩论技能来宣传统治阶级的思想；通过基督教教会，教育人们养成服从、忠诚、恪尽职责等美德。

到中世纪之后，西欧各国的教会逐渐成为全社会的精神支柱，宗教教育也代替了思想政治教育，成为道德教育的主要手段和途径。各个学校都广泛开展了宗教教育课程，并集中于宗教道德的硬性灌输。在一些教会开办的学校，即使开展了一些文法、逻辑等方面的非宗教课程，也都渗透着宗教的思想，是为宗教道德教育服务的。广泛开展宗教教育，其“主要意义是塑造青年成为信仰坚定和态度恭顺的人，就是使他们相信教义、服从教会并忠于上帝、忠于人类”。

3. 近现代的道德教育

近代以来，西欧国家经过资产阶级的革命与改革，成为世界资本主义的经济、政治、文化的中心，其道德教育思想和活动也为世界其他国家的教育提供了借鉴。法国在民众中，尤其是在军队和学生中广泛开展了共和主义精神的灌输教育，将共和主义精神传遍到整个部队和每个士兵当中。在学校里，法国主要是通过渗透性的教育方式使广大学生认同和树立资本主义的政治价值和道德观念。例如，将考试作为招生的唯一途径，寓公平观念、竞争观念于考试之中；将王宫作为学校的地址，提醒学生誓死保卫国家；将学生安排在风清气正、清廉端正的家庭中居住，以家庭的榜样来教育和熏染学生等。英国坚持进行宗教教育，强调在学校中进行宗教道德的灌输，以防范和减少社会秩序的混乱。

现代以来，西方资本主义国家逐渐进入到垄断资本主义时期，各个国家为了维护资本主义统治，并与无产阶级进行斗争，更加注重意识形态工作，更加强调资本主义政治制度、公民美德、爱国主义等方面的教育。在制度教育方面，面对无产阶级运动的兴起，西欧各国资产阶级纷纷开展了资本主义制度“优越性”的教育，以巩固资产阶级的统治。法国调整了公民道德教育课程的内容，将法国资本主义制度的相关内容置于首要的位置。德国采取了一系列措施，宣扬德国政治制度的“优越性”。英国也将政治制度和程序作为教育重点，培养人们对英国议会制度的认同感。在美德教育方面，西欧各国重视加强“社会责任”“公民义务”“公民意识”等方面的教育，以维护统治阶级的利益。这些美德包括合作、忠诚、诚实、容忍、服从、坚忍等。在爱国主义教育方面，西欧各国为适应战争的需要，进行了大量的为战争服务的教育工作，并利用各种文化载体传播爱国主义内容。

例如，在第二次世界大战期间，英国为了进行战争鼓动，专门设立了“时事局”，并将当时流行的《战争》《时局》等书籍作为学习材料，在一定程度上激发了斗志、鼓舞了士气。

4.当代西欧各国的道德教育

当今时代，西欧各国普遍地加强了公民的政治教育、道德教育和宗教教育。在教育内容上，更加强调资本主义的意识形态；在教育方式上，更多地采用间接的、渗透的方式进行。英国广泛开展了“公民教育”，注重对民众进行宗教、道德、政治等方面的教育，以达到为教会和国家服务的目的。英国非常重视学校在灌输宗教道德和政治思想中的作用，通过制订道德教育计划、编写教材、开展师资培训、开设政治课程等方式，增强人们的政治理念，增强对英国政治制度的认同感。英国非常重视大众传播媒介的作用，其主要传播媒介（如BBC等）都由政府直接控制，并且将传播资本主义的意识形态作为首要任务，对民众进行资本主义意识形态的宣传教育。

法国在对民众进行爱国主义教育的过程中，非常注重发挥文化的重要作用，甚至教育中带有强烈的文化中心主义情绪。法国的历史比较悠久，曾经创造出辉煌的文化。在实施爱国主义教育时，法国比较注重发挥法兰西民族优秀传统文化的作用，并突出强调各个历史时期的辉煌成就，进而增强法国人的民族自尊心和民族自豪感。此外，法国还非常注重利用玛利亚那、三色旗、马赛曲、国庆节等象征性的文化符号或节假日开展爱国主义教育。

“二战”以后，德国的政治文化得到了彻底的改造。德国通过设立官方政治养成教育机构、社会团体、公共机构，在学校开展专门的政治教育课并将教育内容渗透到其他各门课程当中，教育人们迅速养成社会所要求的价值观念、思想意识、道德素质。在短短 30 多年的时间里，西德逐渐形成了一种民主政治文化，原有的政治文化获得了彻底的改造。

（二）美国的公民教育

美国非常重视对公民的教育，自觉地开展了以资产阶级政治思想为核心内容的公民教育活动，以提高美国人的公民意识，维护美国的资产阶级民主共和制。美国对公民进行教育的主要内容包括政治价值观教育、宗教教育、行为规范教育、施政纲领教育等。

第一，美国十分重视发挥学校在灌输社会价值观中的作用。美国人十分强调政治价值观念的灌输，对人们的政治社会化教育从三四岁就开始了，并一直持续到老。“美国给教育部门下达的重大任务就是把每一个人都变成说英语的美国人，在他们的主要价值观和政治态度方面浸透美国的政治文化。”美国在各类学校广泛开展了

“品格教育”，通过设立道德课程，使用口号、誓言、准则等进行直接灌输，或者通过开展课外活动、升旗仪式等间接方式，对人们进行道德品格的教育，使美国人养成诚实、仁慈、自律、容忍等美德。美国大量的公立学校成为传播美国政治文化的主要途径，这些公立学校向美国青少年以及刚踏上新大陆的移民进行政治文化方面的教育，使美利坚精神进入他们的思想，融入他们的血液。美国的大学将专业教育分成两个层次：一个层次是要求学生掌握从事某种专业的基本知识和基本技能；另一个层次是教育学生养成与专业有关的价值观，学习相关专业的职业道德课程和伦理课程。

第二，美国十分重视文化环境的建设，重视发挥隐性教育的作用。在实施公民教育中，美国政府非常注重文化环境的作用，强调文化环境的整体性和一致性。文化环境对人们的教育和影响有显性的一面，也有隐性感染的一面。对此，美国在各个学校花费了大量的经费和精力进行文化环境建设，致力于营造良好的文化环境氛围。例如，加强学校报刊、网络、广播等媒体的建设；加强绿化美化建设；在校外广泛设立纪念馆、博物馆、代表美国价值观的标志物等；广泛开展具有一定的文化意义和价值观内涵的活动等。美国学校非常重视发挥“隐蔽课程”的作用，将政治教育的内容渗透到文学、历史、社会等课程之中，渗入到课外校外活动、教师职责之中，让公民在专业学习和日常生活中也能够接受政治文化的熏染。此外，美国大学还非常注重对学生的职业道德的教育。

第三，美国十分重视发挥新闻媒体和社会舆论在公民教育中的作用。在“一战”期间，美国就成立了专门的“新闻管制委员会”，负责美国新闻的审查、宣传和鼓动工作。新闻媒体的宣传鼓动，为美国在“一战”中的胜利奠定了基础。另外，为推行“新政”，美国还拍摄了许多反映社会状况的纪录片，例如《破土的犁》（1936年）、《大河》（1937年）等，产生了强烈的宣传教育效果。

第四，美国十分重视文学作品对人们的思想观念的影响和熏染。通过一系列的带有时代性、思想性的作品来教育人、感染人、鼓舞人，寓公民教育于文学艺术作品当中，是美国公民教育的一个重要特点。其中，美国思想家富兰克林的著作《格言历书》《自传》等，对人们的思想观念产生了重要的影响，在一定程度上提高了人们的公民意识。教育家潘恩以其《常识》一书，教育和影响了一代人，焕发了人们极大的革命斗志。哈里特·斯托夫人的小说《汤姆叔叔的小屋》成为19世纪美国著名的宣传小说，在废除奴隶制的斗争中发挥了重要的宣传鼓动作用。

第五，美国十分重视广泛利用各种机会开展公民教育。在美国，各个组织都会利用一切场合和机会宣传美国的生活方式和价值观念。学校、家庭、社区、传媒、政党、宗教团体、科研单位等，都积极参与公民教育活动，并在宣传美国精神中发挥着重要的作用。美国十分重视公民教育的社会化机构和社会化网络建设，充分利用各种有形的物质设施和无形的文化符号对公民进行政治思想的传播和渗透。这些无形的文化符号具体体现在各种文化活动之中。比如，通过举办奥运会或者发射航天器等活动宣扬“美国精神”；通过举行升旗仪式、节日庆典、各种文艺演出等加强爱国主义精神教育；通过开展总统竞选、州长竞选等活动，增强人们的民主意识、选举意识以及对政权的支持。此外，美国还投入大量资金用于公民教育的物质设施的建设，建设了大量的纪念馆、博物馆、展览馆、国家公园等，并免费向公众开放，为公民教育的有效实施提供了大量的教育场所。

（三）新加坡的精神文明建设

新加坡面积小、人口少，资源也比较缺乏。就是这样的一个国家，不仅取得了巨大的经济成就，而且其精神文明建设也举世瞩目。新加坡在 1965 年独立以后，其精神文明建设经历了由忽视到觉醒、再到重视的过程。基于忽视精神文明建设给新加坡带来的问题和威胁，新加坡人更加认识到精神文明建设的重要性。

第一，新加坡充分认识到精神文明建设的重要性。新加坡在刚刚建国之后，为了改变自身的落后局面，狠抓经济建设，专心致志地进行现代化建设，使人们的物质生活水平大大提高。新加坡人错误地认为，只要经济发展，任何问题都可以解决。就在这一时期，西方的价值观念和生活方式渗透到新加坡人的日常生活当中，与原有的道德观念发生了严重的冲突。在西方强势的价值观念的冲击下，新加坡本有的道德和价值观念式微，还面临着全盘西化的危险。西方腐朽的颓废的文化影响着越来越多的新加坡人，吸毒、色情等犯罪活动增多，各种物质主义、拜金主义、个人主义、利己主义的歪风渐长，直接影响了新加坡的工业化建设和人们的日常生活。新加坡人逐渐认识到，除了要发展经济之外，还必须提高国民素质，培养人们的核心价值观念。在这种情况下，新加坡政府决定在建设现代化的同时，必须加强精神文明建设，创造新加坡式的精神文明。新加坡一方面学习了西方的先进技术，另一方面坚持了东方的价值观，并努力使物质文明建设与精神文明建设结合起来，使它们相辅相成、相互促进。

第二，新加坡非常重视发挥政府的作用，并注重社会各个方面的参与。新加坡政府非常注重国家全面干预的作用，强调由政府部门进行统一指导。新加坡的精神文明建设是自上而下地推行的，对精神文明建设的重视、各项具体教育措施的制定、共同价值观的推行、全面道德教育的实施，都离不开政府领导人、国会以及政府相关部门的领导和推动。同时，新加坡也非常重视发挥社会各个方面在精神文明建设中的作用，注重动员和协调各个方面的力量，由政府来协调家庭、学校、社区、媒体等社会多种力量，使其相互配合、共造声势，营造良好的环境氛围。

第三，新加坡确立了“东方价值观”。为了抵御西方腐朽价值观念的侵蚀，新加坡开始全面加强道德教育，自上而下地开展了全国性的“文化再生运动”，加强对儒家传统文化的借鉴和继承，建立了东方的文化价值观。“儒家思想中的忠、孝、仁、爱、礼、义、廉、耻被赋予了时代化和新加坡的具体阐释，成为新加坡人共同追求的思想道德品质。”新加坡将东方价值观提升到国家意识的层面，将“国家至上，社会为先；家庭为根，社会为本；关怀扶持，同舟共济；求同存异，协商共识；种族和谐，宗教宽容”作为全社会共同的价值观，并在学校、企业、家庭等场所进行广泛宣传。新加坡政府还专门成立“国家意识委员会”，负责国民意识教育工作；成立了“新闻与艺术部”，负责全国的文化和宣传工作，制订国家意识宣传计划，促进新加坡的精神文明建设。

第四，新加坡政府非常重视精神文明建设的法制化。新加坡政府非常重视制度的作用，通过立法、制定社会政策等方式，规范人们的日常行为，促进人们行为的规范有序，推进精神文明建设。新加坡对“国家意识教育”的组织实施进行立法，使其法制化，将大量的精神文明建设内容纳入法治化轨道。对随地吐痰、乱扔废弃物、乱涂乱画、随便攀摘花木、公共场所吸烟、乱丢口香糖等都进行了严格立法。对扶助弱者、见义勇为、助人为乐等行为，则通过制定强有力的社会政策进行鼓励，引导人们积极地“向上、向善、向美”，营造浓厚的文明氛围。

二、各国“文化育德”的主要特点和基本经验

西欧各国、美国、新加坡等国家，围绕提高人们的思想政治素质和道德文化素质，开展了丰富多彩、多种多样的教育实践活动，其中有许多共同的特点。

（一）高度重视公民的思想政治教育

西方国家自古以来都非常强调教育的重要性，并认为教育与国家的政治统治紧密地联系在一起。对公民进行教育的主要内容是统治阶级的政治思想，教育的根本目的是培养符合统治阶级要求的

“合格公民”，维护统治阶级的政治秩序。早在古希腊罗马时期，柏拉图在《理想国》中就阐述了教育的问题，他明确地提出，教育不仅仅是为了传授知识、娱乐大众，更重要的是为了提高人们的道德、陶冶人们的情操、重塑人们的性格，将人们培养成为符合社会（统治阶级）要求的公民和军人，努力将人们培养成为具有“善的理念”的哲学家，进而建立一个理想的国家。因此，教育与政治存在着密切的联系，一切的教育都可以称为政治教育。

西方的教育活动不管以什么样的形态出现，不管叫什么名字，其教育的内容都摆脱不了统治阶级的意识形态。对人们实施公民教育，就是以政治社会化的形式使人们形成社会所要求的政治思想和政治意识。自古以来，没有任何一个国家出现例外。以美国为例，美国人非常重视教育，强调教育是改变世界的根本途径。美国人认为，只有通过教育将美国文化传递给世界，才能实现美国经济的迅速发展，才能推动社会的民主和进步，才能使美国的政治制度和民主自由有一个美好的未来。可见，西方国家都非常重视对人们进行思想政治方面的教育。

（二）教育的主要任务在于传播主流政治文化

西方国家实施的各种教育，都具有明确的目的和任务。这个主要的任务就是传播社会主流政治文化，传播统治阶级的意识形态，并对与主流意识形态大相径庭或截然相反的思想进行“残酷的斗争”和“严厉的打击”。在西方资本主义社会，各种教育活动自始至终都贯穿着自由、民主、平等、博爱、人权等资本主义的核心价值观，并注重将这些资本主义的核心价值观渗透到学校教育的各门课程、各项文化学术活动之中，融入经济、政治、文化等社会的各项事业的建设之中，以此来保证西方国家的资本主义的根本性质。

拿美国来说，美国一直在倡导“自由”“民主”，并号称是世界上最“自由”、最“民主”的国家。但是，美国政府仍然强调“美国精神”，倡导在一个多元的社会中建立起共同的文化，而这个共同文化的主体内容和主要精神就是资本主义的核心价值观。他们所倡导的“自由”“民主”，也是带有浓厚的美国式的、资本主义式的“自由”和“民主”。可以说，美国自建国以来，就非常重视对美国主流政治文化的宣传和教育，并不遗余力地对其他文化进行斗争。无论是在独立战争时期对英国封建思想的抨击，还是在南北战争时期对南方奴隶制思想的打击，甚至是在冷战时期对社会主义先进思想的斗争，都反映了美国人无时无刻不在维护着资本主义的主流政治思想，维护着现有的资本主义政治经济秩序。

（三）强调加强民族精神教育

世界各国的民族精神都以爱国主义为主要内容，并已经熔铸在了国家的政治、经济、文化、社会生活的各个方面，熔铸在了人们的思想情感和日常行为之中，成为人们的思想和行为的基础和灵魂。

美国非常重视民族精神的培育。“美国精神”已经成为美国人的一种社会信仰，成为美国社会的一种凝聚力量和精神动力。美国精神主要体现了“爱国的民族精神；乐于进取、勇于创新的民族精神；崇尚个人奋斗的民族精神”。美国精神已经成为美国人的骄傲，成为美国人行动的指南，在经济社会发展中发挥着巨大的作用。

新加坡也非常重视对新加坡人进行爱国主义教育。爱国主义教育在新加坡通常被称为“国家意识”教育，爱国主义教育充分体现在国家意识的教育和培养过程中。新加坡自建国之初，就“一直重视对本国公民国家意识的培养”，并将“国家至上，社会为先”作为社会共同价值观的第一条。新加坡对国民进行国家意识教育，“采取的是一种从儿童抓起的循序渐进的方式”，并实行国民服役制度和政策，努力“使每一个新加坡男性公民都能献身于国防、献身于国家利益，从而培养和塑造出与国家共命运的国家意识”。在这种强烈的国家意识教育中，新加坡人的民族精神得到不断增强。

（四）注重教育方法的综合性和渗透性

西方各个国家在对人们进行思想政治教育的时候，都普遍注重教育方法，注重将各种教育方法综合起来使用。在西方，各个国家也非常强调理论的灌输，主张采用正面的、直接的、正规的灌输方法，即将社会所要求的政治思想、道德价值以口号、誓言、信条、准则等形式，通过外部的强大力量灌输给民众，从而使民众形成社会所要求的道德品质和价值观念，如以理服人、典型示范、言传身教等。可以说，直接教育是西方社会非常强调和普遍采用的，但这种教育方式容易给人强迫的感觉，进而导致人们产生逆反心理。因此，西方社会更加注重运用间接的教育方式，采用潜在的、综合的、广义的教育方法，即通过提出问题、开展活动等方式进行启发诱导、熏陶感染。

西方各国将思想价值观念渗透到政治教育、道德教育和文化活动中，体现在政治学、社会学、心理学、伦理学、教育学等学科之中，通过这些学科，对思想政治教育的内容、方法、效果等进行或综合或细化的研究，进而提高思想政治教育的实效性。西方国家成立了各种心理机构，如美国的“泄气服务中心”、加拿大的“安慰中心”、日本的“泄气室”等，以缓解人们的压力和不满情绪。西方各国还注重通过音乐、绘画、舞蹈、体育活动以及工作实践等间接的、综合的、渗透的方式对人们进行教育，注重发挥优秀文学作品中的典型和名人故事的教育作用。这种间接教育方式具有极大的自然性和隐蔽性，能够使人们在潜移默化中形成社会所要求的思想道德和价值观念。

（五）注重发挥文化的载体作用

在西欧、美国等一些西方国家，虽然没有专门将思想政治教育作为一门学科，没有专门设立思想政治教育的课程，也没有专门的机构管理和推进思想政治教育工作，但是思想政治教育的核心内容和功能作用却一点也不少。西方国家的思想政治教育作为一种“隐性”的存在，主要体现在一般的教育论述当中，体现在公民教育、政治教育、道德教育等各项活动之中，体现在日常的社会生活之中。

西方国家非常注重发挥文化载体在传播政治思想中的作用。他们将意识形态的内容寓于社会生活的方方面面，体现在社会舆论、宗教活动、社会管理、日常交往、公共设施等可以见到的一切事物和一切活动之中，渗透在学校教育的各门学科、各项活动之中，使人们在任何时候都能够不知不觉地接受一定的政治意识形态的熏染。可见，注重发挥各种文化载体的作用，注重教育渗透，让人们在无形中接受社会所要求的政治思想，是西方思想政治教育的主要策略之一。

日本实施思想政治教育，大都是通过加强企业文化建设、校园文化建设等进行的。在校园文化建设方面，日本主要是通过建立美丽整洁的校园环境、组织丰富多彩的校园活动等方式进行的，以此来增强人们的认同感、归属感以及集体精神。在企业文化建设方面，日本大都是通过培养员工的团结协作精神、奉献精神等，促进企业的稳定发展。

第二节 基于“教化”思想的思想政治教育

思想政治教育是中国共产党在实践中总结形成的一门现代学科，但同时也是一个古老的话题。在中国古代，虽然没有思想政治教育的称谓，但很早就有思想政治教育的实践。在夏商周时期，我国就已经有了进行教育的场所“校”“序”“庠”。在古代，我们的先人们将教育更多地称为“教化”，即将统治阶级的主流思想转化为社会思想，成为广大民众的思想。在不同的历史环境、教育对象、主要任务下，思想政治教育或“教化”呈现出不同的特点。

一、中国传统“教化”的基本内容

（一）整体主义教育

整体主义思想是我国在漫长的历史发展过程中逐渐形成的。它的产生是由经济的、政治的、环境的、地理的、人文的等多个要素共同作用的结果，有其必然性和客观性。在农耕社会，人们习惯于将自己置于一个群体的环境中，使个人成为社会群体中的一员，并在大部分情况下都是通过主动调节自身来适应外部环境，共同应对自然、抵御风险。人的价值也只有在集体中才能够得到充分的体现和完全的实现。

久而久之，人们就形成了这样一种思想习惯，即人们将社会看作一个整体，个人总是要存在和生活于这个社会整体之中，是社会整体的一部分。当社会整体的利益受到损害时，个人的利益也就很难得到保障。因此，在个体利益与整体利益的关系上，中国人始终坚持以整体利益为先，更加注重对整体利益的维护，注重个人与集体、个人与个人之间的和谐统一，使个人利益无条件地服从和服务于整体利益。中国传统文化中的“天下兴亡，匹夫有责”、“先天下之忧而忧，后天下之乐而乐”“先义后利”“舍生取义”等思想都是整体主义的集中体现。因此，群体观念和整体主义思想在中国传统文化中根深蒂固，而个人利益服从整体利益是我们的一贯传统。

（二）爱国主义教育和民族精神教育

在中华民族的漫长历史发展过程中，中华民族逐渐形成了“团结统一、爱好和平、勤劳勇敢、自强不息”的爱国主义精神。中华民族的这种伟大精神是中国各族人民共同凝聚、团结奋斗的重要法宝，也是中国文化的精华所在。

1.“天下兴亡、匹夫有责”的爱国精神

中国传统文化中蕴含着丰富的爱国精神，“天下兴亡、匹夫有责”是其中的重要内容。这些精神是我们开展爱国主义教育的重要文化资源，发挥着重要的教育作用。培养“天下兴亡、匹夫有责”的爱国主义精神，有助于人们正确地处理个人与集体、民族、国家之间的关系，培养人们对集体、对民族、对国家的奉献精神和责任意识，增强人们的民族自尊心、自信心和自豪感。

中华民族形成的爱国主义传统所包含的内容非常广泛。中国传统文化中有很多关于这方面的论述。比如，《诗经》中“夙夜在公”的道德要求；《礼记》中“天下为公”的大同理想；《孟子》中的“其自任以天下为重”；范仲淹的“先天下之忧而忧，后天下之乐而乐”；文天祥的“人生自古谁无死，留取丹心照汗青”等。这些诗句和论述无不体现出人们对中华民族的强烈的爱国主义精神。此外，还包括中华民族实现祖国统一，反对分裂的强烈愿望；强大的民族自尊心、自信心和进取心；艰苦奋斗、甘于奉献的奉献精神；为国家、民族、集体甘于牺牲的伟大精神等。

2.“刚健有为、自强不息”的民族精神

除“天下兴亡、匹夫有责”外，我们的民族精神还包括广泛的内容，突出地表现为“刚健有为、自强不息”的伟大民族精神。它是中华民族生生不息、绵延不绝的不竭动力。它激励着一代又一代的中国人，使人们积极进取、奋发向上、永不停滞，使中华民族在历经千百磨难之后仍然不断繁衍生息、百折不挠、不断壮大，仍然屹立于世界民族之林，屹立于世界的东方。关于“刚健有为、自强不息”的民族精神，中国传统文化中有很多的论述。比如：《易经》中的“天行健，君子以自强不息；地势坤，君子以厚德载物。”孔子的“发愤忘食，乐以忘忧，不知老之将至云尔。”曾子的“士不可以不弘毅，任重而道远。”《大学》中的“苟日新，日日新，又日新。”还有孔子著《春秋》、屈原赋《离骚》、孙子修《兵法》等经典故事。这些都是中华民族刚健有为、自强不息精神的集中体现和生动写照。

（三）理想人格和精神境界教育

在中国传统社会，人们将追求完美无暇的理想人格和至诚至善的精神境界作为人格修养的重要目标。对人们进行理想人格的培育和精神境界的提升，始终是中国传统文化的重要元素。这种理想人格和精神境界在锤炼人的品性、塑造人的精神、维护社会道德中发挥着重要的作用。

中华民族的理想人格，可以集中概括为真、善、美的统一，也就是天人合一、知行合一、情理合一的统一。孟子所说的“恻隐之心、羞恶之心、辞让之心、是非之心”。“四端”是人天生带来的，将其转化为社会所要求的道德规范就需要人们亲自进行道德实践，以形成理想的人格和崇高的精神境界为目标和归宿。老子说的“天之道，利而不害；圣人之道，为而不争。”孔子说的“不义而富且贵，于我如浮云”“三军可夺帅也，匹夫不可夺志也。”孟子说的“生，亦我所欲也，义，亦我所欲也；二者不可得兼，舍生而取义者也”。

这些论述都反映了古人对崇高的人格理想和精神境界的追求。他们将个人的全面自由发展放在生命的首位，促使人们从世俗功利中解放出来，从而达到完美的人生境界。

至诚至善至美是人生最高的精神境界，是传统中国人努力追求的崇高精神。对“至诚至善至美”的精神境界，《中庸》中有所阐释。“诚者，天之道也；诚之者，人之道也。诚者，不勉而中，不思而得，从容中道，圣人也。诚之者，择善而固执之者也。博学之，审问之，慎思之，明辨之，笃行之。”所谓“至善”，是指“顺乎亲有道：反诸身不诚，不顺乎亲矣。诚身有道：不明乎善，不诚乎身矣”。可见，至诚至善至美是古代贤人君子追求的人生的最高理想境界。同样，至诚至善至美作为一种美好的品行，在现代社会中也发挥着重要的作用。

对人们进行理想人格和精神境界的教育是一个艰苦的磨炼过程。因此，儒家思想倡导将这一努力过程进一步审美化，倡导以苦为乐、自强不息。孔子十分注重“刚健奋进”“发奋忘食”的奋斗精神，认为“知者不惑，仁者不忧，勇者不惧”。他在与弟子颜回的一次对话中说：“一箪食，一瓢饮，在陋巷。人不堪其忧，回也不改其乐。贤哉！回也。”孟子也强调，为了实现目标应做出艰苦的努力，应积极向上、不断进取。他把贫贱和忧患看作是磨炼自身意志、完善人格理想、提升精神境界的重要条件。

（四）积极进取、乐观向上的人生教育

中国传统文化主要以乐观主义哲学为基础，提倡人们要有乐观主义的人生态度和自主精神，这有利于人们树立积极、健康、向上的生活方式和人生态度。中国传统文化，尤其是儒家文化，主张人们应从内心的自我完善出发，积极关注社会现实和人生，完善自我、超越自我。这些核心思想处处体现着积极进取的奋斗精神和乐观主义的人生态度。

中国传统文化中有许多表达乐观向上的人生态度的论述。比如，孔子的“为仁由己，而由人乎哉？”“我欲仁，斯仁至矣。”孟子提出的“存心”“养气”之说，“反身而诚”和“尽心、尽性”的要求等。这些论述充分体现了中国人民在困难和挫折面前不畏艰险、积极进取、克服困难、有所作为、取得胜利的精神风貌。

人生的崇高理想和积极进取的精神往往是在极端困难的境遇中培养的，也只有在这样的环境下才能得到充分的体现。中国传统文化教育人们正确面对自己所面临的各种境遇，将各种困难的境遇视为理所当然，并鼓励人们树立坚强意志，焕发蓬勃朝气，乐观做人、主动做事，迎接人生的各种挑战，进而实现人生的理想和抱负。无论在革命战争时期，还是在和平建设时期，加强这种乐观主义的人生观教育，都有利于克服人们生活中的各种惰性、僵化、消沉等不良状态，培养和弘扬人们的积极健康的自主精神和竞争意识，激发起人们建设中国特色社会主义的斗志，战胜各种艰难险阻，克服在革命、建设和改革过程中出现的各种困难。

（五）仁爱忠恕的思想教育

“仁爱忠恕”是儒家思想的一个显著特点，也是中国传统文化中的一个重要思想。它影响着一代又一代的中国仁人志士，成为中国传统文化中的一个重要元素。

所谓“仁爱”，是指一种爱人之心，是“博施于民而能济众”，也就是孟子常常说的“仁者，爱人”。他倡导人们之间相互关心、相互爱护、相互帮助。“仁”是儒家道德伦理思想的核心，也是解决人与人、人与社会、人与自然之间关系的一个重要法则和根本途径。所谓“忠恕”，也就是孔子所说的“己欲立而立人，己欲达而达人”，“己所不欲，勿施于人”。孔子认为，做到“仁爱忠恕”，就是坚持以善为本，通过培养人们的善良道德来调整人、社会、自然之间的关系。这在理论上是行得通的，在实践上也是可行的。关于“仁爱忠恕”思想，在中国传统文化中有很多体现。比如，孔子说的“君子笃于亲，则民兴于仁。”“人而不仁，如礼何？人而不仁，如乐何？”孟子讲的“老吾老，以及人之老；幼吾幼，以及人之幼。”“爱人者，人恒爱之；敬人者，人恒敬之。”这些“仁政”“德治”思想，在中国两千多年的历史发展中发挥了重要的作用，并成为人们根深蒂固的思想。这些思想对当代中国坚持依法治国与以德治国相结合，建设社会主义精神文明仍然具有重要的作用。

二、中国传统“教化”的基本特点

中国传统文化中不仅含有丰富的教育内容，而且也包含着一定的教育原则和多种多样的教育方法。中国传统社会中的“教化”思想和“教化”活动呈现出多个方面的特点。

（一）强调道德教育的重要性和至上性

中国传统文化一直强调道德教育的重要性。夏商周时期出现的教育场所“校”“序”“庠”，就已经具有了道德教育的内容和功能。正如孟子所说：“庠者，养也。校者，教也。序者，射也。夏曰校，殷曰序，周曰庠；学则三代共之，皆所以明人伦也。”中国传统社会中的历代的思想家，尤其是儒家的思想家，都始终强调道德教化的重要性，并由此展开了一系列的论述。

中国古代一直将道德教育放在重要位置。《周易》中说：“夫易，圣人所以崇德而广业也。”“利用安身，以崇德也。”《大学》中说：“大学之道，在明明德，在亲民，在止于至善。”这些思想都将培养人们的美好品德作为教育的重要目标。

孔子提出，教育的根本目的在于“为仁”，“民之于仁也，甚于水火”。也就是说，实施教育是为了让人们学会怎样做人，怎样做一个道德高尚、懂得礼仪的人。正所谓“性相近也，习相远也”。可见，教育在培养人们的思想道德方面发挥着重要的作用。孔子认为：“道之以政，齐之以刑，民免而无耻；道之以德，齐之以礼，有耻且格。”“为政以德，譬如北辰，居其所而众星共之。”

此外，还有“主忠信，徒义，崇德也。”“以直报怨，以德报德。”“骥不称其力，称其德也。”“君子之德，风；小人之德，草；草上之风，必偃。”孟子也强调了德教对稳定统治的意义，认为：“以力服人者，非心服也，力不赡也；以德服人者，中心悦而诚服也，如七十子之服孔子也。”

西汉时期，董仲舒非常重视教育的作用，他将仁、义、礼、乐看作是治国的工具。董仲舒认为，教育在推动人性为善中发挥着重要的作用，离开对民众的教化，“人性善”就会脱离现实，变成一种空想。东汉思想家王充也强调教育和环境对人的性格形成的作用，认为教育可以使人变得性善。宋明理学的朱熹也认为，教育是使人的德性实现自觉的根本途径。

近代以来，大部分思想家十分重视教育尤其是德育的重要作用，并将德育提升到挽救国家危亡、立志救国救民的民族高度。严复、康有为、梁启超等思想家都高度重视教育的作用，强调德育是教育的根本。挽救中国，最根本的办法就是对广大民众进行文化教育，并将重点放在德育上，教育广大民众与国家和民族的命运联系在一起。

从中国古代和近现代思想家的这些论述中可以看到，道德教育一直是历代统治者和思想家所强调的。任何教育，不外乎两种：一种是道德教育；另一种是知识教育。在任何情况下，道德教育都应居于首要地位，其目的是培养适应统治阶级需要的人才，以进一步维护其统治地位。因此，中国传统文化中的“德育”思想，具有深刻的阶级性和历史局限性，但是，它对中国的现代德育仍然具有一定的借鉴意义，对坚持道德首位，培养德才兼备的社会主义建设人才，维护社会主义的政治秩序等都具有重要的现实意义。

（二）注重加强道德修养

中国传统文化是一种伦理型文化，十分强调道德伦理，注重个人的道德修养。《大学》中提出，修身是齐家、治国、平天下的根本，是实现治国平天下的基础。因此，一切从修身养性开始。孔子提出的“仁”思想，孟子提出的“重义轻利”“仁者爱人”“天人合一”思想，墨家的“兼爱”思想，道家的“无为”“无欲”“不争”思想，以及“忠”“孝”“礼”“义”“廉”“耻”等思想都是道德修养的重要内容，都体现了道德修养的重要性。

1. 肯定主体自觉，树立主体自信，尊重人格价值

中国传统文化在加强人们的道德修养过程中，十分注重肯定主体自觉，树立主体自信，尊重人格的价值。在具体的道德修养过程中，儒家的“心斋”“坐忘”，佛家的“顿悟”等，都强调道德修养是一个由内到外的过程，是一个“反求诸己”的过程。要达到理想的道德境界，主要依赖于个人内心的自觉和顿悟，而不在于外部。也就是说，个人只有加强自我道德的修养，才能够修炼良好的道德。这一自我修养过程，给人们达到理想的道德境界提供了可能和希望，因而也坚定了人们能够成圣成贤的信心，激发了人们的自觉能动性。孟子的“人皆可以为尧舜”，荀子的“途之人皆可以为禹”，都反映了中国传统文化“肯定主体自觉、树立主体自信”的特点。

道德修养除肯定主体的道德自觉性，树立主体的道德自信心外，还尊重主体的人格价值。孔子的“天地之行人为贵”，荀子的“人，最为天下贵”等，都反映了对人的重视以及对人格价值的尊重。人是天地间最为宝贵的生命，可以“赞天地之化育”。因此，任何的道德修养都尊重人格尊严、注重人格完善、实现人生价值。

2. 注重道德践履，强调困境磨炼

个人有一定的道德修为，具有一定的道德素质，仅仅有一定的道德修养和精神境界是不够的，还将这些道德修养、道德伦理和道德意识转化为实际行动，切实做到身体力行，在实践中践履这些道德。中国传统文化十分注重道德践履，强调人们努力做到知行合一。关于这一方面的论述有很多。比如，《论语》中说："君子耻其言而过其行。"荀子说："道虽迩，不行不至；事虽小，不为不成。""君子之学也，入乎耳，箸乎心，布乎四体，形乎动静。"明代思想家王阳明也强调了道德实践的重要性，他说："真知即所以为行，不行不足谓之知。"他认为"知行"要"合一"，并且要将"力行""躬行"作为道德修养的重心。

在实践中提高道德修养，不仅应亲身去实践，而且应善于在困境中磨炼自己、锤炼自己。中国传统文化一直坚持这样一种观念，和平温暖的环境不易体现、修炼和检验人的道德品质，艰苦困难的环境才更容易修炼人们的道德精神，锤炼人们的品格素质，检验人们的道德水平。因此，加强道德践履，必须在艰苦的实践环境中锻炼才干、磨炼意志。正如孟子说的："故天将降大任于斯人也，必先苦其心志，劳其筋骨，饿其体肤，空乏其身，行拂乱其所为，所以动心忍性，曾益其所不能。"

3. 重视修养程序，讲究操作方法

中国传统文化中的道德修养在长期的实践过程中，形成了完善的修养程序和一整套的操作方法，如立志、存养、克治、力行等。其中，最关键的程序和方法包括三个方面，即慎独、自省、改过。

“慎独”，是指当人们独自居处，别人看不见、听不到的时候，也须注意自己的内心和言行，时刻注意检点自己，防止不道德的思想或行为发生。“慎独”，是中国传统文化中的一个十分重要的道德修养方法，它体现了严格的自律精神。正如《中庸》中说的：“君子慎其独”，“戒慎乎其所不睹，恐惧乎其所不闻”。

“自省”，是要求人们时刻进行自我反省、自我省察。也就是说，人们经常地反思自身的思想和行为，辨明其中的善恶是非，反省过错、检讨品行，善于通过自我批评及时改正自己的错误，这样才能达到“见贤思齐”的崇高境界。“自省”，是中国传统文化中的一个重要的道德修养方法，它体现了可贵的自我批评精神。孔子说的“内自省”，“见贤思齐焉，见不贤而内自省也”。曾参说的“吾日三省吾身：为人谋而不忠乎？与朋友交而不信乎？传不习乎？”这些都是“自省”思想的充分体现。

“改过”，是指当一个人有了错误和过失时，就应努力改正，做到有错必改，知过必改。乐于改过、善于改过，是中国传统文化中的重要的道德修养方法，体现了中华民族的传统美德。《周易》中的“见善则迁，有过则改”，《尚书》中的“改过不吝”，《左传》中的“过而能改，善莫大焉”，《论语》中的“过而不改，是谓过矣”都是“改过”思想的重要体现。

（三）强调情感欲望与理性精神的统一

情感与理性之间的关系，始终是中国人关注的一个问题。在很久以前，中国文化中就有关于“理欲之辩”的记载。中国传统文化并没有抹杀人们的感情的需要和欲望的满足，但是，这种情感和欲望的满足是有一定限度的，是与倡导理性精神结合起来的。儒家的仁、义、礼、智、信等道德规范，以及对“以道制欲”的强调，都反映了中国传统文化对理性精神的追求，同时，人也有一定的情感需要，这种情感和欲望是合理的。但这种情感和欲望必须符合社会伦理的要求，做到“发乎情，止乎礼义”。

关于理欲关系的重要论述，主要有孔子的“思无邪”，老子的“辅万物之自然，而不敢为”，庄子的“不以物挫志”，“明于权者不以物害己”等。他们从不同的角度承认人们的情感欲望是正当的、合理的，但同时都强调这种欲望和需要有一定的限度，都必须保证人们的思想纯正、心灵美好，反对人们过度放纵物欲而玷污了人性。

在理欲关系上，王夫之是集大成者。他认为“天理寓于人欲”。任何人、任何社会都存在一定的欲望。经济社会的发展进步都源于人们的一定欲望的推动，当然这种欲望是合理的、共同的，而不是无限的、单独的。因此，满足人们的这种共同欲望，应当遵循“天理”，这样才可以“善天下之动”。这些思想对深刻认识教育与法律、道德与利益、情感与理性之间的关系，采用正确的方式强化自身的道德修养都具有重要的意义。

人们的情感欲望是天生具有的，而理性精神却需要后天习得。中国传统文化一直重视人们的内在品德和理性精神，提出通过道德修养的方式获得理性精神，进而达到人生的目的。孔子的“吾日三省吾身”，“言必信，行必果”，“耻其言而过其行”，“不耻下问”，“发奋忘食”，“己欲立而立人，己欲达而达人”，“推己及人”，“修己以敬人，修己以安人，修己以安百姓”，“勿以恶小而为之，勿以善小而不为”；孟子的“反身自诚”等，都体现了人们敢于自我解剖、严于律己，自觉加强道德修养，培养良好个人品质的宝贵精神，都体现了中华民族优秀文化的独到之处。

（四）坚持贵和持中

中国自古以来就崇尚和谐、坚持“中庸”。贵和持中思想是中国传统文化中的一个重要部分，也是人们处理各种社会关系的一个重要原则，在历史发展和现代化建设过程中都发挥着重要的作用。贵和持中思想与人们常常批评的折中主义思想有着根本的不同。贵和持中并不是折中，而是在事物动态发展过程中对不同程度和分寸的正确把握和选择，这有利于人们选择最佳的途径进而获得最佳的效果，防止走入极端。现代社会所提出的建设和谐社会、建设和谐世界等思想都反映和体现了贵和持中思想的精华。

第三节 基于“文化育人”思想的思想政治教育

中国共产党“文化育人”的历史，既是一部中华民族的文化发展史，又是一部中国共产党的思想教育史。所谓“文化育人”，就是在马克思主义的指导下，坚持用马克思主义及其中国化的最新成果教育人，进而提高人的素质，实现人的全面发展。当前，中国共产党的“文化育人”，应坚持以邓小平理论、“三个代表”重要思想和科学发展观为指导，以推进马克思主义中国化时代化大众化为主线。在中国共产党进行革命、建设和改革的过程中，“文化育人”的思想主要体现在新民主主义文化教育和中国特色社会主义文化教育当中。

一、新民主主义文化中的“文化育人”思想

马克思主义在中国的广泛传播，揭开了中国历史的新篇章，引导着中国人民走上了新民主主义的革命道路。马克思主义在理论和实践中逐渐与中国的工农群众运动相结合，形成了中国化的马克思主义。马克思主义成为中国共产党的指导思想，成为引领社会文化潮流的先进文化。在新民主主义革命时期，中国共产党不仅坚持不懈地对新民主主义的经济、政治和文化进行探索，逐渐总结经验、形成理论，而且及时地将这些新民主主义的文化成果灌输给人民群众，对广大群众进行新民主主义的文化教育。

（一）坚持用马克思主义分析中国问题

马克思主义始终坚持辩证唯物论，正确处理了物质与意识、经济基础与上层建筑之间的关系，始终坚持一切从实际出发，坚持具体问题具体分析，为人们正确认识和准确分析中国问题，推动中国文化的发展提供了坚实的理论基础，也提供了新的视角和新的思路。正如李大钊同志所指出的：“马克思的唯物史观有二要点：其一是关于人类文化的经验的说明；其二即社会组织进化论……一切社会上政治的、法制的、伦理的、哲学的，简单说，凡是精神上的构造，

都是随着经济的构造变化而变化。”因此，“不改造经济组织，单等改造人类精神，必致没有效果。不改造人类精神，单求改造经济组织，也怕不能成功。我们主张物心两面的改造，灵肉一致的改造。”

毛泽东也非常强调马克思主义理论在文化建设中的指导作用，认识到经济、政治、文化之间的密切关系，并将经济、政治和文化视为一个统一的整体。在《新民主主义论》中，毛泽东对新民主主义文化建设问题进行了详细的论述。在文化与经济、政治的关系问题上，毛泽东指出：“一定的文化（当作观念形态的文化）是一定社会的政治和经济的反映，又给予伟大影响和作用于一定社会的政治和经济；而经济是基础，政治则是经济的集中的表现。这是我们对于文化和政治、经济的关系及政治和经济的关系的基本观点。那末，那一定形态的文化又才给予影响和作用于一定形态的政治和经济。”在谈到新民主主义文化时，毛泽东强调，经济和政治是文化的根据。他指出：“中华民族的旧政治和旧经济，乃是中华民族的旧文化的根据；而中华民族的新政治和新经济，乃是中华民族的新文化的根据。”

（二）建立新民主主义性质的中华民族新文化

马克思主义在中国的广泛传播，为落后的旧中国带来了文化上的新变化。马克思主义成为中国文化中的先进因素。中国共产党在马克思主义的指导下，带领中国人民打破了旧世界，建立了中华人民共和国。这其中，不仅包括打破了旧世界的政治和经济秩序，还包括打破了旧世界的文化秩序，并在马克思主义的指导下建立了中华民族的新文化。这种新文化，就是新民主主义文化。

毛泽东同志十分强调建设中华民族新文化的重要性，并将其作为中国共产党的重要历史任务。他在《新民主主义论》中指出："我们共产党人，多年以来，不但为中国的政治革命和经济革命而奋斗，而且为中国的文化革命而奋斗；一切这些的目的，在于建设一个中华民族的新社会和新国家。在这个新社会和新国家中，不但有新政治、新经济，而且有新文化。这就是说，我们不但要把一个政治上受压迫、经济上受剥削的中国，变为一个政治上自由和经济上繁荣的中国，而且要把一个被旧文化统治因而愚昧落后的中国，变为一个被新文化统治因而文明先进的中国。一句话，我们要建立一个新中国。建立中华民族的新文化，这就是我们在文化领域中的目的。"对新民主主义文化的性质，他又指出："所谓中华民族的新文化，就是新民主主义的文化。"这种文化，是为新民主主义革命服务的新文化，是为无产阶级政治服务的新文化。

（三）新民主主义文化具有民族性、科学性、大众性

新民主主义文化反映了新民主主义的经济和政治，是以马克思主义为指导的中华民族的文化，是带有社会主义性质的先进文化，是人民大众的文化。因此，新民主主义文化具有民族性、科学性和大众性。

新民主主义文化的民族性，是说"它是反对帝国主义压迫，主张中华民族的尊严和独立的。它是我们这个民族的，带有我们民族的特性。它同一切别的民族的社会主义文化和新民主主义文化相联

合，建立互相吸收和互相发展的关系，共同形成世界的新文化；但是决不能和任何别的民族的帝国主义反动文化相联合，因为我们的文化是革命的民族文化”。具有中华民族特征的新民主主义文化，是在中华民族优秀文化传统的基础上创造的，是在新民主主义革命的实践中产生的，它始终代表和维护着中华民族的根本利益。

科学性是新民主主义文化的另一个特征，也是中国共产党对所要建设的新民主主义文化的一个具体要求。新民主主义文化的科学性，是说“它是反对一切封建思想和迷信思想，主张实事求是，主张客观真理，主张理论和实践一致的”。新民主主义文化的科学性体现在它的指导思想的科学性和思想路线的科学性。

从本质上看，文化的大众性是文化阶级性的具体表现。这种文化的大众性，具体体现在它的创造主体、发展源泉、服务对象等都是人民大众。新民主主义文化的大众性，是说“它应为全民族中百分之九十以上的工农劳苦民众服务，并逐渐成为他们的文化”。可见，这种大众性的文化也是一种民主性的文化。

（四）新民主主义文化具有过渡性，必然走向社会主义文化

中国共产党在革命战争时期形成的文化，是新民主主义性质的文化。它由无产阶级进行领导，以共产主义思想为指导，因而具有社会主义的因素。这些社会主义的因素，决定了新民主主义文化的过渡性。新民主主义文化必然经过革命走向社会主义文化，这是历史发展的必然。但也要看到，它们是两种不同的文化形态，新民主主义文化虽然具有社会主义的因素，但仍不是社会主义文化。

从经济、政治与文化的关系上来看，在新民主主义革命时期，中国共产党的主要任务是打倒帝国主义和封建主义，推翻封建社会的旧秩序，领导的革命仍然是具有资产阶级性质的民主革命，但与民主主义革命的最重要的区别就在于有中国共产党的领导。这一时期的经济是新民主主义的经济，政治是新民主主义的政治，因而这一时期的文化，也必然属于新民主主义的文化。在取得新民主主义革命胜利之后，中国共产党必然带领广大群众进行推翻资产阶级的社会主义革命，建立无产阶级领导的社会主义国家。在取得社会主义革命胜利之后，我们必然会建立社会主义的经济政治秩序，这时的文化也就成为社会主义的文化。由此可知，新民主主义文化走向社会主义文化也是历史发展的必然。

在建设这种具有社会主义因素的新民主主义文化的过程中，同样需要加强人们的共产主义和社会主义的思想教育，并将共产主义的理论教育与新民主主义的革命实践区别开来。正如毛泽东同志所指出的："毫无疑义，应该扩大共产主义思想的宣传，加紧马克思列宁主义的学习……我们既应把对于共产主义的思想体系和社会制度的宣传，同对于新民主主义的行动纲领的实践区别开来；又应把作为观察问题、研究学问、处理工作、训练干部的共产主义的理论和方法，同作为整个国民文化的新民主主义的方针区别开来。"

二、中国特色社会主义文化中的"文化育人"思想

中华人民共和国成立之初，毛泽东同志就强调了社会主义文化

建设和文化教育的重要性，并将文化建设看作是社会主义建设事业的重要组成部分。毛泽东同志指出：“在将来，在国家经济事业和文化事业大为兴盛了以后……就可以从容地和妥善地走进社会主义新时期。”新生的人民政权须领导好经济建设和文化建设，“领导全国人民克服一切困难，进行大规模的经济建设和文化建设，扫除旧中国所留下来的贫困和愚昧，逐步地改善人民的物质生活和提高人民的文化生活”，“将我国建设成为一个具有现代工业、现代农业和现代科学文化的社会主义国家”。

（一）坚持“二为”方向和“双百”方针

毛泽东同志于 1957 年将“百花齐放、百家争鸣”确定为指导社会主义文化建设和发展的根本方针。他指出：“百花齐放、百家争鸣的方针，是促进艺术发展和科学进步的方针，是促进我国的社会主义文化繁荣的方针……艺术和科学中的是非问题，应当通过艺术界科学界的自由讨论去解决，通过艺术和科学的实践去解决，而不应当采取简单的方法去解决。”

十一届三中全会之后，邓小平同志坚持解放思想、实事求是，改变了“以阶级斗争为纲”的错误路线，将党的工作重心转移到了经济建设上来。在文化建设方面，也将文化转移到了为经济建设上来，确立了文化“为人民服务、为社会主义服务”的“二为”方向，实现了新民主主义文化和社会主义文化向中国特色社会主义文化的转型。

江泽民同志提出的“以科学的理论武装人，以正确的舆论引导人，以高尚的精神塑造人，以优秀的作品鼓舞人”，是社会主义文化建设的“二为”方向的具体体现，也是在新的历史条件下对思想政治教育任务的新概括。所谓“以科学的理论武装人”，是指坚持不懈地用马克思主义及其中国化的最新成果武装群众、教育人民，引导广大群众树立正确的世界观、人生观和价值观。所谓“以正确的舆论引导人”，是指在做新闻舆论工作时，坚持正确的舆论导向，发挥新闻舆论在激励群众、推动改革、促进发展、维护稳定中的重要作用。所谓“以高尚的精神塑造人”，是指教育广大群众坚定崇高的理想信念，继承党的优良传统和作风，并将其转化为日常的思想和行为。所谓“以优秀的作品鼓舞人”，是指大力发展文学艺术事业，生产出更多更优秀的能够鼓舞士气、催人奋进的文艺作品，激发人们保持昂扬向上的精神状态。

习近平同志也多次强调了社会主义文化事业的方针和方向问题，指出“二为”方向和“双百”方针是我们必须始终坚持的。在改革发展的具体实践中，“为人民服务、为社会主义服务”是中国特色社会主义文化建设必须坚持的方向；“百花齐放、百家争鸣”是发展中国特色社会主义文化必须坚持的方针。

（二）社会主义物质文明与精神文明“两手抓”

在改革开放和社会主义现代化建设的进程中，邓小平同志高度重视社会主义文化建设，始终关注人们的精神领域的变化，提出了“社会主义精神文明”的概念，并对社会主义精神文明建设及其与物质文明建设的关系进行了系统的阐述。江泽民同志也非常重视社会主义精神文明建设，他多次指出：“社会主义社会是全面发展、全面进步的社会。社会主义现代化事业是物质文明和精神文明相辅相成、协调发展的事业。全党同志必须全面把握两个文明建设的辩证关系，在推进物质文明建设的同时，努力推进社会主义精神文明建设。”

建设社会主义精神文明，具有重要的价值。邓小平同志充分认识到社会主义精神文明建设的重要性，并将其放到国家战略的高度进行通盘考虑。在改革开放初期，邓小平同志就指出：“经济建设这一手我们搞得相当有成绩，形势喜人，这是我们国家的成功。但风气如果坏下去，经济搞成功又有什么意义？会在另一方面变质，反过来影响整个经济变质，发展下去会形成贪污、盗窃、贿赂横行的世界。”可见，“不加强精神文明的建设，物质文明的建设也要受破坏，走弯路。”他还指出：“没有这种精神文明，没有共产主义思想，没有共产主义道德，怎么能建设社会主义？”因此，“在社会主义国家，一个真正的马克思主义政党在执政以后……要建设社会主义的精神文明。”

建设社会主义精神文明，具有明确的目标。邓小平指出，建设社会主义精神文明，其根本的目标就是培养“有理想、有道德、有文化、有纪律”的社会主义新人。同其他国家领导人一样，邓小平也非常重视人的素质，将“人”视为经济社会发展中最活跃、最积极的因素，并一针见血地指出，中国国力的强弱，“经济发展后劲的大小，越来越取决于劳动者的素质”。这里的“人”，是指“有一定的科学知识、生产经验和劳动技能来使用生产工具、实现物质资料生产的人”。在建设中国特色社会主义过程中，提高人的素质，不仅要增加人们的知识和经验，提高人们的劳动技能，而且要提高人们的政治文化素质，坚定人们的理想信念。也就是说，要提高人们的社会主义觉悟，提高人们的政治素养，培养德、智、体、美全面发展的社会主义建设人才。正如邓小平同志所说：“建设社会主义的精神文明，最根本的是要使广大人民有共产主义的理想，有道德，有文化，守纪律。”

建设社会主义精神文明，包含广泛的内容。邓小平同志指出，我们所要建设的社会主义精神文明，“不但是指教育、科学、文化（这是完全必要的），而且是指共产主义的思想、理想、信念、道德、纪律，革命的立场和原则，人与人的同志式关系”，还包括国际主义、爱国主义等。在加强社会主义精神文明教育的内容方面，邓小平进行了多次的强调。一是加强对人们的马克思主义理论的教育，增强人们运用马克思主义立场、观点和方法的能力，加强工作的“原则性、系统性、预见性和创造性”。二是加强对人们的理想信念教育，坚定人们的共产主义信仰和中国特色社会主义共同理想，增强民族凝聚力。三是加强对人们的爱国主义教育。爱国主义精神是凝聚全国各族人民共同团结奋斗的重要法宝，对提高民族自尊心和自信心具有重要的作用。四是加强对人们的社会主义道德教育。教育广大群众热爱祖国、热爱人民、热爱社会主义，支持和拥护中国共产党的领导，践行社会主义道德，树立社会正气，形成良好的社会主义道德风尚。

因此，我们要建设的中国特色社会主义，是高度的物质文明和高度的精神文明相互结合的社会主义，是始终做到坚持两手抓、两手都要硬的社会主义。此外，我们还应努力建设社会主义的政治文明和生态文明，使社会文明的发展水平提高到一个新的台阶。

（三）用社会主义先进文化引领文化前进方向

在毛泽东新民主主义文化理论、邓小平社会主义精神文明建设理论的基础上，以江泽民同志为主要代表的中国共产党人，根据世界发展变化、国内发展形势，以及群众对文化发展的新需求，对社会主义文化建设进行了新探索，提出了许多新概念、新论断，并将文化建设提升到国家战略的高度，提出了“中国特色社会主义文化”的概念，形成了社会主义先进文化理论。在2000年2月，江泽民同志视察广州时提出了“中国共产党要始终代表中国先进文化的前进方向”，“社会主义先进文化”成为社会主义文化建设的一个重要名词。在社会主义文化建设的实践中，中国共产党不断对先进文化建设进行探索和创新，系统地阐述了社会主义先进文化的本质特征和前进方向、地位和作用、内容和方法等问题。

第一，关于先进文化建设的本质特征和前进方向。对先进文化的含义和特征，江泽民同志曾多次指出：“在当代中国，发展先进文化，就是发展有中国特色社会主义的文化，就是建设社会主义精神文明。”在中国，坚持社会主义先进文化的正确方向，要求我们“党的理论、路线、纲领、方针、政策和各项工作，必须努力体现发展面向现代化、面向世界、面向未来的，民族的科学的大众的社会主义文化的要求，促进全民族思想道德素质和科学文化素质的不断提高，为我国经济发展和社会进步提供精神动力和智力支持”。

第二，关于先进文化建设的地位和作用。建设社会主义先进文化，是深入推进改革开放和社会主义现代化建设的重要目标，也是实现“两个一百年”目标的重要保证。社会主义文化还是“凝聚和激励全国各族人民的重要力量，是综合国力的重要标志”。此外，江泽民同志还从讲政治、讲大局的高度强调了先进文化建设的重要性。他指出：“我们要讲政治、讲大局，就包括重视宣传思想工作和精神文明建设。”“如果忽视精神文明建设，贻误现代化建设的全局，我们就会犯历史性错误。”

第三，关于先进文化建设的内容和方法。推动当代中国先进文化建设，必须坚持以邓小平理论、“三个代表”重要思想和科学发展观为指导，用马克思主义的立场、观点和方法解决当代中国的文化问题。先进文化建设是一个系统的工程，其内容包括思想、道德、教育、科学、文化等多个方面，要坚持一起抓，每个方面都不能放松。在这些方面的内容中，思想道德建设是中心环节，教育和科学是基础工程，文学艺术是重要内容。加强思想道德建设，应坚持“与社会主义市场经济相适应、与社会主义法律规范相协调、与中华民族传统美德相承接”。此外，还应大力发展教育、科学和文学艺术事业，促进哲学社会科学的繁荣发展。

（四）坚持走中国特色社会主义文化发展道路，建设社会主义

文化强国

在新的历史形势下，文化已经成为国家软实力的核心内容，成为国家核心竞争力的重要组成部分。从我国的经济社会发展形势来看，文化已经成为推动经济社会全面发展的重要引擎，成为转变经济发展方式、加快产业结构调整的重要推动力量。在这一时代背景下，中国共产党高度重视中国特色社会主义文化建设，提出了许多新命题、新论断，为建设社会主义文化强国贡献了巨大的力量。

第一，坚持以科学发展观推动社会主义文化的大发展大繁荣。科学发展观是推动社会主义文化改革和发展必须坚持的指导思想，是促进社会主义文化大发展大繁荣的客观要求。这要求我们必须自觉地将科学发展观的要求贯穿到社会主义文化的改革发展的各个方面，坚持全面协调可持续发展，坚持统筹兼顾，转变文化的发展方式，提高文化的发展质量和效益。坚持以科学发展观为指导，还要求我们必须自觉遵循社会主义文化的发展规律，坚持以马克思主义为指导，以社会主义先进文化为前进方向。

第二，发挥人民群众的主体作用，满足广大群众的精神文化需要。人民群众是文化建设的主体和优秀文化的创造者。人民群众创造文化，最终的目标是满足广大群众的精神文化需要。可见，中国特色社会主义文化必须由人民群众共建共享。也就是说，加强社会主义文化建设，必须坚持文化建设为了人民、文化建设依靠人民、文化建设的成果由人民共享。发挥人民群众在文化建设中的主体作用，必须坚持以人为本，坚持贴近实际、贴近生活、贴近群众的基本原则，保障人民群众的各项文化权益，进而满足人民群众的各种精神文化需求。此外，还应该通过发展文化和教育，不断培养有理想、有道德、有文化、有纪律的社会主义现代化建设人才。

第三，建设社会主义核心价值体系，培育社会主义核心价值观。社会主义核心价值体系在整个文化建设中处于主导地位，发挥引领作用。加强对社会主义核心价值体系的建设和教育，是建设中国特色社会主义文化的根本任务。它要求我们必须坚持马克思主义的指导思想，不断推进马克思主义的中国化、时代化、大众化，用中国特色社会主义理论体系指导实践、教育群众；必须加强理想信念教育，增强广大群众的中国特色社会主义理想，坚定伟大的“中国梦”必将实现；必须加强民族精神教育和时代精神教育，增强人们的爱国情感和创新意识；必须深化社会主义荣辱观教育，培育良好的社会风尚。此外，还应积极地培育和倡导社会主义核心价值观，将社会主义核心价值观融入经济社会发展的各个领域，贯穿到思想政治教育和文化建设的全过程。

第四，继承和发扬中华优秀文化传统，建设中华民族共同精神家园。我国有五千多年的文明历史，在历史的长河中，我国积淀了丰富的文化传统和优秀的历史文化。中华文化可谓源远流长、博大精深。这些文化不仅在历史上成为中华民族生生不息、团结奋斗的不竭动力，而且对今天的中国仍发挥着重要的作用，成为发展中国特色社会主义文化的重要基础。发展中国特色社会主义文化，必须大力弘扬中华民族的优秀文化传统，大力弘扬中国共产党的革命文化传统，大力弘扬社会主义的新思想、新观念、新风尚，在中国特色社会主义的伟大实践中推动中国文化的改革创新，建设中华民族的共同精神家园。

三、中国共产党“文化育人”的基本经验

中国共产党一直都非常重视文化在教育人中的作用，并始终坚持用文化教育人、发展人。在实施文化育人的过程中，中国共产党积累了丰富的经验。充分发挥文化的育人作用，必须始终坚持马克思主义对思想文化的引领，始终坚持党对文化和教育工作的领导，始终坚持推进马克思主义中国化、时代化、大众化，始终坚持以科学的态度对待马克思主义。

（一）始终坚持马克思主义对思想文化的引领

任何一个时期、任何一个地方的文化都是由多种文化组成的复合统一体。在这个多元文化的统一体中，必然有一种文化居于主导地位，发挥主导作用，而这种占主导地位的文化也决定了一个国家或地区的文化的性质和发展方向。中国共产党的文化建设和文化育人，必须始终坚持马克思主义的指导和引领。

第一，坚持和发展马克思主义，进一步巩固其在思想文化领域的指导地位。中国共产党自成立以来，始终坚持以马克思主义为行动指南，并在实践中不断发展和完善马克思主义。无论是在新民主主义革命时期还是在社会主义革命、建设和改革时期，新民主主义文化建设和社会主义文化建设都必须坚持以马克思主义为指导，都无法离开马克思主义。可以说，马克思主义决定了社会主义文化建

设的根本性质和发展方向，是社会主义文化改革发展的根本指南。正如邓小平同志所指出的：“不继续提文艺从属于政治这样的口号，……但是，这当然不是说文艺可以脱离政治。文艺是不可能脱离政治的。任何进步的、革命的文艺工作者都不能不考虑作品的社会影响，不能不考虑人民的利益、国家的利益、党的利益。”因此，在思想文化领域，必须坚持和巩固马克思主义的指导地位。

第二，坚决同一切反马克思主义的思想作斗争。当今社会正处于大发展、大变革、大调整时期，国际风云变幻莫测，各国之间的文化交流越来越密切，文化冲突和碰撞也越来越激烈。文化在国家竞争中的地位不断上升，作用也越来越大。在这种情况下，世界很多国家都将文化软实力作为提高国家竞争力的重要因素，依靠先进技术和经济优势推动文化的扩张成为很多国家尤其是发达国家竞争的重要手段。在全球化发展的今天，我们也应该清醒地认识到，国际敌对势力对我国的西化、分化图谋并没有减弱，“西强我弱”的世界文化格局并没有得到根本扭转，各种传统的封建腐朽思想也没有完全退出历史舞台，我国思想文化领域的斗争依然十分严峻。在这种情况下，我们必须坚持马克思主义在思想文化领域中的主导地位，坚决同一切反马克思主义的思想作斗争。正如邓小平同志所指出的：“要划清社会主义同封建主义的界限，决不允许借反封建主义之名来反社会主义。”同时，“决不能丝毫放松和忽视对资产阶级思想和小资产阶级思想的批判，对极端个人主义和无政府主义的批判。”

（二）始终坚持党对文化和教育工作的领导

中国的社会变迁和历史文化发展都依赖于党和国家的领导和推动。同样，始终坚持党的领导，发挥党的主导作用，也是中国共产党在文化建设和思想政治工作中总结出来的宝贵经验。可以说，坚持党的领导，是我们做好文化工作和思想政治工作的根本保证。离开了党的领导，我们的一切工作将无法得到有效展开。

第一，始终坚持党对文化和教育工作的领导，要充分发挥党组织的政治核心作用，使党始终代表先进文化的前进方向。在革命、建设、改革的伟大进程中，中国共产党始终“代表着中国先进生产力的发展要求，代表着中国先进文化的前进方向，代表着中国最广大人民的根本利益”。加强党对文化工作和思想政治工作的领导，需要充分发挥各级党组织的政治核心作用，这也是科学发展观的一个重要体现。促进党组织政治核心作用的发挥，关键就在于党组织自身的不断发展完善及其有效工作。

第二，始终坚持党对文化和教育工作的领导，还要坚持党在意识形态领域的主导地位，加强党的意识形态领导权。世界历史的无数例子表明，意识形态领导权问题是一个非常重要的问题。坚持对意识形态的领导权，就取得了社会的“话语权”，就能够更好地在经济社会发展中贯彻自己的主张和意志，维护正常的社会秩序。当失去对意识形态的领导权时，也就等同于丧失了“话语权”，就很有可能引起社会的动荡甚至政权的更迭。实践证明，意识形态领域自己不去占领，敌人就会去占领，而占领意识形态领域的关键就在于掌握“话语权”和“领导权”。中国共产党一直以来都非常重视意识形态问题，重视加强党对意识形态的领导，将意识形态领导权牢牢地掌握在党的手中。毛泽东同志指出：“掌握思想领导是掌握一切领导的第一位。”“我们应当批评各种各样的错误思想。不加批评，看着错误思想到处泛滥，任凭它们去占领市场，当然不行。”邓小平、江泽民、胡锦涛、习近平等同志也非常清醒地认识到意识形态领导权的重要性，并就相关方面做了很多论述。在当代中国，国际交流日趋频繁，各种文化交相碰撞，牢牢把握意识形态的领导权对建设和发展中国特色社会主义更加重要、更为关键。

（三）始终坚持推进马克思主义中国化、时代化、大众化

马克思主义只有与民族相结合、与时代相结合、与群众相结合，才能发挥出它的巨大作用。因此，加强思想文化建设，发挥文化在教育人、引导人、培养人中的作用，必须始终坚持推进马克思主义的中国化、时代化和大众化。

1. 坚持马克思主义与中国实际相结合，体现民族特色

马克思主义揭示了人类社会发展的一般规律，为人类提供了正确认识世界、分析和解决问题的科学的世界观和方法论，是迄今为止人类最严谨、最科学的理论。同时，马克思主义的普遍规律要在实践中发挥其应有的作用，必须与具体实际结合起来，与各个国家的具体国情结合起来。“马克思的整个世界观不是教义，而是方法。它提供的不是现成的教条，而是进一步研究的出发点和供这种研究使用的方法。”马克思主义是“发展着的理论，而不是必须背得烂

熟并机械地加以重复的教条”。

马克思主义在中国保持旺盛的生命力，就必须与中国的具体国情结合起来，与中国的具体实践结合起来。毛泽东同志指出：“必须将马克思主义的普遍真理和中国革命的具体实践完全地恰当地统一起来，就是说，和民族的特点相结合，经过一定的民族形式，才有用处，决不能主观地公式地应用它。”“马克思主义必须和我国的具体特点相结合并通过一定的民族形式才能实现。”因此，我们“要学会把马克思列宁主义的理论应用于中国的具体的环境”，“使马克思主义在中国具体化，使之在其每一表现中带着必须有的中国的特性”。

推进马克思主义中国化，还要将马克思主义与中华文化的发展结合起来。说到底，马克思主义属于文化的范畴，是一种能够引领当代中国社会发展的先进文化。马克思主义文化与中国传统文化又有许多共同之处，在中国语境下能够实现相互借鉴和相互融通。中国传统文化为马克思主义的中国化增加了“中国元素”；而马克思主义也为中国传统文化的现代转变提供了思想上的指导。实现马克思主义与中国文化相结合，有利于体现马克思主义的中国特色，使马克思主义更符合中国人的思维习惯和表达方式，更具有“新鲜活泼的、为中国老百姓所喜闻乐见的中国作风和中国气派”。

2.坚持马克思主义与时代特征相结合，体现时代特色

马克思主义之所以是科学的、先进的理论，是因为马克思主义具有与时俱进的优秀品质。它根植于社会现实生活，并能够解决现

实生活中出现的各种问题。随着经济社会的发展变化，马克思主义的理论和思想也应根据新情况、新问题，不断进行自我发展和完善。因此，马克思主义会随着时代的发展而不断发展和完善，它是时代发展的产物，具有明显的时代特征。正如列宁同志所说：“马克思主义不是死的教条，不是什么一成不变的学说，而是活的行动指南，所以它就不能不反映社会生活条件的异常剧烈的变化。”邓小平同志也曾指出：“绝不能要求马克思为解决他去世之后上百年、几百年所产生的问题提供现成答案。列宁同样也不能承担为他去世以后五十年、一百年所产生的问题提供现成答案的任务。真正的马克思列宁主义者必须根据现在的情况，认识、继承和发展马克思列宁主义。”

因此，坚持马克思主义与时代发展相结合，推动马克思主义的时代化，就是结合新的时代背景和新的时代条件，推动马克思主义的丰富、发展和完善，促进马克思主义与时代的发展保持同步伐，在时代发展中推动自我创新。

3.坚持马克思主义与人民群众相结合，体现群众特色

马克思主义作为一种科学的理论，只有转化到现实实践当中，才能彰显力量。正如马克思所说：“批判的武器当然不能代替武器的批判，物质力量只能用物质力量来摧毁；但是理论一经掌握群众，也会变成物质力量。”也就是说，理论只有被群众所掌握和理解，并将其应用于现实实践，才能发挥出它的巨大力量。因此，充分显示马克思主义的力量，一定要坚持马克思主义与人民群众相结合，

努力推动马克思主义的大众化。

推动马克思主义的大众化，应教育好、引导好群众。推动马克思主义大众化，要求将马克思主义的理论与广大群众的具体实践活动结合起来，始终坚持“一切为了群众、一切依靠群众”的群众观点和“从群众中来、到群众中去”的群众路线，切实解决好广大群众的各种现实问题，从而满足广大群众的利益诉求。毛泽东同志强调：“马克思列宁主义来到中国之所以发生这样大的作用，是因为中国的社会条件有了这种需要，是因为同中国人民革命的实践发生了联系，是因为被中国人民所掌握了。任何思想，如果不和客观的实际的事物相联系，如果没有客观存在的需要，如果不为人民群众所掌握，即使是最好的东西，即使是马克思列宁主义，也是不起作用的。”

推动马克思主义的大众化，还应注意实现深邃理论的通俗化和具体化。也就是说，将马克思主义与人们的日常生活联系起来，采用群众喜闻乐见的表达方式，使用群众生活中的语言将各种问题讲明白。党和国家的领导人都善于将理论通俗化，将深邃的马克思主义理论用浅显易懂、简洁明了的群众语言表达清楚，群众也乐于接受。比如，毛泽东的“鱼水关系”，邓小平的“不管黑猫白猫，抓住老鼠就是好猫”，“两手抓，两手都要硬”等。

第三章 多元文化视角下的高校思想政治教育

第一节 文化视角下的思想政治教育特征

一、思想政治教育的文化指向性

文化指向性是文化在价值定位与实现过程中所具有的属性。思想政治教育作为文化的具体样式，具有文化指向的属性。文化指向性既是在价值定向与实现中所具有的合目的性，也是在文化的生成、发展与传播过程中所具有的合必然性。

（一）思想政治教育具有合目的性的文化指向

思想政治教育是基于“应然”的价值指向与“实然”的现实存在境遇，以“合目的性”的方式，确立超越性的价值目标，满足人的现实精神需求。在此，思想政治教育合目的性体现在促进人的思想政治素质和道德品质素质的发展以及人格完善主体性的提升上。

首先，思想政治教育具有“应然”的文化指向。这意味着思想政治教育以“应然”的价值维度，引导人提升主体认识能力，进行合理的价值定位。思想政治教育立足“应然”的价值维度，以提升人的主体认识能力为重要内容。主体认识能力是人将自身的存在方式纳入反思的范围，呈现出鲜明的自我意识与对象意识，对自身的存在方式进行觉察、理解与选择的能力。人作为特有的存在，是以探求存在意义的存在，以两种方式探求人的意义问题。一种是内求的方式，在自我意识的彰显中，人成为自我观照的主体与对象，探究自身的意义问题，寻求无限的、终极的价值归宿；立足“应然”的价值维度，以价值理性为判定标准，确立价值目标，以“以人为本”为基准，把握人的本质，找准人的定位，发挥人的潜能，实现人的发展。另一种是外求的方式，在对象意识的彰显中，以实践的方式使人与世界结下了各类关系。世界成为人的镜像，人的本质力量投射到外在世界，在人与外在世界的对比和关系探寻中，人探究自身在世界中的地位与作用。在此，思想政治教育以内求的方式，提升人的主体能力，实现人的主体价值为应然指向，在具体的教育实践中提升人的自我察省、发展与完善的能力；以外求的方式，在生存体验、生活实践过程中，拓展人的社会关系，以期提升人的社会认知能力与交往能力。基于内求与外求的价值实现方式，思想政治教育具有“应然”的价值目标，即追寻人的终极价值，尊重人的自由，引导人获得尊严与幸福，最充分地激发人的自主性与能动性；具有“应然”的教育过程与途径，即探究如何使现实的个人运用合理、实效的方式与途径实现个人的发展和完善，避免“人”在教育中的异化与物化。

其次，思想政治教育具有“实然”的文化指向。人的文化存在具有“实然”的现实境遇。人总是以个体为生活基点，在个体的身心体验中，基于自身的感受与判断，实现自我认知与适应社会。“文化对于人的欲望而言，发挥着维系精神协调的作用。欲望使意义与价值观所营造的境遇发生起伏变化；文化则是以符号、故事、习俗等方式，稳固了人的精神世界，满足了人的存在需求，创造了人之存在的居所。”这意味着思想政治教育以“应然”的价值维度，基于人的文化存在的“为我性”，立足具体的生存境遇，从人的现实需要出发，将解决人的现实世界问题与精神世界问题有机结合起来。“思想政治教育就要针对人们的为我特性，满足人的合理的物质和精神的需要，尤其是要为现实的个人提供精神归宿、精神支柱、精神动力、精神提升等多方面的内容。只有这样，思想政治教育才能获得自己存在的合理性和必要性。”思想政治教育作为所处时代的具体文化存在样式，必然要契合当时境遇下人的生活方式与价值诉求，蕴含着实现人的发展、确证人的本质的“为我性”指向。可见，思想政治教育要根植于人的现实境遇，“因时”“因人”“因事”确立教育的具体目标指向。面对“时移世易”的境遇变迁，人的文化存在发生了深刻、全面的转变。思想政治教育必然因时而变，完成教育范式的内在转换与更新，教育的理念、内容、方式、途径与人的文化存在境遇有机契合，进而凸显教育的“实然”文化指向，发挥思想政治教育的现实教育功能，实现个体的现实思想需求与社会整体发展需求的内在协调。

（二）思想政治教育具有合必然性的文化指向

人的文化存在是人以文化为存在样式，必然契合人与文化存在发展的规律。在必然性规律与价值导向的作用下，人的文化存在方式被予以质的规定，彰显出必然的发展阶次与指向。“思想政治教育的合必然性是指思想政治教育唯有满足人的精神需要和社会的文明进步，才能实现其本体教育价值和工具理性价值，而且这种价值的实现是必然的，它对思想政治教育价值做出质的规定。”

首先，思想政治教育对于个体与社会的关系协调具有必然性的文化指向。一方面，思想政治教育具有必然的方向性，通过协调个人、群体与社会之间的价值取向和行为倾向，形成社会发展的合力。个体需求与社会需要之间理应形成适度的张力，若偏执于个体需求而无视社会需要，则必将由个体的理性行为泛化为集体的非理性行为；若一味偏重社会需要而忽略个体需求，则必将由集体利益的维护蜕变为某些个体或群体的利益特权。思想政治教育在适度协调个人与集体、个体需要与社会需要、私权与公权之间关系的过程中，形成了吸引与排斥、凝聚与分化、认同与批判的教育张力，以期形成社会合力，既促成个体需求的合理满足，也实现社会整体的稳定有序发展。另一方面，思想政治教育具有必然的导向性，通过协调人的主体与客体、手段与目的之间的辩证关系，促成人之存在的精神动力。人作为现实的个体存在，必然受社会基本矛盾与规律制约，同时又具有主体性与能动性。在主体与客体、自由与限定的张力下，人作为历史的“剧中人”与“剧作人”，既是历史的主体，又是历史的客体，在自觉主动与消极被动的交替中完成了社会化的过程。由此，思想政治教育应引导人辩证地理解自由与限定的关系，基于人之存在的必然规律，探求人之存在的确定性、合理性与价值性，确证自身的存在意义；在必然的限定中寻求自由的存在空间，应对现实、开放的存在境遇，臻于人的精神世界与生存境遇的协调统一。

其次，思想政治教育对于构建人与文化之间的关系具有必然性的文化指向。思想政治教育作为“人”的教育，是以人的塑造与发展为指向，提升人的主体能力；作为“文化”的教育，是以传承、创新思想政治教育所蕴含的文化内容为指向，提升文化的内在活力与创造力。基于此，一方面，思想政治教育应凸显文化的价值意蕴。文化彰显了人之存在的自觉程度，是在人的文化存在过程中精神成果的凝结。思想意识、价值观念、政治观点、道德规范等文化内容成为教育者与受教育者的关系中介，既为人所创造，也为人所传承。由此，人超越了自然基因的限定，而是以文化基因的方式，在文化的熏陶下，通过学习、教育等方式，提升人的潜能，实现人的自我完善与塑造。另一方面，思想政治教育应凸显人的价值指向，提升人的主体自育能力。自育理念不仅是个体自我学习与教育的终生理念，也是个体自我价值实现的终生理念。在多样、丰富的生活过程中，人以模仿、整合与创新的方式，不断整合认知图式，调整行为方式，以期实现人的自我认知、自我教育与自我约束，提升人的自由自觉的意识与能力。

二、思想政治教育的文化整体性

文化的整体性是文化的各个要素相互联系、相互作用，形成了结构、属性与功能之间的系统关联。文化具有整体的结构特性，形成了文化体系中的各个要素之间关联方式和组织形式。文化具有相应的功能作用，整体结构促成了各要素之间形成了耦合机制，使文化体系的整体功能大于各个要素的功能之和。基于文化的整体性，思想政治教育在内容设置与实现路径上具有整体性特征。

（一）思想政治教育具有文化内容的整体性

首先，思想政治教育具有教育内容各要素之间的关联性。人的文化存在是具有多个维度的整体性，是实然和应然，个体性与社会性，共性与个性，知、情、意、信与行等诸多层面的统一。人的文化存在作为精神存在，是对人之存在的整体性关系的多维认知，是对人与自我、人与世界、人与社会等诸多关系的反思，其认知与反思的根本内容是如何认知、发展与实现自我，由此形成了相应的理想信念、政治理念、道德观念、法治意识、文化素养，构建成整体协调的精神世界。思想政治教育作为人的文化存在的具体样式，是基于人的文化存在的整体性内容，以价值主导的方式完善其教育内容的整体性与系统性。“思想政治教育内容是根据一定的社会要求，针对教育对象的思想实际，经教育者选择设计后有目的、有步骤地输送给教育对象的带有价值引导性的思想政治信息。”由此，一方面，思想政治教育的内容设置注重具体教育要素的联系与协同作用。“思想政治教育内容应主要包括世界观教育、政治观教育、人生观教育、法制观教育、道德观教育。”另一方面，教育内容设置注重逻辑上的内在一致性，具体教育要素之间所蕴含的价值理念具有相容性与自治性，避免具体内容之间的抵触与矛盾，实现教育内容之间的互补与协调，构建具有整体性的教育内容。

其次，思想政治教育具有教育理论内容与现实境遇之间的整体协调性。文化是人的内心世界的主观精神活动过程，也是人的实践活动的客观结果。基于人的文化存在的整体性特征，文化模式或体系作为文化共同体创造、发展并传承的精神成果，也具有内在的整体性特征。此种整体性的实现不是人以逻辑预成的方式所构思设计的，而是在人的文化存在的实际发生过程中不断生成的。在个体、群体与社会之间的交互作用中，人的存在以“文化”的方式予以进化，不断适应具体的现实境遇。正如马克思所言：“以一定的方式进行生产活动的一定的个人，发生一定的社会关系和政治关系。经验的观察在任何情况下都应当根据经验来揭示社会结构和政治结构同生产的联系，而不应当带有任何神秘和思辨的色彩。社会结构和国家总是从一定的个人的生活过程中产生的。”文化模式的整体性作用，提升了个体的文化适应性，产生了归属感、安全感与认同感；提升了群体的文化适应性，促进群体精神凝聚、群体关系协调与群体合力发挥。可见，文化整体性的重要方面是文化的精神内核与人的现实境遇之间的双向互动与生成，即文化是对人的现实存在的映射与凝结，人的现实存在是人对文化的理解、解释与实践的统一过程。由此，思想政治教育所具有的文化整体性，是教育的理论内容与现实境遇之间的内在协调。一方面，教育内容注重理论逻辑的完备性与现实境遇中非完备性、多样性之间的差异，教育理论的精确性与现实境遇的模糊性、易变性之间的张力。另一方面，教育内容不仅注重理想化的语境分析，还要与实际的生存状态和过程相协调，实现现实的生活状态与抽象的教育原则之间的必要诠释与互动，指导人去解决现实生活中的思想困惑与现实问题，提升教育内容对现实生活的话语权与指导力。

（二）思想政治教育具有文化实现路径的整体性

思想政治教育与人的文化存在具有相通的实现路径，即注重人的存在方式的整体性，实现人的认知、情感与行为的一致性，实现人的文化视角与文化角色的协调与整合。

首先，思想政治教育引导人转换与整合多维的文化视角。思想政治教育内容拓展要注重多维度文化视角的转换。文化视角是由人所承担的社会文化角色与所处的社会处境决定的，在很大程度上影响甚至决定了人的认知归因与解释方式。思想政治教育具有内在的文化解释功能，即引导人避免认知方式的偏差，理性认知自我与他人的关系以及定位，合理解释个人成长中所遭遇的问题与症结。由此，思想政治教育要注重引导人调整理解文化的思维方式，立足"格式塔"转换的方式理解文化。"格式塔"是人基于先在的文化经验所形成的整体认知与思维方式。社会心理学实验证明，面对同样一幅图案，人基于不同的理解方式与认知方式，所看到的画面或者是兔子，或者是鸭子。同一个人无法将这幅图案合二为一，不会看到"兔子鸭"。在不同文化范式中，人看待同一个现象或问题，但得出的文化理解与论断是截然不同的。教育者与受教育者处于不同的教育视角，承担着不同的教育责任，对教育的理解与认知必然存在着差别。此种差别意味着，思想政治教育一方面注重充分发挥其文化解释功能，在不同层面规避人的认知与归因偏差，形成正向的认知方式与归因方式；另一方面，协调教育者与受教育者之间的文化视角，引导双方换位思考的方式，对于教育过程中出现的问题进行有机协调，即实现教育者、受教育者与教育背景之间的整体协同变化。

其次，思想政治教育引导人理解和整合多维的文化角色。在一定的社会共同体中，个体总是承担着相应的社会角色与文化角色，在角色的实践中、角色的冲突与化解中，实现了个体的多维化角色的整合。基于人是文化的整合者，思想政治教育内容要主动完善人对文化角色冲突的化解与整合。角色冲突是指“占有一定地位的个体与不相符的角色期待发生冲突的情境，也就是个体不能执行对角色提出的要求就会引起冲突的情境”。文化角色的冲突是个体内在的价值观念的冲突所引起的。在文化角色整合过程中，人是文化的实践者。文化角色的整合过程是基于自身对文化角色的理解，个体进行文化角色的扮演、冲突与冲突化解的过程。在文化模式的影响与联结中，形成了具有结构分层、定位分化与价值多样的社会体系。具体而言，“社会是一个由各种各样的相互联系的位置或地位组成的网络，其中个体在这个系统中扮演各自的角色。对于每一种、每一群、每一类地位，都能区分出各种不同的有关如何承担义务的期望。因此，社会组织最终是由各种不同地位和期望的网络组成的。”基于人是文化的认知者与实践者，文化角色是人在特定文化背景中的文化行为模式，文化角色实现过程是人的文化存在的具体过程表现。人的自我意识的形成与自我形象的塑造是文化角色践行的前提。人作为文化存在，首先是以文化传承的方式存在的。在一定的文化模式的渗透影响下，人成为具有文化归属与社会归属的存在。基于人的文化存在方式，思想政治教育以解决人的思想与行为、社会发展要求与思想道德水平之间的关系与矛盾，促进人的思想观念形成，匡正引导人的行为选择的实践过程，实现人的认知、领悟与实践角色的有机整合；以文化角色的实现为内容予以拓展，注重完善人对文化角色的践行，引导人在具体、多样的社会生活中，不断体悟、实践多维化的社会角色与文化角色。

三、思想政治教育的文化生成性

文化生成性是指文化具有未完成意义，在时间的流变中，实现了跨历史的融合与发展；在空间的延展中，实现了跨地域的融合与发展。文化的生成性源自于人的文化存在的现实性与超越性的互动融通。现实性与超越性构成了人的文化存在的“两端”，即在历史的流变中实现了文化基因的传承，在未来的指向中实现了文化基因的变异，促成了人的文化存在的生成性动力。思想政治教育作为人的文化存在的具体样式，具有文化生成性。基于人的文化存在的现实性与超越性，思想政治教育的文化生成性具体表现为文化的历史性与开放性。

（一）思想政治教育承载着文化的历史性

人的文化存在作为现实性存在，总是处于一定的文化场景之中，在一定的文化体系或模式的影响下，承载着一定文化观念、价值理念的有意义的存在。文化则是在历史流变中不断传承，作为可传之“统”，形成相应的文化模式或体系。

首先，思想政治教育具有文化的延续性。思想政治教育具有时间维度，凸显了文化传统中“传”的属性，形成了渐进延续的教育传统。“传统是历史发展继承性的表现”，“是历史延传下来的思想、文化、道德、风俗、艺术、制度以及行为方式等。对人们的社会行为有无形的影响和控制作用”。文化传统实现了在历史的延续中，文化模式保持相对稳定，文化共同体具有内在的凝聚力与向心力。此种延续性不是类似于 DNA 基因的完全复制，而是“神聚形变”的延续过程，既实现了文化的核心精神的传承与保持，也实现了与所处时代境遇的契合与整合。一方面，思想政治教育凸显了文化传统的历史底蕴，蕴含了民族精神的核心，对于传统文化与民族文化的发展和繁荣具有重要的精神维系作用；另一方面，思想政治教育凸显出文化传统的时代发展。在传承过程中，思想政治教育以其坚实之精神内核，不断吸收外来文化，不断丰富自身，而未动摇其文化根基与文化特质。

其次，思想政治教育具有文化的过程性。思想政治教育的价值内核与逻辑基点是具有稳定性的，凸显了文化传统中“统”的属性，即在文化价值与精神观念的统领中，实现人的思想道德认知、评价、选择与行为方式的趋同与统一。在此，思想政治教育呈现出鲜明的过程性，即实现了文化的内化到外化的过程，也实现了思想道德的认知到实践的过程。一方面，就内化到外化的过程而言，思想政治教育具有文化的化人特性，基于相应的教育内容与文化价值观念，形成了特定的文化心理，即在一定文化模式、文化传统的辐射影响下，人所具有的思维方式以及形成的心理特质与个性品质。在此，文化心理是在一定文化传统的影响下，人的主观体验与心理活动过程。这一过程是人的文化存在超越了纯粹的自然存在内容的过程，以文化的样式，将人的自然属性中渗透着社会文化因素，在劳动实践、语言、思维、社会关系等方方面面凸显出人的文化意蕴与精神需求。另一方面，就认知到实践的过程而言，思想政治教育是基于一定的文化价值观念，引导人对思想品德形成合理的认知归因，再到合理的行为选择与实践。在文化背景的影响下，个体的行为结果具有不同性质的归因。文化归因具有很强的情境性，文化背景与环境是处于动态演变过程之中，对以往发生的事件作为背景予以理解。思想政治教育引导人把握归因的特性，既注重稳定性原因与可控性原因，也要把握易变性原因与不可控原因。在归因的综合考虑与平衡中，个体以更为理性的方式认知自我，将个人的自身优势与外部环境有机结合，避免以无助、被动的方式消极面对生活，而是以积极、正向的态度应对个人成长中的困境。

（二）思想政治教育彰显着文化的开放性

文化的开放性根植于人的存在的开放性。人作为未完成意义上的生成性存在，在人的存在内容的丰富、存在方式的表征与存在过程的彰显中，人的本质不断得以生成与确证。

首先，思想政治教育具有文化逻辑的开放性。“人的存在是有机生命所经历的前一个过程的结果。只是在这个过程的一定阶段上，人才成为人。但是一旦人已经存在，人，作为人类历史的经常前提，也是人类历史的经常产物和结果，而人只有作为自己本身的产物和结果才成为前提。”在文化的历史流变中，人的文化存在是以因果相继的方式，构成了不断生成与延续的存在路径。思想政治教育作为人的文化存在的具体样式，必然是基于人之存在的开放性，反思人之存在的价值、本质与实现路径。“人的认识不是直线（也就是说，不是沿着直线进行的），而是无限地近似于一串圆圈、近似于螺旋的曲线。”在此，思想政治教育不是圆周式的封闭、静态的逻辑理路，而是以螺旋上升式的逻辑理路予以生成发展。归于根本，圆周式的逻辑理路是基于“人是机械化、工具化存在”的逻辑预设。在此语境中，人是以必然性的方式存在，人的意志完全服从于因果必然性；人的命运是预先注定的，人无力改变自身的命运。螺旋上升式的逻辑理论则是基于“人是自由自觉的存在”的逻辑基点。在此语境中，人的文化存在作为超越性存在，是以自由自觉的方式存在，在自我确证与否定中实现自我超越与选择，以有限的生命探究无限的人生意义与终极目标；在自我反思与察省中，确证了自我存在的生成逻辑。由此，思想政治教育的内在逻辑具有本体论意义上的生成性。此种生成性已经超越了认识论与知识论层面上关于教育内容、方法、路径的完善和发展。这意味着思想政治教育不仅是培养人、发展人的手段，更是人予以自我确证、自由发展的内在价值诉求。

其次，思想政治教育具有文化境遇的开放性。“意识在任何时候都只能是被意识到了的存在，而人们的存在就是他们的现实生活过程。如果在全部意识形态中，人们和他们的关系就像在照相机中一样是倒立呈像的，那么这种现象也是从人们生活的历史过程中产生的，正如物体在视网膜上的倒影是直接从人们生活的生理过程中产生的一样。”可见，思想政治教育决然不是“真空”存在，教育环境被现实生活所包绕，根植于社会文化环境之中；教育内容被现实生活所影响，形成了教育与社会文化环境的互动。在此，思想政治教育呈现了开放性的文化境遇。一方面，思想政治教育作为一个教育系统，是教育者、受教育者与现实环境之间进行信息交流的动态系统。教育者与受教育者作为双向的文化主体，不可避免在价值观念、个性特征、思维方式、行为方式等方面存在着差别。文化主体往往基于先在的文化体系，以“先入为主”的文化经验对教育内容进行文化诠释，把自身置入他者的文化视域中，以对话的形式，实现文化的融合与文化主体的视域融合，使不同的文化主体获得了新的文化视域，在文化传承中实现文化创新。另一方面，思想政治教育是以教育信息为中介，实现了思想政治教育与文化境遇之间的动态呼应，既稳固教育的根本目标与核心价值，对现实生活境遇予以价值引导与问题疏导；又丰富教育内容、创新教育方法与完善教育路径，使其契合文化境遇的变化，进而使思想政治教育充分发挥“一”与“多”的辩证关系，在多样化的价值选择中促成一元化的核心价值主导，在教育完善与创新中促成了一元化的文化认同。

第二节 多元文化环境对高校思想政治教育的影响

一、文化多元化对高校思想政治教育内容的影响

高校思想政治教育内容是根据一定社会要求和大学生的思想实际，经高校思想政治教育工作者选择设计后，有目的、有计划、有组织地施加给大学生的思想观念、政治观点和道德规范。它体现着高校思想政治教育的性质，如何确定、选择内容是搞好高校思想政治教育的关键。思想教育、政治教育、道德教育、心理教育等诸内容构成了思想政治教育内容体系。它们在思想政治教育内容体系及其结构关系中的地位和作用不同。其中思想教育是先导，政治教育是核心，道德教育是重点，心理教育是基础。当前，随着文化多元化和市场经济的不断发展，大学生的思想状况也发生了巨大变化。这就要求高校思想政治教育灌输给学生的教育内容及其结构也要不断改革。然而，我国高校思想政治教育内容多年来没有什么根本改变，不能适应新形势的发展，影响了高校思想政治教育的实效性。

（一）文化多元化要求高校思想政治教育内容结构不断调整

高校思想政治教育内容是根据一定的社会要求和大学生的思想实际而挑选的思想观念、政治观点和道德规范等。教育内容选择的恰当与否直接关系着高校思想政治教育的成败。高校思想政治教育内容由社会因素和对象因素所决定。文化多元化背景下，多元文化和多样价值观迅速在社会的各个领域内形成，社会对高校思想政

治教育的要求和大学生的思想观念、价值取向、生活方式、心理状态等都发生了重大变化，这就要求高校思想政治教育提供相关内容的教育，如增强价值观、民族文化自觉的教育，充实全球化意识、马克思主义人权观的教育，重视社会公德、职业道德、家庭美德教育以及心理健康教育等等。然而，长期以来，我国高校思想政治教育的内容结构一直固守着政治教育、思想教育、道德教育和心理教育的基本结构，没有根据时代的发展、环境和教育对象的变化进行及时的调整，也没有根据时代发展的要求增加必要的新内容，即使稍有调整，但也只是形式皮毛的变动，没有真正对教育内容的结构进行彻底的根本性变革，从而形成了一个极其封闭的固化系统，不能适应时代的发展、社会的进步和教育环境的变化，不能满足大学生的现实要求，制约了高校思想政治教育功能的发挥。在调查中发现，当问及“你对当前思想政治教育内容的看法”时，35.6%的被调查学生认为思想政治教育内容滞后，29.3%的被调查学生认为思想政治教育内容没有用，18.5%的被调查学生认为思想政治教育内容对自己有用，18.3%的同学说不清楚。可见，当前的思想政治教育的内容不能满足大学生的需要，其结构需要进一步调整。

（二）文化多元化要求高校思想政治教育的内容与时代同行

思想政治教育是对一定历史时期的人进行教育的活动。而时代在不断发展，人的思想状况也在不断变化，思想政治教育的内容也要紧跟时代步伐，不断吐陈纳新，调整内容结构和更新教育内容。尤其是在经济全球化和文化多元化不断发展的今天，形势发生了重大变化，大学生的思想政治状况也出现了新特点，要求高校思想政治教育不仅要调整教育内容的结构，而且要更新具体的教育内容，从而帮助大学生解决新形势下产生的思想问题。但是，我国高校思想政治教育的内容一直以来比较滞后，没有根据时代的发展和大学生思想的变化不断地更新，还是以那些陈旧过时的老模式呈现，经典的理论被束缚在陈框框、旧条条中，没有增添反映时代精神、适应时代发展的新教育内容。

其主要表现为，一是思想政治教育内容没有根据时代发展的需要，剔除一些陈腐、过时的教育内容。例如，高校思想政治教育没有及时剔除已不适应社会发展需要的无视大学生个人利益、一味要求学生大公无私的教育内容。二是没有根据时代发展的要求，不断加强、充实和重新诠释一些原来有而需要充实的教育内容。例如，没有充实价值观教育、爱国主义教育、诚信教育和心理健康教育的内容，从而导致这方面的思想政治教育薄弱，使大学生在这方面存在着一些问题。在对“爱国主义与社会主义的关系”的调查中，48.52%的大学生表示“爱国就是爱社会主义，要积极为社会主义做贡献”，有26.17%的大学生认为“爱国与爱社会主义是两回事”，有20.31%的大学生说“不清楚”；当问到“社会主义制度的优越性表现在哪里？”时，有46.53%的大学生说“不清楚”，有35.32%的大学生能说出部分内容，仅有15.35%的大学生基本能答完整。据中国社会调查系统最近的抽样调查，约有24.3%的大学生存在不同程度的心理障碍，有严重心理疾病的占9%左右。近年来，由于心理疾患引发的大学生犯罪和自杀事件也大幅上升。三是没有根据形势发展的需要增添一些原来没有而现在必需的新教育内容。例如，没有增添反映社会主义市场经济要求的危机意识、风险意识、全球化意识、民族自觉、人权意识等方面教育内容。在关于“市场经济活动中是否也要讲诚信？”的调查中，22.6%的被调查同学认为“为追求最大经济效益可以不讲诚信”，30%的被调查同学认为“应该视情况而定”，38.2%的被调查同学认为“经济活动中也应该讲诚信”，还有 12.4%的被调查同学认为“无所谓”。而在关于“文化多元化过程中，你如何看待我国的民族文化？”的调查中，有 20%的同学选择“中国民族文化是过时的文化”，27%的同学选择“中国民族文化应全方位地吸收西方文化”，26%的同学选择“中国民族文化博大精深，应以它来引导其他文化”，39%的同学选择“中国民族文化有精华也有糟粕，应吐陈纳新”。由此可见，文化多元化背景下，我国高校思想政治教育内容滞后于时代发展，不能适应人的发展和社会进步的需要。

（三）文化多元化要求高校思想政治教育内容与学生思想变化同步

高校的思想教育主要是运用马列主义科学理论，对大学生进行政治教育、思想教育、道德教育和心理教育的活动，它应该准确从大学生的思想实际出发，进行有针对性的教育。当前，由于文化多元化的不断发展，我国的意识形态领域存在着多元文化，不同文化蕴含的世界观、人生观、价值观不同，对大学生的精神世界产生了巨大冲击。特别是西方文化中蕴含的以个人本位为核心的价值观念和生活方式，对社会阅历不深，心理尚未完全定型，处在思想道德主动接受期和人生价值理性选择期的大学生产生了巨大消极影响。在调查中，当被问到“人生的价值是什么？”时，47%的同学选“为实现个人理想与社会需要相统一”；26%的同学选“享受人生”；4%的同学选“人生无所谓意义”。当前高校思想政治教育缺少和现实社会实际以及大学生思想实际密切相连的、具体的、实在的内容，过于追求理想化的先进性教育效能，忽略广泛性，缺乏时效性。这就要求高校思想政治教育紧跟大学生思想变化的实际，有针对性地解决大学生存在的思想问题。比如，在文化多元化和价值观的多样化影响下，原来人们羞于启齿的个人利益合法化，大学生也越来越关注个人利益和个人价值的实现。在此形势下，高校思想政治教育的内容还没有及时地吐陈纳新，未能对个人的价值和地位给予足够的重视，人格独立问题也没有得到应有的关注，仍从社会需要出发，一味要求大学生以牺牲个人价值为代价去迎合社会的需要，还在用过时的内容教育已经变化了的大学生。对于新出现的经济、文化状况也没有及时补充新的有效的教育内容，这种缺乏时代性的道德教育必然在现实中陷入困境。在问卷调查中，27.53%的同学对思想政治理论课不感兴趣。当问到“为什么对政治理论课不感兴趣？”时，有56.58%的学生回答“政治理论课内容过时，离学生实际太远”，有28.32%的学生回答“政治理论课内容都是些大道理，太枯燥”，有 17.5%的学生回答“政治课教学方法单一”。可见，高校思想政治教育内容滞后面临着大学生思想变化发展的挑战。

二、文化多元化对高校思想政治教育方法的影响

高校思想政治教育方法就是高校思想政治教育工作者为了实现教育目标、传递教育内容，所采用的手段、方法以及运用方法、手段的技巧、技能的总和。高校思想政治教育目标和任务，要靠思想政治教育方法实现，高校思想政治教育的内容，要通过一定的方法才能起作用。传统的思想政治教育主要采用课堂讲授的方式，对大学生进行“灌输式”或“注入式”教学。随着文化多元化的不断发展，科学技术特别是信息技术的迅猛发展，以及高等教育人学价值的日益凸显，这种单一、呆板的传统思想政治教育方法，严重制约了高校思想政治教育功能的发挥和实效性的增强，面临着严峻挑战。因此，邓小平在讲到思想政治教育方法必须适应新的历史条件时指出：“时间不同了，条件不同了，对象不同了，因此解决问题的方法也不同。”

（一）文化多元化使高校思想政治教育方法趋向个性化

我国传统思想政治教育是在价值取向单一的社会环境中进行的，因而思想政治教育的方法也相对单一。随着文化多元化的不断发展，社会现实中的各领域同时树立了多种世界观、人生观、价值观，为大学生提供了多样性的价值选择，使每个大学生的价值选择更具个性化；特别是在西方个人主义、自由主义、消费主义等思想的影响下，大学生更加注重自己的个性发展、个性自由，更加注重

个人的价值实现，使他们的思想也趋向个性化。而教育必须从实际出发，才能充分发挥其教育功能，提高教育实效。因此，在个性化日趋明显的当今时代，高校思想政治教育工作者在施教过程中必须注重教育对象主体意识作用的发挥。因为，著名教育家杜威在他的《民主主义与教育》中说，你可以将一匹马牵到河边，但你决不可以按着马头让它饮水。对于思想政治教育而言，如果没有对学习主体的了解与尊重，就不可能取得应有的效果。在文化多元化的新形势下，个人主体性的凸显使大学生不再盲目地去接受某种外在的、强制灌输进来的思想观点和道德规范，他们的价值选择意识和思维能力不断加强，使得以灌输为主要特征的传统思想政治教育方法受到严峻挑战。

（二）文化多元化使高校思想政治教育方法趋向互动交流

传统思想政治教育主要采用的是强制性的“填鸭式”或“注入式”的灌输教学方法。它是一种违背教育规律和人性原则的僵化的教育方法。这种教育方法具有强制性、封闭性、单向性和简单化的显著特点。所以，它只能在思想政德形成的外部起作用，而对受教育者的心灵世界无所企及。在文化转型和多元文化冲突的新形势下，个人主体性的凸显使大学生不会盲目接受某种思想观念、政治观点和道德规范。同时，由于现代信息技术和互联网的不断发展，当代大学生获得信息的途径不断增多，这不仅使他们的知识信息量不断丰富，而且使其价值选择意识和思维能力不断增强。在此情况下，教师的权威角色不断瓦解，学生不再像以前那样崇拜教师。传统思想政治教育中的居高临下的说教方式受到学生强烈的厌恶和抵制，进而导致了思想政治教育实效性的消解。而教师与学生之间平等交流的教育方法不仅可以克服由单向灌输所造成的思想政治教育中的“话语独白”，而且有助于教师真正了解学生的思想状况，有针对性地进行教育，还可以使大学生发现自身的“知识空隙”和“逻辑裂缝”。因而，受到主体意识不断增强的当代大学生的欢迎。在调查中发现，80.13%的大学生“喜欢课堂上师生之间的互动交流”，13.52%的大学生喜欢“纯粹的课堂宣讲”，6.15%的大学生“说不清”。因而，变单向灌输为双向互动交流，激发大学生参与和接受教育的积极性、主动性成为高校思想政治教育方法改革的趋势。

（三）文化多元化使高校思想政治教育方法趋向生活化

著名教育家杜威认为，教育即生活。人在生活中，人的教育也离不开生活。“没有生活做中心的教育是死教育。没有生活做中心的学校是死学校。没有生活做中心的书本是死书本。”价值观是生活中形成的，“人总离不开衣食住行，科学家也要过日常生活，在日常生活中人们最容易交流各自的价值观。”因而，价值观教育不仅要在其日常生活中展开，而且要在学习生活中展开；不仅在大学生的学校生活中展开，而且要在大学生的校外生活中展开，真实有效的高校思想政治教育必须从生活出发、在生活中进行并回归生活。而传统思想政治教育多采用课堂理论灌输的方法，忽略了生活的教育作用。文化多元化背景下，摆在大学生面前的是纷繁复杂的多种思想观念，而主体意识、平等意识不断增强的大学生不再轻易接受任何一种外来的思想观念；他们认同“纸上得来终觉浅，绝知此事要躬行”的名言。因而，那种在生活实践中进行的旨在调动受教育者主动性和自觉性的形象性教育、自我教育成为现阶段思想政治教育的有效方法，如榜样教育法、实践锻炼法、启发教学法等。因此，高校思想政治教育必须将理论讲授与大学生的实际生活结合起来，把抽象的说理教育变为活生生的事实，增加大学生的亲身生活体验和感受，引导他们去效仿和学习，让他们在生活实践中转变思想观念，提高思想认识。只有这样，高校思想政治教育才能提高实效。

（四）文化多元化使高校思想政治教育方法趋向隐性渗透

所谓隐性教育，就是教育者在受教育者无意识的情况下对其思想进行潜移默化的影响，使其思想朝着教育目标的方向发展。在文化多元化和知识信息化的今天，大学生获得的信息量不断增加，视野不断开阔，形成了很强的主体意识；加之多元文化使整个社会的价值观念、生活方式日趋多元化，每种价值观念、生活方式的存在又都有其特定范围内的合理性，且每个人都有自己独特的思想和价值观。这给高校思想政治教育增加了难度。心理学实验表明，当人们意识到别人正在试图影响自己时，他们会怀疑别人的动机和信息的可靠性，就会形成抗拒心理。而且由于身心发展的特点，大学生具有更强的逆反心理，这给高校思想政治教育的公开性、专门性和强制性的显性教育方法带来了挑战，从而使高校思想政治教育方法逐渐趋向隐性渗透教育。隐性渗透的教育方法在大学生思想政治教育中起着越来越重要的作用。隐性渗透教育一般是把教育内容内隐渗透在丰富多彩、形式多样又贴近学生实际的各种实践活动中，以生动活泼、喜闻乐见的形式吸引学生参与，从而对学生进行思想政治教育。当今社会，这种隐性渗透的思想政治教育方法越来越受到高校师生的欢迎。

（五）文化多元化使高校思想政治教育方法日趋现代化

如前所述，过去的思想政治教育往往以理论灌输为主，听报告、读报纸、念文件、谈心、家访等成为思想政治教育方法的主要载体。随着多元文化和信息技术的不断发展，人们的思想空前开放，科学技术空前进步，人类已进入了一个全新的时代。知识和信息成为推动人类社会进步发展的核心与动力。信息时代的到来，从不同方面、不同程度地冲击着以往传统的生活方式、思想道德和价值观念，也冲击着传统的思想政治教育方法，促进和推动着教育方法的革新。而大学生喜欢和追求新奇的思想特点，为高校思想政治教育方法的革新提供了客观依据。以网络为代表的大众传媒，它们具有及时性、交互性、开放性等特点，为思想政治教育方法革新提供了很好的“准平台”，并成为新兴思想政治教育方法的载体。心理学研究表明，人们在认识某一事物时，只用听觉能够认识事物的15%，只用视觉能够认识事物的20%，而听觉和视觉并用能够认识事物的65%。听觉与视觉同时感知的信息比单用听觉或视觉更全面、更深刻。而且通过图形、图片、影视、动画、音乐等多媒体手段，使枯燥无味的理论教育变得生动活泼、寓教于乐，以多种传播方式激活认知模式，从而增强了思想政治教育方法的艺术性和思想政治教育的实效性。

（六）文化多元化使高校思想政治教育方法趋向情感沟通

思想政治教育是教育人的活动，人是有思想感情的，因而，思想政治教育者不仅要对受教育者晓之以理，还要动之以情。而传统的高校思想政治教育则是把大学生当作没有感情没有意识的接受灌输的“容器”，对他们进行空洞、枯燥的说教，引起了学生的厌恶和反感，从而影响了教育的实效。文化多元化背景下，大学生的主体意识和主体精神增强，每个人都有其独特的思想和价值观，而且不会轻易改变。这就要求高校思想政治工作者改变以往的空洞“说教式”“号召式”的教育方法，贯彻“以人为本”的思想，把大学生当作思想政治教育的主体，平等地交流思想，用真实的情感、诚恳和热情的态度去打动他们，消解他们的抗拒心理，使其敞开心扉，袒露自己的真实想法，为对其进行思想政治教育奠定基础；同时，思想政治教育还要与帮助学生解决实际困难结合起来，增强思想政治教育的吸引力，调动大学生参与思想政治教育活动的积极性。俗话说，“亲其人，才信其道。”只有通过感情沟通，拉近师生之间的关系，教师才可能实现对大学生思想意识、价值观念、文化心理、行业模式进行全方位的引导和教育，以提高高校思想政治教育的实效。

第三节 多元文化环境下高校思想政治教育的策略

文化多元化背景下，高校思想政治教育面临来自于教育环境、教育对象、教育理念等各方面的严峻挑战。在此形势下，高校思想政治教育必须从大学生实际出发，与时俱进，不断更新教育理念，调整教育目标，拓新教育内容，创新教育方法，使思想政治教育更加科学化，不断提高其针对性和实效性。

一、高校思想政治教育内容要与时俱进

高校思想政治教育内容是根据时代发展和大学生的思想政治状况对大学生进行思想政治教育的载体，在高校思想政治教育中起着重要的作用。当前，随着文化多元化、经济全球化和知识信息化的不断发展，教育的时代背景和大学生的思想都发生了巨大的变化，给教育内容的选择和确定带来了挑战。在此情况下，高校思想政治教育内容要想做到时代化，就必须紧跟时代发展步伐，扣紧大学生的思想脉搏，根据时代的要求和大学生思想的变化，不断以开放性的视野优化其内容结构，更新教育内容，真正做到与时代同步，与大学生思想变化同行，充分发挥其在高校思想政治教育中的重要作用。

（一）高校思想政治教育的内容体系要优化

思想政治教育的内容结构状况，直接影响着思想政治教育内容的实施效果。为了充分发挥思想政治教育内容的作用，实现思想政

治教育的目标，增强高校思想政治教育的实效性，必须不断优化高校思想政治教育的内容结构。如前所述，高校思想政治教育内容虽然很丰富，但它主要包括思想教育、政治教育、道德教育和心理教育等基本内容，而且在整个内容体系中各自的地位也不同。其中思想教育是主导，政治教育是核心，道德教育是重点，心理教育是基础。随着文化多元化的不断发展，西方各种文化思潮不断涌入，加之西方敌对势力的“西化”“分化”活动，对大学生的理想信念、价值观念、思想道德、心理状况等产生了巨大冲击，在此情况下，我们要坚持以马克思主义为指导，以理想信念教育为核心，以爱国主义教育为重点，以思想道德建设为基础，以大学生全面发展为目标；解放思想、实事求是、与时俱进；坚持以人为本，贴近实际、贴近生活、贴近学生，不断优化和加强高校思想政治教育的基本内容，努力提高思想政治教育的针对性、实效性和吸引力、感染力，培养德智体美全面发展的社会主义合格建设者和可靠接班人。

文化多元化背景下，要使思想政治教育内容时代化，高校不仅要优化基本内容结构，而且还要不断拓宽思想政治教育的领域。首先要把思想教育、政治教育、道德教育、心理教育四大内容子系统组合成一个完整的思想政治教育内容体系，涵盖思想政治教育的全部内容领域。例如，面对当前文化多元化给大学生思想带来的新影响，加强对大学生的价值观教育、集体主义教育；面对当今社会网络道德问题日益突出的新情况，对大学生进行网络道德教育；面对市场经济条件下道德问题和心理问题日渐凸显的新情况，加大道德教育和心理教育的力度；面对封建迷信沉渣泛起的情况，对大学生加强唯物主义、无神论和科学精神教育等；面对现代社会发展带来的严重环境污染问题，要对大学生增加生态主义、环境保护等方面的教育。同时要完善高校思想政治教育每个子系统的体系。例如，在思想教育领域除了加强世界观、人生观、价值观教育外，还要加强科技观、教育观、成才观、就业观等方面教育：在政治教育中加强公民教育、大学生政治社会化教育；在道德教育中加强大学生的网络道德和生态伦理教育等。

（二）高校思想政治教育的具体内容要拓新

时代在发展，社会在进步，人的素质在提高，反映社会进步和人的发展需要的思想政治教育内容也要不断地发展和更新。高校思想政治教育要根据时代发展的特点和要求，紧密结合建设中国特色社会主义的新实践，紧跟文化多元化背景下人们思想和行为具体变化的步伐，不断更新思想政治教育的内容，增强其吸引力、感染力和说服力。因此，高校思想政治教育内容更新要坚持“三贴近”的原则。一要贴近时代。高校思想政治教育只有与时代同步，才能有生命力，才能调动大学生参与的积极性。二要贴近现实生活。大学生对现实生活中的事件认识与体验比较深刻，对生活化的思想政治教育内容易于接受，因而，思想政治教育只有贴近社会现实生活，才能收到较好的教育效果。三要贴近学生。高校思想政治教育的内容只有与大学生的认识水平与道德水平相接近，才易被学生认可、接受，才会有显著效果。文化多元化背景下，高校思想政治教育要以开放性的态度吐陈纳新，才能形成高校思想政治教育鲜活的内容，适应时代的发展和大学生思想的变化。

首先，高校思想政治教育内容要根据时代发展的要求，剔除一些陈腐的已不适应时代发展的旧教育内容。例如，在文化多元化和价值观多样化的影响下，往日人们羞于启齿的个人利益已经广泛被人们接受，已经在社会上逐步合法化。在此情况下，高校思想政治教育要及时剔除那些已过时的无视大学生个人利益的、又一味要求大学生以牺牲个人利益来服从集体利益的教育内容。

其次，根据时代发展的要求，不断加强、充实和重新诠释一些原来有而需要加强的教育内容。例如，在文化多元化背景下，面对大学生思想观念、价值取向、生活方式的变化，高校思想政治教育要加强无产阶级世界观、人生观、价值观以及集体主义等方面的教育；随着经济全球化不断发展，国家之间的联系日益密切，国界意识淡化。正如著名学者巴蒂所说：经济全球化将毁灭主权国家，连通世界版图，挑战社会契约，改变着国家主权的内涵，冲击着人们的爱国主义情怀。在此情况下，高校思想政治教育要充实和重新诠释爱国主义、民族精神教育的内涵，引导大学生把爱国主义与爱社会主义结合起来，在积极为社会主义事业做贡献的过程中升华爱国主义情感；在市场经济条件下，针对部分大学生受到西方资产阶级尔虞我诈、唯利是图思想影响的情况下，高校思想政治教育要加大诚信教育、价值观、义利观以及法制等内容的教育力度；同时，面对市场经济的风险性、不确定性，给人们的心理造成了严重的不安全感，高校思想政治教育要加大心理健康教育的力度，培养学生适应市场经济的良好心理素质。

最后，要根据形势发展的需要增添一些原来没有而现在需要的新教育内容。文化多元化背景下，西方敌对势力加紧了对我国的“西化”“分化”活动，并抓住我国社会改革中出现的失误和问题，攻击我国的社会主义制度，提出的“人权高于主权”的人权至上论，为干涉和侵犯别国主权的新干涉主义提供理论依据，对此，高校政治教育要充实马克思主义人权观教育的新内容；随着全球化的不断发展，思想教育方面要增加全球化意识、生命意识、国际意识、创新精神、独立精神的教育，引导大学生积极应对全球化的挑战；市场经济条件下，道德教育要增加与市场经济相适应的新的道德观念方面的内容，引导人们正确认识和处理竞争与合作、效率与公平、先富与后富、自律与他律、个人价值与社会价值等关系，努力形成把国家和人民利益放在首位而又充分尊重公民个人合法利益的社会主义义利观；另外，随着互联网的迅速发展，道德教育还要增加网络道德教育方面的内容，增强大学生的网络道德意识和道德责任感，使其健康成长等。

二、高校思想政治教育方法要形式多样

思想政治教育方法作为达到思想政治教育目标的工具，作为不断发展的开放系统，应随着思想政治教育理念、目标、内容和受教育者思想的变化而不断改进，应在继承和借鉴的辩证统一中不断创新。因此，《关于进一步加强和改进大学生思想政治教育的意见》

明确指出："在继承党的思想政治工作优良传统的基础上，积极探索新形势下大学生思想政治教育的新途径、新方法，努力体现时代性，把握规律性，富于创造性，增强实效性。"其实，在长期革命和建设实践中，我们党历来高度重视思想政治教育的方法问题，毛泽东曾指出："我们不但要提出任务，而且要解决完成任务的方法问题。"随着思想政治教育的客观条件和对象的变化，邓小平指出，"时间不同了，条件不同了，对象不同了，因此解决问题的方法也不同了。"而对于思想政治教育方法的改革，江泽民指出："加强和改进思想政治教育，过去行之有效的好传统、好方法要坚持，更重要的是要适应新情况，不断探索新方式、方法、手段和机制。"因此，文化多元化背景下，随着时代的发展，社会的进步，大学生思想的变化、教学内容的日益更新，高校思想政治教育不仅要继承原来优良的教育方法，还要不断探索新方式，以灵活多样的教育方法增强思想政治教育的效果。

（一）课堂教学法

课堂教学是目前高校采用的最普遍也是最重要的一种思想政治教育方法。它在大学生思想政治教育中处于主导地位，起着其他教学法不可替代的作用。其不仅不可以取消，而且需要进一步加强。在课堂教学中，教师可以通过课堂这一专门的教育场所，使用现代传媒和声像资料等手段，对大学生进行宏观的、系统的、集中的理论传授和教育，使大学生掌握大量的思想政治理论知识，进而提高其思想政治素质，如思想政治理论课、哲学社会科学课就是主要通过课堂教学来完成的，充分发挥课堂教学的主导作用，是增强高校思想政治教育实效性的重要手段。而要充分发挥课堂教学的重要作用，还需要运用灵活多样的方式和手段，活跃课堂气氛，激发大学生的学习兴趣，提高课堂教学效果。心理学家研究表明，人们接受的外来信息有83%是通过视觉感官完成的。而以往课堂教学方法单一、教学手段落后、教学模式枯燥，影响了课堂教学的效果。在调查中有47%的大学生希望教师采用影视、多媒体教学的方法进行教学，32%的同学希望教师多采用讨论辩论式、互动式的教学方式。因此，在课堂教学中，教师要根据教学内容选择运用多媒体、影视资料、幻灯片、图片等教学手段和课堂讨论以及辩论、案例分析、师生互动等方式，把抽象、枯燥的理论知识变成声色俱全、图文并茂的有趣的知识，调动大学生学习的主动性、参与性和创造性，使大学生的思想在形象、生动、直观的教育中得到升华，增强思想政治教育的实效性。

（二）实践活动教育法

实践活动教育法是教育者引导学生参与其精心设计和组织的实践活动，使学生在实践活动中受到教育的方法。实践活动包括校园实践活动和社会实践活动。实践活动具有很强的参与性，在培养学生政治观和道德观中起着非常重要的作用，它是大学生思想政治教育的重要环节，也是大学生自我教育的重要形式。丰富多彩的校园实践活动不仅可以使大学生把书本知识与实际结合起来，在亲身体验中不断提高认识，而且可以陶冶大学生的情操，培养团结合作意识、集体荣誉感和责任感；社会实践活动可以使学生了解社会，了解国情，增长才干，奉献社会，锻炼毅力，培养品质，增强其社会责任感和自信心，在高校思想政治教育中起着不可替代的作用。实践活动尊重了学生的独立性、自主性，给学生以充分自由发展的空间，使受教育者在无意识的情况下，自愿自觉地接受了思想政治教育的内容，增强了思想政治教育的吸引力和感召力，进而提高了思想政治教育的效果。新形势下，高校要深入开展实践活动，寓灌输于活动，寓事理于实践，寓教育于快乐，使其在实践活动中养成良好的思想道德品质和行为习惯。

（三）隐性渗透教育法

隐性渗透教育方法是教育者把教育目标隐藏或渗透到与之相关的活动与环境当中，论道而不说教，述理而不生硬，引导受教育者去感受和体味，使其在轻松愉快、潜移默化中得到心灵的感化、情操的陶冶和哲理的启迪，从而达到教育目的的教育方法。随着文化多元化的不断发展，大学生的主体个性不断增强，每个大学生都有其独具特色的价值观、生活方式，他们不再轻易接受外部灌输的思想意识。在此形势下，隐性渗透教育方法便越来越受到思想政治工作者的重视。教育家苏霍姆林斯基曾说：“教育者的教育意图越是隐蔽，就越是能为教育对象接受，就越能转化成教育对象自己的内心要求。”他的这一观点被社会心理学家沃尔斯特与费斯汀格的实验所证实，在实验中，当人们意识到别人正在试图影响自己时，他们会怀疑别人的动机，会产生抵抗意识，从而使信息的影响作用降低；而如果人们认为信息传达者无意影响自己时，心理上就不存在抗拒反应，对有关信息的接受性会增高，反而增加了影响的可能性。社会心理学家阿伦森也有相同的观点。因此，高校思想政治教育工作者要积极创设生活化的教育环境，组织隐性教育活动，加强校园文化建设，充分发挥隐性渗透教育法的重要作用，使大学生在不知不觉中受到教育，从而达到“无意”胜“有意”、“无声”胜“有声”、“无教”胜“有教”的教育效果。

（四）互动交流教育法

互动交流教育法是教育者与学生在平等、轻松、愉快的情景下，进行可以触及心灵的互动交流，使各自展现其精神文化世界，就相关问题发表自己的意见，并通过相互讨论、辩论乃至争论，使受教育者明辨是非，自觉地、主动地接受教育的方法。它追求的是主体间的平等、真诚、尊重和理解，强调的是主体间的心灵沟通和视界融合，营造的是双向平等互动交流的气氛，凸显的是个体价值和尊严。心理学研究表明，当外界的劝导和影响威胁到个体的自我价值时，个体会产生自我价值保护逆反；而平等交流沟通的氛围，会使个体充分体验到对自我的控制感与自由感，弱化其抵触心理和抗拒情绪，避免其自我价值保护逆反心理的产生。因而在平等的交流沟通中，教育主体间能够彼此真诚地敞开心扉，真正地接纳对方。教育者可以全面了解和准确把握受教育者的客观处境和思想脉搏，使他们可以有针对性地为教育活动提供素材，而且还为帮助、支持受教育者做好了准备；受教育者在互动交流中也可以发现自身知识结构的缺陷，从而在双方认知的碰撞流动中创新和发展已有的认知，完善其知识结构。这恰恰与文化多元化背景下大学生主体性不断增强的趋势相吻合。所以，在高校思想政治教育活动中，教育者不论是在课堂教学中，还是在教育活动中，都要积极创设这种互动交流的情景，以提高思想政治教育的实效。

（五）情感沟通教育法

情感沟通教育方法是教育者在思想政治教育活动中通过与学生的感情沟通，打动学生，拉近师生之间的关系，从而达到说服教育学生的教育方法。人是有思想、有感情的，思想政治教育要贯彻“以人为本”的思想，就应把关心人和关心事结合起来，主动关心大学生的学习和生活，深入了解他们的困难，关心他们的冷暖，做到对学生“晓之以理，动之以情”。对此，哈特曼在实验中，试图通过采用不同的宣传方式，测量他劝导人们投票选举某政党候选人的宣传效度。结果证明，接受以感性宣传为主的人所支持的竞选者的人数，大于接受以理性宣传为主的候选人的人数。哈特曼认为，这是因为情绪和情感具有强大的感染力和渗透力，能直接动摇人们原有态度的基础，包含强烈情绪色彩的观点能增强宣传的效果。这样说明：在宣传教育活动中，诉诸感情的效果好于诉诸理性，心理学家戈德曼也赞同这样的观点，他认为人们的言行主要受感情支配，很少经过理智考虑。即使是难对付的人，从感情上影响他们要比从理性上影响他们容易得多。因此，文化多元化背景下，面对主体意识日益增强的当代大学生，高校思想政治教育者要关心学生的实际需求，帮助学生解决困难，用真实的情感打动学生，激发大学生接受教育的积极性，削弱大学生的抵抗心理，使教育达到春风化雨、润物无声的效果，从而实现对大学生的思想意识、价值观念、文化心理、行为模式进行全方位引导，提高思想政治教育的实效。

（六）心理咨询教育法

心理咨询的方法是教育者在思想政治教育中运用咨询心理学的知识和技巧，通过面对面咨询、电话咨询、网络咨询、书信咨询等方式，对来访者的心理、认知产生影响，使其认知、情感和行为发生变化，从而有针对性地解决他们在学习、工作、生活、疾病等方面出现的心理问题，以增强心理素质、维护心理健康。心理咨询教育中，关键的是倾听学生诉说心声。这样，教育者才能了解学生的心理状况和存在的问题，其教育引导工作才会做到有的放矢，取得良好效果。教育者在倾听诉说时，对学生的遭遇和不幸要表示同情，产生情感共鸣，从而产生心理学上所讲的“立场靠拢”和“自己人效应”，这有利于学生敞开心扉，也有利于教育者准确把握学生的思想命脉，最终有利于心理问题的解决。当前，随着社会竞争的日趋激烈，特别是高校扩招和大学生中独生子女比例的增加，许多大学生在应对诸如就业、经济困难、恋爱等问题上表现出越来越脆弱的心理素质，常常导致心理失衡，甚至出现自残和违法犯罪行为。在此情况下，高校开设心理咨询室，由专业老师负责咨询，帮助大学生解析心理问题，掌握心理调适方法、消除心理困惑，培养良好的心理品质和优良品格，增强克服困难、承受挫折的能力，具有重要的现实意义，受到了广大师生的欢迎。

（七）网络道德教育法

网络道德教育法是指通过互联网这一现代化媒体对大学生的思想观念、价值取向、心理状态等产生积极影响，促使大学生提高思想道德素质的教育方法。当今时代，互联网已逐步进入了社会生活的方方面面，越来越多的青少年和互联网交上了朋友。据中国互联网络信息中心发布的《第 23 次中国互联网络发展状况统计报告》显示，截至 2011 年 12 月底，我国 24 岁以下的网民已近 2.3 亿。而如今网上英语内容约占 90%。发达国家凭借其对信息传播的控制力与影响力，向全球受众传递其资产阶级意识形态、文化思想和腐朽价值观，还利用“人权”、政党制度来攻击和诽谤社会主义国家，以期达到“和平演变”的目的。这势必对我国当代大学生的理想信念、价值观道德水平产生巨大负面影响。在此情况下，网络道德教育就必然成为新形势下高校思想政治教育的重要方法。面对互联网上庞杂的信息，高校思想政治理论课必须积极推进多媒体教学，建立教学互动网站，把课堂延伸到网上，借助网络图、文、声、像等生动形式表现教育内容，利用多重感官刺激，使思想政治理论课教学更加灵活、有效，充满吸引力和感染力。同时，要拓展思想政治教育的空间，抢占网络思想政治教育阵地，全面加强思想政治教育网站的建设，使网络成为弘扬主旋律和开展思想政治教育的重要手段，形成网上网下思想政治教育的合力；要发挥互联网开放、交互、共享、兼容等优势，积极开展生动活泼的网络思想政治教育活动，强化网络伦理，创造积极健康的网络氛围，使遨游其中的大学生形成良好的思想品德，从而提高思想政治教育的实效。

（八）启发诱导教学法

所谓启发诱导教学，就是根据教学目的、内容、学生的知识水平和知识形成规律，运用各种教学手段，采用启发诱导的方式传授知识、培养能力，使学生积极主动地学习，以促进学生身心健康发展的教学方法。它的主要特点是紧密结合学生的知识水平和思维能力，按照学生的思维过程和内容的逻辑性讲授。孔子曾用“不徘不启，不愤不发”来概括启发诱导式教学法。启发式教学的关键就是调动学生的学习积极性。学习积极性表现为强烈的兴趣、信念、愿望和焦虑，即求知欲或学习需要。学习需要是学生在学习时感到对某种知识欠缺不足而力求获得提高的一种心理状态，是学生主体性的体现。文化多元化背景下，大学生的主体性日益凸显，个性不断发展。启发诱导式教学法就成为新形势下高校思想政治教育的一种重要方法。启发诱导式教学法是以尊重学生的主体性为前提，充分发挥教师的主导作用，通过合理设计教学目标，激发学生学习和自我教育的内在兴趣和动力，从而促进学生的身心健康发展。这就要求教育者提高业务素质，熟练掌握教学内容，科学设计教学目标和教学模式，了解大学生的思想实际和特点，进而充分发挥启发诱导式教学法在思想政治教育教学中的重要作用。

第四章 高校思想政治教育与校园文化的互动

第一节 高校思想政治教育与校园文化互动的要素

高校校园文化建设与思想政治教育互动的基本过程，指的是具备互动活动得以成立的基本要素的过程。这些基本要素主要有如下几个方面：

一、“双主体”意识下互动的主客体

主体是在一定社会关系中从事高等学校校园文化建设与思想政治教育互动实践和认识活动的人，是在互动过程中处于主导和支配地位的因素，是互动过程的发起者、组织者和承担者，他们具有自然性、社会性和意识性的属性；客体是主体的校园文化建设与思想政治教育互动活动所指向的一切对象，是互动过程中处于从属和受动地位的因素。

校园文化建设与思想政治教育的互动，它的最重要的活动主体是教师和学校领导管理人员，同时也包括广大在校青年大学生，他们的素质和有机组成直接决定着校园文化建设与思想政治教育互动的性质和水平，是互动工作开展的直接动力。长期以来，我国高等教育界简单地把教师和学校领导管理人员作为互动的绝对主体，把工作对象（青年大学生）当作绝对客体，客体就像工具一样服从

主体，为主体所左右。其结果是造成高等学校人才培养的“模式化”，造成高等学校校园文化建设和思想政治教育工作的“行政化”。因此，高校校园文化建设与思想政治教育互动机制的构建一定要确立“双主体”意识，突破传统的校园文化建设或是思想政治教育的主客体模式，摒弃单一主体和纯粹的主体与客体对象的机械式观念和做法，把工作对象真正视为能动的、自主的主体，当作同教育者一样的、具有实践和认识活动能力的主体加以发展，而不是把他们当作工具来训练，从而实现“双主体”互动。

必须清醒地意识到，主客体角色的相互转换与矛盾统一，是校园文化建设与思想政治教育互动的重要依据。要构建一个充满生机的互动机制，必须确立“主客体同一性”和“主体可逆性”意识，把互动的主体和客体看成是能够转换的动态概念，唤醒互动客体的主动参与意识，强化自我教育意识，营造教学相长、共进双赢的氛围。工作中要注重发挥互动客体的主观能动性，引导他们由被动变主动，即从客体向主体转变，借此保障互动目标的顺利实现。

二、“制度—资源—行为”“三位一体”的互动内容

校园文化与思想政治教育互动必须有一个明确的指向，有一个明晰的可供互动的“内容区域”，在这个前提下，“互动”才不致成为一个虚空的说辞。但是，这个“内容区域”并不是校园文化与思想政治教育各自内容之间的简单交集，也不是一个抽象的存在，而应有一个可辨别的、可操作的具体指向。从当前我国高等教育的发展趋势以及社会经济文化的走向看，校园文化与思想政治教育互

动的内容平台应确定为“制度—资源—行为”三个方面。事实上，从校园文化与思想政治教育互相“作用”的历史上看，两者之间的交叉耦合也是在这三个维度内进行的。具体而言，所谓制度互动，是指制度之间发生的因任务和行动所致的无意识后果或者包含在制度设计里的有意识关联。具体到本文研究的命题上来，即指校园文化建设与思想政治教育因“育人”任务和行动所导致的无意识后果或包含在我国高等教育制度设计里的有意识关联；资源互动是指在互动过程中，校园文化建设与思想政治教育其各自所拥有的人力、物力、财力等资源进行传递、共享及整合的过程；行为互动则是一个相对微观的层面，是指校园文化建设与思想政治教育在各自的工作中因手段和方式、载体和通道以及相关的具体实践活动所出现的关联和交叉。

三、不断丰富与发展的互动载体

校园文化与思想政治教育工作互动要科学地把握互动规律，正确认识互动形式，恰当选择和创设互动载体。这里所说的载体是指能够承载和传递知识、信息等教育因素的工具，是高校校园文化建设与思想政治教育工作互动发生的平台，是实现校园文化与思想政治教育互动的中介。在互动的工作目标与要求已经准确、内容与任务已经确定的情况下，是否能够恰当、科学地选择、构建和使用互动载体，往往成为思想政治教育工作成败的又一关键因素。就像毛泽东所指出的那样：“不解决桥和船的问题，过河就是一句空话。不解决方法问题，任务也只是瞎说一顿。”高校校园文化建设与思想政治教育互动协作的载体近些年在实践中得到了不断的丰富与发展。根据学者研究的情况来看，作用相对较大的互动载体主要有四类：分别是管理载体、传媒载体、实践载体以及课程载体。

四、不可或缺的互动反馈机制

反馈又称回馈，是现代科学技术的基本概念之一。在控制论中，反馈是指将系统的输出返回到输入端并以某种方式改变输入，进而影响系统功能的过程，即将输出量通过恰当的检测装置返回到输入端并与输入量进行比较的过程。及时进行互动结果反馈，可以捕捉高校校园文化建设与思想政治教育互动的新信息、新动向，并予以甄别和引导；还可以及时发现高校校园文化建设与思想政治教育互动的新情况、新问题，并予以调整和解决。总之，及时准确的信息反馈和深入全面的理论研究指导，不仅可以使高校校园文化建设与思想政治教育互动避免出现失误，少走弯路，而且可以使校园文化和思想政治教育创新步入正确有效的轨道，从而更好更快地发展。反馈是体现校园文化与思想政治教育互动的双向性和参与性的重要机制，其速度和质量依据媒介渠道的性质而有不同，但它总是互动过程不可或缺的要素。

需要强调的一点是，构成校园文化与思想政治教育互动的要素是复杂多样的，绝不仅仅是以上几种。即便是在上述四种要素中，不少也是可以进一步分解的。但总体而言，互动的主客体、内容、载体、反馈是互动过程得以成立的基本条件，在任何条件下都是缺一不可的。

第二节 高校思想政治教育与校园文化互动现状

高校校园文化建设与思想政治教育有着天然的联系，两者之间的相互推动和影响一刻也没有停止过。考察中国高校校园文化建设与思想政治教育互动发展的历程，分析新中国成立以来两者互动的发展轨迹发现，由于长时间未充分考虑到二者互动的价值，其互动实践在我国高校中大多数时间处于不被重视的尴尬境地，虽有着基本一致的目标，但又像两条平行的铁轨般没有交点，主要存在以下几个方面的问题：

一、思想观念未能适应互动趋势

应该说，高校校园文化建设与思想政治教育的互动趋势在当前已经明显。但遗憾的是，在思想观念层面上，多数高等教育工作者还未能对其给予充分重视，从而影响了现实中校园文化建设与思想政治教育互动活动的深入开展。

（一）高校校园文化建设与思想政治教育两者关系还存异议

学术界对于高校思想政治教育与校园文化建设二者关系的研讨仍然存在不同意见。李金英等认为，校园文化与思想政治教育是两个完全不同的相对独立而又完整的体系，但两者存在着必然的联系并相互包容、相互渗透、互相制约、互相促进。而张德等却认为，校园文化与思想政治教育工作虽各成体系，却并非是互无关联完全独立，两者之间是一种你中有我、我中有你、相互交叉、相互依存的关系，思想政治教育工作是培育学校精神、建设校园文化的主要手段，而校园文化则是思想政治教育工作与管理工作密切结合的一个最佳形式。由此不难看出，虽然关于高校校园文化建设与思想政治教育之间关系的探讨被反复讨论了将近30年，但真正能把问题说得清楚的研究成果数量还很少，相关的争论也未有权威的研究去澄清，即研究大多聚焦于思想政治教育在高校校园文化建设中的作用与功能或者高校校园文化在思想政治教育中的功能这种并不对等的“关系”研究，很多文章作者不说明而默认思想政治教育这一视角，如杨斌的《试论新时期高校校园文化思想政治教育功能的优化》、李倩茹的《思想政治教育视角下的校园文化建设》等。

对于高校校园文化建设与思想政治教育二者间关系的探讨，学术界仍然存在争论。而长期以来，研究视角的狭窄也导致有关思想政治教育与校园文化建设关系的研究几十年间无太大的理论突破。而在现实工作中，很多教育工作者没有将校园文化建设与思想政治教育两项工作进行严格的区分，或是对于两者的结合给予应有的认识。譬如，一些专职学生思想政治辅导员，他们原本就身兼校园文化建设和搞好学生思想政治教育两项使命，但在具体工作中往往没有有意识地将两项工作科学地“合二为一”，最终导致事倍功半。

（二）高校校园文化建设与思想政治教育互动的自觉意识亟待提升

应该说，绝大部分高校对校园文化建设与思想政治教育两方面的重要性与必要性具有充分的认识，从积极落实中央下发的有关文件，作为依据和参考制定相关措施，具体指导开展高校校园文化活动与思想政治教育工作中可见一斑。但与此同时，我们也看到部分高校将校园文化建设与思想政治教育有意无意地看作两个并列的主体独立开来，对校园文化建设与思想政治教育相互结合、渗透、作用以及影响的关系认识不足，缺乏对二者良性互动的认识或是自觉意识不到位，因此导致在这些高校中校园文化建设与思想政治教育良性互动建设没有科学、系统地开展起来。

（三）高校校园文化建设与思想政治教育互动缺失环境氛围

任何活动的开展都需要一个合适的环境，良好的环境氛围是活动开展的必要保障。但遗憾的是，校园文化建设与思想政治教育工作的互动目前恰恰缺少一种良好的社会环境和校园环境氛围。不仅是外界社会，包括高校自身在内，由于缺少互动观念都还没有在其中形成校园文化建设与思想政治教育互动的舆论氛围，大家都在提如何加强校园文化建设、如何改进新时期的思想政治教育工作，但就是没有太多的人看到校园文化建设与思想政治教育的互动是促进双方各自向良性发展的最有利途径。在环境氛围不利的情况下，校园文化建设与思想政治教育的互动被关注、被支持的力度是值得深思的。

二、理论研究滞后于互动实践

理论研究滞后于实践活动是一种符合事物发展的规律性现象。但如果理论研究长期滞后于实践发展，则将对实践工作产生十分消极的影响。对于高校校园文化建设与思想政治教育互动关系的相关理论研究就存在这种问题。

（一）相关研究尚处于起步阶段

高校校园文化建设与思想政治教育的互动，是高等教育过程中一个客观存在的事实，从高等教育诞生的那一天起就已经存在了。但是，这个客观存在的现实直到20世纪90年代中期才进入我国理论界的视野。最早的一篇关于校园文化与思想政治教育关系的理论文章是李玉平等在1995年《冀东学刊》上发表的《校园文化建设与思想政治教育工作》，他们在校园文化建设与思想政治教育工作相互关联方面的观点是：思想政治教育工作与校园文化建设相互独立、相互区别，但又相互联系、相互融合。对于思想政治教育工作者而言，必须认真探讨新时期校园文化的状况、特点、结构、群体心态与实际需求，才能合理选择不同的形式、内容、手段、方法开展思想政治教育工作。但也仅是从一般关系的层面加以论述，对校园文化建设与思想政治教育的互动关系还未形成认识。直到5年后的2001年，才在《蒙自师范高等专科学校学报》出现了一篇名为《高校校园文化建设与思想政治教育的互动》的文章，第一次在我国学术界提出了校园文化建设与思想政治教育互动的概念。但遗憾的是，这一提法未受到高等教育工作者的重视，在此后迄今的时间里，有关高校校园文化建设与思想政治教育互动的专门研究屈指可数，总计不超过20篇，大量高校校园文化和思想政治教育方面的专著中也少有提及两者的“互动”。理论研究的相对滞后与匮乏，使现实中已经渐渐开展起来的校园文化建设与思想政治教育的互动缺少了方向上的指引和科学理论的指导，间接导致了目前校园文化建设与思想政治教育互动状况不佳。

（二）静态研究多于动态研究

虽然开展高校校园文化建设与思想政治教育互动研究的文章或专著有一些，但明确提出将高校校园文化建设和思想政治教育作为对等关系的文章、专著甚少，绝大部分的相关文章专著在字里行间透露出思想政治教育视角的明显特征，很少有视域开拓的文章立足横向、纵向延伸下的校园文化创新去研究思想政治教育模式优化的理论及实践。从某种意义上说，这种静态的讨论未能系统揭示校园文化建设与高校思想政治教育之间通融互进的内在机理，难以建立一种开放的、立体的互动关系模式。在目前研究思想政治教育与校园文化建设的文献中，将关切点明确定位于“互动关系”的研究还仅见于王伟等的《高校校园文化建设与思想政治教育的互动》、陈啸吟等的《高校校园文化建设与思想政治教育创新之互动研究》以及王艳等的《谈高校校园文化建设与思想政治教育的互动作用》三篇。以上三篇文章的作者都从高校校园文化建设与思想政治教育二者间的辩证关系切入，研究高校校园文化建设与思想政治教育互动的作用，将互动主体双方置于一个基本对等的位置而讨论了三者的关系问题，为本文的定题和研究框架的确定提供了一定启迪。但仔细观察又不无遗憾，上述研究仍未能摆脱理论界多年的窠臼，除观点依“旧”之外，对互动主体、互动机理、互动模式以及互动质量等问题均未涉及。

三、机制体制掣肘互动运行

高校校园文化建设与思想政治教育的互动是一个系统工程，需要完善的工作机制作保障。但就目前情况而言，高校校园文化建设与思想政治教育互动的机制体制还存在较大程度的缺失，还缺乏合理性与必要的保障。

（一）互动工作机制有待完善

由于对二者良性互动的作用缺乏充分认识，许多高校自觉推进校园文化建设与思想政治教育良性互动的意识不强，科学、系统的校园文化建设与思想政治教育互动建设还远未在高校普遍开展起来。另外，从校园文化建设与思想政治教育互动工作机制的基础来看，存在互动的运行机制不完备、动力机制缺乏、保障机制不健全等问题，都有待建立或完善。在我国大多数高校中，校园文化建设和思想政治教育都处在学校党委的统一领导之下，由一位党委副书记代表党委分管，一位副校长协管，具体的工作部门涉及党委宣传部、学生工作部（学生处）、学校团委、学校工会等，总的来说是一种在党委领导下分工协作的关系。但从目前的情况看，校园文化和思想政治教育多数情况下各做各的，未能实现真正的互动发展。即便目前部分高校已经形成了事实上的由党委学生工作部（学生处）总体协调相关部门共同开展校园文化建设和思想政治教育的格局，但在学校制度层面上却未被赋予明确的协调、统领职责。除组织保障机制外，校园文化建设与思想政治教育互动的动力机制、运行机制同样不够健全，既没有明确的规章制度和奖惩措施，也没有相应的人、财、物保障。

（二）两者间协调管理机构匮乏

在我国高校的现行体制中，校园文化建设与思想政治教育的管理部门在工作职能上并非不存在交叉和衔接，譬如上文已经提到的，各高校中党委宣传部门既肩负校园文化建设的职能，也肩负思想政治教育理论宣传的职能；共青团、学生工作部（学生处）等组织既肩负大学生价值观引导等思想政治教育工作，也负责各类学生校园文化活动的开展和组织。但从现实情况看，以上各部门虽然都在一定程度上肩负校园文化建设与思想政治教育的双向职能，工作亦有交叉，但在推动校园文化建设与思想政治教育互动方面仍然效力不足。因此，如要实现有效互动，还缺乏一个“融合性”的协调机构，其设置的合理、优化与否，运转的协调、高效与否，都会直接影响高校校园文化和思想政治教育的创新与发展。优化高效的机构，有利于协调各种关系，使学校处在科学有序的最佳状态下行使领导、决策、组织、控制以及创新等管理职能，实现教育资源优势配置的最大化，从而激发广大师生员工的积极性和创造性，不断推进校园文化建设与思想政治教育工作。与此相反，管理机构的不合理配置，重叠的职能定位，模糊的职责分工，必然影响创新和优化的生机与活力，直接导致的是人浮于事、相互推诿、运转不灵以及效率低下，直至影响互动目标的实现。相反，如果管理机构配置不合理，职能套叠，职责模糊，各部门间相互推诿，机构运转迟缓，效率低下，势必影响校园文化建设与思想政治教育工作的生机与活力。

（三）互动队伍亟待整合

高校校园文化建设与思想政治教育实现良性互动需要全校师生的参与，覆盖面广泛。作为高校校园文化建设与思想政治教育互动工作的组织者和策划者，要想有效引导参与者一起树立良性互动的全员共建意识，需要建立一支工作队伍，这支队伍的人员可由现任在岗从事高校校园文化建设或思想政治教育工作的人员整合而成，兼职担任，目前的情况是在意识素质、人员数量等方面都存在一定程度的困难。因为普遍缺乏高校校园文化建设与思想政治教育良性互动意识，许多高校还没有整合起这支队伍，即使做了一定的整合，也仅仅停留在文件的层面，没有真正落实，相关人员的意识、素质跟不上；另外，目前部分高校自身就存在单纯从事校园文化建设或思想政治教育工作队伍人员数量配备不足的情况，直接导致在高校校园文化建设与思想政治教育互动队伍整合时出现人力缺乏的现象。

四、实践操作缺乏有效手段

在实践操作层面，高校校园文化建设与思想政治教育的互动还存在着程序设计不成熟、保障性投入不足、缺乏顺畅有效的信息反馈渠道等诸多问题。

（一）互动实践操作缺乏系统设计

部分高校能够将校园文化活动与思想政治教育相结合，已经进行了一定程度的探索，如在高校中组织相关教工成立思想政治教育工作与精神文明建设研究会，指导学生组建理论探索与实践社等社团组织，举办各种学术讲坛，开展知识竞赛、征文评比等活动。但是，由于自觉开展校园文化建设与思想政治教育良性互动的意识缺乏，高校校园文化建设与思想政治教育互动的目标没有明确“育人为主”“双赢发展”“和谐共生”等指向，工作机制建立不完善，如互动机制中的动力机制、运行机制、保障机制还没有完全建立起来，而互动效果的评估体系与反馈渠道更是几乎未被涉及，导致高校校园文化建设与思想政治教育良性互动的操作设计还不成熟，二者科学、系统的良性互动建设还没有开展起来。因此在上述类似的工作实践中，这些探索工作普遍缺乏系统性，多是孤立存在、各自为战。换句话说，目前我国校园文化建设与思想政治教育互动的操作设计缺乏统筹性、协调性，操作设计不成熟，两项工作分割大于融合。

（二）互动实践投入保障亟待加强

伴随着 21 世纪的到来，历史飞快的车轮承载着我国高等教育正从精英型向大众型转变，高等教育自此迈入大众化发展阶段。这一转变带来的是高校近年来大量的连续扩招，绝大部分高校因此办学规模迅速扩大，然而高校现有的人力、物力、财力配备却远远跟不上扩招的脚步，相对缓慢的高等教育投入与大规模的高等教育增长出现了巨大的反差，诸如师资不足、教学水平下降、经费短缺、教学科研设施设备缺乏、住宿紧张等问题凸显。部分高校还因为“经营不善”，出现了债务危机，高校在进行投入大而效果显现期长的校园文化建设与思想政治教育时就更显得捉襟见肘。令人欣慰的是，国家教育部已经在《普通高等学校辅导员队伍建设规定》中对高等学校要积极为辅导员的工作和生活创造便利条件做出了明确规定，要求为辅导员的工作和生活提供必要保障，根据辅导员的工作特点，在岗位津贴、办公条件、通信经费等方面制定相关政策。在《高等学校思想政治理论课建设标准（暂行）》中规定“学校在保障思想政治理论课教学科研机构正常的各项经费的同时，本科院校按在校学生总数每生每年不低于 20 元、专科院校按在校学生总数每生每年不低于 15 元的标准提取专项经费用于教师学术交流、考察等，并随着学校经费的增长逐年增加。专项经费安排使用明确，专款专用”。很多省市积极落实文件精神，如辽宁省从 2005 年开始就要求全省各高校按每月不低于200元的标准设立专职辅导员工作补贴。另外，一些高校如南京大学、北京航空航天大学等还设立了校园文化建设专项基金，这对高校校园文化建设和思想政治教育工作有着巨大的推动作用。但总体而言，目前国内高校的经费投入规模还不能满足校园文化建设与思想政治教育的需要，特别是两者间互动发展的需要。而除了经费问题外，互动的人才队伍建设、物质保障等问题同样有待解决。

（三）互动效果评价体系缺乏及时性和前瞻性

校园文化建设与思想政治教育的互动效果的评估，不仅能对互动的全过程做出客观的评价，而且对今后互动活动的开展具有有效的指导意义，及时准确的互动效果评估和信息反馈，不仅可以使校园文化建设和思想政治教育创新工作避免出现失误，少走弯路，而且可以使校园文化和思想政治教育创新步入正确有效的轨道，更好更快地发展。但在目前，还未见到我国任何一所高校有意识地开展校园文化建设与思想政治教育互动的效果评价，也没有建立畅通的互动信息反馈体系。

第三节 高校思想政治教育与校园文化互动策略

一、选择高校校园文化建设与思想政治教育互动的载体

能够承载和传递校园文化建设与思想政治教育互动内容或信息的媒介，就是我们所说的互动载体。不同的载体具有不同的特点，直接影响校园文化建设与思想政治教育互动的效果，具体表现在覆盖面的大小、承载信息数量的多少、对象接受程度的难易等方面。

（一）管理载体增强互动效果的实效性

所谓管理载体，指以达到提高思想道德素质，规范行为，调动生产、工作、学习积极性，推动发展为目的，是通过一定的组织体系等，由校园文化建设与思想政治教育互动活动的实施者将指令条规向人们明确展示发出，以调适人与人、人与社会之间的关系，使之科学合理、有序有效。

管理载体具有自律与他律相结合、说服教育与解决实际问题相结合的两方面突出特点。因此，以管理为载体实施高校校园文化建设与思想政治教育的互动，可以发挥管理工作的权威性与实效性，把帮助师生员工解决学习、工作、生活中出现的各种实际问题和困难与校园文化建设和思想政治教育结合起来，体现出明显的优势，进而增强互动的实际效果。

（二）传媒载体提升互动过程的便捷性

高校校园文化建设与思想政治教育互动的有效载体——传媒载体，是指报刊、广播电视之类的传播媒介。但从目前情况看，随着“90后”甚至是“00后”学生的大批入校，以及网络科技的发展与普及，互联网已经成为大学生接触最多的传播媒介。因此，这里主要选择互联网（包括手机移动媒体）作为校园文化建设与思想政治教育互动的传媒载体进行分析。

1.校园新闻网及校内BBS

如今，国内高校对校园网的建设给予了充分的重视，将之作为学校信息化建设的基础，同时也是展示外部形象和沟通内部信息的重要平台。而在校园文化和思想政治教育互动的过程中，校园网特别是校园新闻网同样是展示互动成果和沟通互动信息的重要载体和媒介。通过校园新闻网及时公布学校校园文化建设和思想政治教育互动的各项成果和相关管理举措，将有效保证互动信息在整个互动系统中顺利传递。校园BBS同样是促进高校校园文化建设和思想政治教育互动过程中信息流动的重要媒介，然而，由于BBS具有互动性强的特点，则更容易得到价值较高的互动反馈信息。遗憾的是，近年来，不少高校关闭了校内 BBS，使这条重要的校园文化建设与思想政治教育互动的媒介和信息通道阻断了。

2. 博客（含微博）

如今，已有不少高校在互联网上开通了官方博客或官方微博，特别是后者，极大地便利了高校广大师生员工与学校官方的信息交流，学校方面也可以更加便捷地发布校园文化建设和思想政治教育的成果和动态。不仅仅是学校官方，高校中与校园文化建设和思想政治教育互动的直接相关的党委宣传部、学生处（或学生工作部）、团委等部门，亦应及早建立官方博客或微博，这样，接受互动反馈的实效性将得到大力提升。

3. 即时通信平台与 SNS 社交网站

即时通信平台，指高校中的师生员工在互联网上通过即时通信软件建立联系并进行实时通信的网络应用，目前具有代表性的有 QQ、MSN、移动飞信、阿里旺旺等。而 SNS，其全称为 Social Networking Services，即社会性网络服务，专指旨在帮助人们建立社会性网络的互联网应用服务，如人人网、开心网等。这两种网络载体和前面提到的博客（微博）载体一样，都具有强大的互动性，但较之后者，即时通信平台和 SNS 社交网站在青年大学生中的普及性更强，互动功能体现得也更为明显。此外，即时通信平台和 SNS 社交网站较之博客（微博）私密性更强，利用这两个载体可以更加及时地把校园文化建设与思想政治教育互动在广大青年大学生群体中真实地反映出来，这对于帮助高等教育工作者有针对性地纠正校园文化建设与思想政治教育互动过程中出现的问题，继而做好控制和引导工作非常有利。

4.手机移动媒体

手机媒体是以手机为视听终端、手机上网为平台的个性化信息传播媒介，进入4G时代之后，手机媒体成为传播能力最强、影响范围最广、使用最为便捷的大众媒体之一。面对手机媒体的广泛应用，高校校园文化建设与思想政治教育互动工作中应高度重视对其的运用，巧妙设计、充分利用手机文化，如将手机思想政治教育工作平台建设纳入校园文化建设与思想政治教育互动的总体设计格局，营造具有时代鲜明特征、个性化十足的校园手机文化环境，挖掘各方资源整合和开发手机应用平台，搭建高校校园文化建设与思想政治教育互动的新载体，为互动注入新活力。

（三）实践载体促进互动客体的自觉内化

实践载体包括社会实践载体和教学实践载体。如果实践载体承载的内容、方式、方法符合大学生接受教育的规律，那么就更易于在活动过程中被学生潜移默化地接受，从而更好地实现教育与自我教育的统一。社会实践载体是校园文化建设与思想政治教育互动的重要手段与工具，这一载体很好地实现了二者互动途径与方法的统一。教学实践载体则是学生主体与社会客体联系的桥梁，又分为活动类载体、社团类载体、基地类载体等几种类型。

1. 活动类载体

活动类载体，是指高校为使广大青年学生受到教育，有意识地开展的蕴含一定文化素养和思想政治内容在其中，用以提高科学文化素质和思想道德素质的各种活动，它能使学生的政治思想和综合文化素质在各类活动中得到净化和提高。事实上，校园文化建设与思想政治互动本身就是一种“活动”，即互动的各种具体形式都在“活动”范畴内，是互动过程中具有较强参与性和实践性的载体类型。原先为进行校园文化建设或思想政治教育而分别开展的各项学生活动此时也可以在“校园文化建设与思想政治教育互动”的理念下进行重新整合，融合性地开展。目前，各高校中广泛开展的“寝室文化节”“学星评选”“戏曲小品大赛”“颂红诗、唱红歌”“中国梦、我的大学梦”等学生活动已经很好地融合了校园文化建设和思想政治教育两方面的内容，成为校园文化建设与思想政治教育互动的生动载体。

2. 社团类载体

近年来，随着高校学分制的普遍实施和学生管理公寓化、社区化，班级、宿舍等传统组织单位的影响渐有弱化的趋势，而具有较强自主性和实践性的学生社团如雨后春笋般蓬勃发展。实践证明，高校学生社团是大学生主体性发展与实践、大学生素质拓展的重要平台，是校园文化建设和思想政治教育的活跃力量，当然也是二者互动的有效载体。在校园文化建设与思想政治教育的互动中，要培养大学生自我教育、自我管理、自我服务的主动意识，使高校学生社团成为校园文化生活的主要阵地之一，全面、有效地发挥其主体性作用。要积极引导创立兼有校园文化建设和思想政治教育双重属性的社团建设，鼓励各类学生社团传承学校的特色文化，根据学校团委的工作部署和指导建议开展丰富多彩的文化艺术活动。要进一步加强高校学生联合会建设，完善组织管理，培育学生骨干，使其成为校园文化建设与思想政治教育互动在学生中的中坚力量。要把文化养成和思想教育进社团纳入校园文化建设与思想政治教育互动的总体格局，要立足先进文化的战略高度保证学生社团的健康发展，有意识地对学生社团的发展方向进行引导，引导社团成员培养自觉的服务精神，不仅关注兴趣爱好，还要多关注现实社会生活。

3.基地类载体

在校园文化建设与思想政治教育的实践载体中，基地类载体也是一个不容忽视的方面，这种基地不一定在校园内，但其对校园文化建设与思想政治教育互动的推动作用确实毋庸置疑。特别是对于一些工科学校，专业实习基地或就业实习基地大多已与学校进行过多年往来，其中很多员工又毕业于这些学校，其企业的文化品格往往和员工毕业的母校有某种深层的精神联系，其企业精神和大学精神存在着一定的历史关联，学生在此处进行社会实践，自然也是在学校之外的另一个空间汲取着校园文化的传统给养。因此，在互动的过程中，要继续巩固、完善、拓展专业实习基地、就业实习基地、勤工助学实践基地、爱国主义教育实践基地、海外交流实践基地等大学生社会实践基地建设，选拔优秀学生骨干参与大学生村官挂职、乡镇部门助理挂职、企业挂职等农村挂职锻炼，使学生在多种感官的参与中历练情感，升华境界，提高认识。

（四）课程载体带动互动氛围的积极营造

课程载体是将高校校园文化建设与思想政治教育互动融入以学校政治理论教育、人文素质教育、科技创新教育为主体的相关课程中，通过理论知识的学习，帮助大学生树立正确的世界观、人生观和价值观，从而整体提高大学生的政治思想水平和学校的校园文化氛围。要按照充分体现当代马克思主义最新成果的要求，进一步推动高校校园文化建设和思想政治教育的“三进”工作（进教材、进课堂、进头脑），充分发挥思想政治教育理论课的主阵地和主渠道的作用。要增强学科的教育性、科学性和通俗性，全面加强教师队伍建设、课程建设和教材建设，积极推进包括内容、方法和手段在内的教学改革，建立和完善教材的选用和评估反馈机制，从课时、经费、场地等方面进一步加大投入。此外，在条件允许的情况下，要大力开设国学、文学等各类可以提升学生人文素质水平的相关课程，特别是在一些理工科学校，更应注重做好此方面的工作。一些优秀的人文社会科学类课程，本身就很好地融合了文化教育和思想政治教育方面的相关内容，通过理论学习的形式让广大青年大学生汲取营养，自然能够很好地促进高校校园文化建设和思想政治教育的开展。这种潜移默化的方式，即便“短期效果”不一定明显，但就像一本好书影响人的一生一样，其长期效果应该是毋庸置疑的。

二、发展高校校园文化建设与思想政治教育互动的主体

高校校园文化建设与思想政治教育的互动是一项动态系统工程，组织和参与者基本包含了高校中的全体师生。互动目标的实现不是高校中某个单一部门或某几个部门就能做好的，需要党政工团形成合力、齐抓共建，要树立互动的全员参与意识，发展起一支高效全员化的互动主体队伍。这支高校全员化的队伍中，既应有专门的互动组织和具体的实施者，亦应集思广益，吸引更多的相关工作人员参与，更应在广大青年学生中培育活动骨干，借此以点带面。其中，要重点解决如何使从事和参与互动工作的教职工队伍和学生骨干提高自身的素质、提升工作中相互促进的意识，进而提升做好相互促进的能力与水平。

（一）整合党政团干部与辅导员班主任成为互动主体队伍的主力军

实现高校校园文化建设与思想政治教育的有效互动，需要抓住关键环节，解决突出问题，其中重要一点就是队伍建设，即整合现有人力资源，形成互动的合力。考虑到校园文化建设与思想政治教育的融合和互动是未来高校软实力建设和育人水平提高的有效途径和必然趋势，因此需要有一支能担负起校园文化建设与思想政治教育互动组织、实施和管理工作的队伍。这支队伍的主体应是学校党政团干部、学生辅导员和班主任。不需要另设专职岗位，而是在学生工作委员会领导下的相关教职员工组建成这样一支队伍。在上述人员的工作职责中明确规定涉及校园文化建设和思想政治教育

两方面的工作内容，使他们明确自身作为校园文化建设与思想政治教育互动组织实施者的角色。具体来说，贯彻执行中央和地方各级教育方针、政策的主导力量是学校的党政干部，他们也是高校校园文化建设与思想政治教育互动建设的设计者和组织者，对高校校园文化建设与思想政治教育良性互动建设能否沿着健康、有序的方向发展起着至关重要作用；共青团干部是高校校园文化建设活动的主要承担者和实施操作者，而文化活动本身又有着重要的德育作用，共青团干部要与学生辅导员共同担负起高校校园文化建设与思想政治教育互动工作的组织协调、具体实施工作；辅导员和班主任是互动的中坚力量，按照学校党委的工作部署，辅导员带领学生有针对性地开展校园文化活动和思想政治教育活动，并在设计和实施过程中实现这两种活动的有机结合，班主任则对学生的思想、学习和生活等方面进行指导。

（二）吸纳优秀教工思政教师、学生骨干成为互动主体队伍的生力军

校园文化建设与思想政治教育互动是一项全体“校园人”共同参与的十分复杂的系统性工作，需要全校师生员工的广泛支持与参与，唯有如此才能全面搅活“互动”这潭“春水”。因此，除了上面提到的主力军之外，还需要不断吸纳高校的业务骨干教师尤其是优秀的青年骨干教师参与到校园文化建设中来；其次，思想政治理论课教师有着深厚的人文社会方面的理论，又肩负着思想政治理论教育的重要使命，是互动实践中一支不可多得的既有理论素养又

有机会参与到具体实践中的高素质队伍，也应积极参与到校园文化建设与思想政治教育互动的工作中；再次，学生骨干队伍是高校校园文化建设与思想政治教育互动工作的又一支重要力量，这支队伍包括各级学生干部、学生党员以及社团学生骨干等，他们可以成为具体活动的组织者和带头人，成为学校各级领导、老师联系学生的纽带，他们是学生群体中的优秀分子，由他们发倡议、作表率，有利于引导、吸引更多的高校校园文化建设与思想政治教育互动活动中的主要参与者，即广大学生加入进来。

（三）提升互动主体队伍成员间相互促进的能力与水平

建立系统有序的互动主体队伍是推动高校校园文化建设与思想政治教育互动的重要保障，但互动能否在这支队伍的组织带领下取得实效，还有赖于这支队伍的成员素质、相互间交流互动的深度与广度以及相互促进情况。应该说，我国高校校园文化建设与思想政治教育互动的主体队伍其实早已形成，无论是党政工团干部还是学生辅导员、班主任，都是我国高等教育体制中已经有明确定位和确定角色的人员群体，因此，未来高校校园文化建设与思想政治教育互动的过程中，其实原则上无须在现有的高等教育工作人员中增加“编制”，只需充分发挥原有相应岗位上相关人员的工作能力，便大有可为。此外，互动主体队伍的成员都需要政治过硬、素质全面，能够掌握马克思主义基本原理、党的基本理论，懂得教育学、管理学、人文社会科学的基本知识与基本规律，能够将理论合理地融入组织实施校园文化建设与思想政治教育的互动实践中。目前，从事校园文化建设与思想政治教育的人员亦应加强业务协作，可能的情况下还可以尝试进行岗位轮换，从而提升两方面工作相互促进的意识，提高二者相互促进的能力与水平。

三、优化高校校园文化建设与思想政治教育互动的环境

良好的物质和精神环境是推动校园文化建设与思想政治教育良性互动的重要因素。这种环境包括两个方面：一方面是互动系统的外部环境；另一方面是互动系统的内部环境，这两者越是接近理想状态，互动实现的效果就越明显。

（一）改进外部社会环境，保证互动坚持正确的价值取向

高校校园文化建设与思想政治教育的互动需要良好的外部环境作为其运行的条件。从新中国成立后我国高等教育的发展史中，我们已经清楚地看到，社会经济文化的发展水平、国家的政治局势都对高校校园文化建设与思想政治教育工作的开展产生极为重要的影响，一些官方的纲领性文件更是对高校校园文化建设与思想政治教育之间关系的认识产生着微妙影响。因此，在推动校园文化建设与思想政治教育互动的进程中，要清晰地判断全球和国内的社会经济文化走势，正确引导广大高等教育工作者对外部社会环境的变化进行合理研判，使高校校园文化建设与思想政治教育的互动始终坚持正确的价值取向。当然，对于外部环境的优化，广大教育工作者在大多数情况下是无能为力的，这就需要国家及各级政府部门加强经济、法治建设，弘扬社会主义主旋律，全方位推动中国经济社

会的发展和进步。只有整个国家繁荣发展，社会心态平和稳定，高校校园文化建设与思想政治教育才会发挥更多、更积极的相互作用。

（二）优化内部校园环境，提高互动发挥作用的有效性

总的来说，社会外部环境对高校校园文化建设与思想政治教育互动的作用和影响是间接的，一所高校的内部物质文化环境对推动校园文化建设与思想政治教育的影响和作用则更为直接。因此，在大力推动校园文化建设与思想政治教育互动的进程中，高等学校的决策和领导者要高度关注学校内部的软、硬环境建设，营造出民主、和谐的校园政治氛围，树立清新健康的校园风气，开展健康多元的校园文化活动，大力加强校园物质设施建设，打造宁静优美的校园环境。只有把高校的内部环境营造好了，在其中发生的校园文化建设与思想政治教育的相互作用的概率才有可能增多，两者的相互作用也才可能引发更多人参与，取得更加积极的效果。

（三）合理协调内外部环境，形成互动良性运行的最大合力

高校校园文化建设与思想政治教育互动的内外部环境并非各自独立，而是能够互相促进、转化的。这就要求我们对内外部环境中的正反两方面因素进行适当的调节和控制，利用好积极因素，克服或抑制消极因素对于互动实践的冲击和影响，使之形成合力。这其中，尤其要注意舆论导向的作用，充分的、积极的舆论导向是整个内外环境中各种有利因素的“催化剂”，有助于激发起广大师生员工对校园文化建设与思想政治教育互动的参与意识。而政府部门

的大力提倡、大众传播宣传鼓动，对于校园文化建设与思想政治教育互动的推动作用则更加直接和有力。

四、完善高校校园文化建设与思想政治教育互动的机制

“机制”一词原本是一个单纯的自然科学中的概念，最早起源于物理学和机械工程学，目前“机制”一词已经广泛出现于各种不同学科。在社会科学领域中所研究的“机制”，表示的是“社会的政治、经济、文化活动各要素之间的相互关系、发展过程及其形成的综合效应或社会组织、机构的内部结构及其运行原理”。本文研究的高校校园文化建设与思想政治教育的“互动机制”，主要是指校园文化建设与思想政治教育相互作用的内在方式，是一种客观存在的运行规律。深入理解与合理运用这种内在规律，通过必要的工作手段，才有可能将校园文化建设与思想政治教育工作有效结合，互促互荣。

（一）推动运行的动力机制

“动力机制”是管理学中的概念，指管理系统中动力的来源及其运作的机理。在高校校园文化建设与思想政治教育互动的过程中，也存在一个推动互动系统运行的动力机制。

1. 利益驱动机制

依照经济学的原理，利益驱动是各类社会活动重要原动力之一。在高校校园文化建设与思想政治教育的互动中，虽然不能以经济学的原理作为主要分析依据，但却不可否认，在缺少自觉的情况下，缺少了利益驱动，将使学校师生员工对校园文化建设与思想政治教

育互动的参与热情有所折扣。在校园文化建设与思想政治教育互动的初级阶段，许多人还未能形成自觉的互动意识，但此时若能为参与互动的教职工给予一定的物质或精神激励，则可以激发其参与热情，同时也能彰显出校方推动校园文化建设与思想政治教育互动的决心，产生良好的带动作用。具体操作时，可从资金上大力支持融校园文化建设和思想政治教育一体的学生文化活动的开展，鼓励具有校园文化建设和思想政治教育双向职能的学生社团的创建。而对那些为校园文化建设与思想政治教育互动的理论和实践方面做出探索性贡献的教职工，也不妨在全校范围内进行表彰，并将其经验对外推广。

2.政令推动机制

校园文化建设与思想政治教育的互动目前尚处于初级阶段，在这种情况下，需要使用一些“强制性”的手段给之以推动。各类政策法令便是这种“强制性”的手段，具体包括中央和地方以及高校自身颁行的各类政策、纲要、条例、通知、意见等。在我国当前校园文化与思想政治教育互动的动力不足的情况下，通过“政令”强制性地推动此项工作开展，是一种十分必要的手段。这种“政令”，不仅需要学校内部的，同时也需要来自国家层面的。目前，《中共中央国务院关于进一步加强和改进大学生思想政治教育的意见》和《教育部、共青团中央关于加强和改进高等学校校园文化建设的意见》两份中央重要文献中，均蕴含着高校校园文化建设和思想政治教育两方面工作相互“借助”的思想，为国内各高校校园文化建设和思想政治教育的互动探索提供了良好的政策指引。当然，我们更期待着能够有一份专门针对校园文化建设与思想政治教育互动的中央级政策文件出台，其对于我国校园文化建设与思想政治教育互动必将产生更加强劲的推动力。

3. 心理推动机制

心理推动是社会活动动力机制中的隐性推动力量，但却往往容易被人们所忽视。高校校园文化建设与思想政治教育互动中的“心理推动”主要是指高校决策层对于校园文化建设与思想政治教育互动理念的启蒙、对互动参与者的积极性调动等。这种心理推动并不一定是大张旗鼓的舆论宣传，而更应该是学校方面对搞好校园文化建设与思想政治教育互动的持久热情以及完善的制度设计等，当然，必要的奖惩激励机制也是心理推动的重要方面。在校园文化建设与思想政治教育互动的摸索实践中，要十分重视这种心理上的推动，通过各种心理“刺激”使互动内化于高校办学理念之中，自觉地在学校发展的过程中不断整合优化校园文化建设与思想政治教育两方面的资源。

（二）统一协调的运行机制

运行机制是影响和制约高校校园文化建设与思想政治教育良性互动的内在运行原理和运行方式。在校园文化建设与思想政治教育的互动实践中，要不断认识影响和制约二者互动的各种因素，掌握互动的运行原理和运行方式，进而通过形式多样、内容丰富的载体推动校园文化建设与思想政治教育之间实现良性互动。

1. 校园文化建设参与思想政治教育的机制

高校校园文化活动呈现出类型多样化、内容丰富化的特点，它既可以包含符合主流价值观念的文化内容，也会不自觉夹杂着主流价值观念之外的文化内容，因此，健康的校园文化活动需要健康的指导思想引领方能发挥积极作用。在具体的实践中，校园文化活动所产生的是一种潜移默化的育人氛围，因而，一方面，我们要在高校校园文化活动中引入思想政治教育内容，如教育工作者在设计文化活动时，有意识地将红色文化联系起来，制造一种良性的育人氛围；另一方面，思想政治教育也要摈弃其单一枯燥的问题，要善于利用校园文化活动多样性、可参与性等特点，增加思想政治教育的趣味性。比如，在进行雷锋精神的教育活动中，可将参观雷锋纪念馆、拜访新时期的雷锋等活动相结合，将书本上枯燥的思想政治内容形象具体起来，最终将雷锋精神转化为个人的行动。可见，建立校园文化建设参与思想政治教育相结合的机制，使校园文化得到正确的思想引导，使思政教育更加有效，最终形成健康的教育氛围。

2. 高校思想政治教育参与校园文化建设的机制

在具体实践活动中，许多高校都存在着思想政治教育工作单调乏味、与大学生的兴趣点脱离的现象，因而高校思想政治教育工作常常不被学生所喜欢。这种现象与思想政治教育工作脱离学生的文化生活有莫大的关系，归根究底，则是其与高校校园文化建设相脱节的原因。校园文化建设不仅仅是校园文化活动的开展，还有学校对整个校园文化建设的规划，如果在思想政治教育工作中不了解校园文化整体建设的方向、形式，就容易导致思政工作缺乏生动性和趣味性。因此，建立思想政治教育工作参与高校校园文化建设的机制，从而使其参与到学校校园文化建设的整体规划、活动实施与效果反馈中，才是实现二者良性互动的最佳方式。

3.高校校园文化建设与思想政治教育的统一协调机制

高校文化建设与思想政治教育工作都是学校教育活动的实现途径，掌握二者的规律性互动原则，就是要将思想政治教育工作与校园文化建设统一协调起来，从而实现“高校思想政治教育视野下的校园文化”与“高校校园文化背景下的思想政治教育”。高校校园文化是通过高校校园物质文化、精神文化和制度文化等内容，提升学生思想素养和道德情操，而思想政治教育则是以一定的思想政治观念的影响促使学生形成符合社会主流价值观念的价值观。二者在目的性上高度统一，因而，建立二者的统一协调机制，则可通过二者的合力，将校园文化建设的内涵和形式与思想政治教育的内容和要求相统一协调，达到教育功能的最有效性。

（三）物质与精神并重的各种保障机制

所谓保障机制，是指为校园文化建设与思想政治教育互动提供必要的物质和精神条件的机制，包括理论保障、组织保障、经费保障、监督保障等很多方面。在高校对校园文化建设与思想政治教育互动尚处于较低认识水平的背景下，必须努力保证充足的人力、物力以及资金投入，才能保障构建起一套较为完善的高校校园文化建设与思想政治教育互动体系。

1. 坚实的理论保障

任何实践活动都需要一定的理论予以指引，高校校园文化建设与思想政治教育的互动亦如此。对于校园文化建设与思想政治教育互动理论的深入研究，不仅是对互动运行信息的搜集和整理，更重要的是可以深入把握互动的本质和规律。只有通过必要的理论研究，我们才能深入发现校园文化建设与思想政治教育之间的区别与联系，通过理性思考去谋划互动的最佳实现路径。许多高校的实践证明，在推动校园文化建设与思想政治教育互动实践的同时，支持和引导广大教育工作者对互动理论问题进行研究和争辩，有利于激发和统一全校师生的互动意识，产生更加丰富的互动成果。因此，要在开展相关互动活动的过程中，积极总结实践经验，及时推进到理论层面进行研究。必要时，可在各类、各级校园文化建设或思想政治教育相关课题的立项过程中重点资助研究两者互动的课题，或者组织成立专门的“校园文化建设和思想政治教育互动研究会”，为今后的校园文化建设与思想政治教育互动提供坚实的理论指导，借此推动相关实践活动的生动开展。

2. 自上而下的组织保障

为更好地推动校园文化建设与思想政治教育的互动，各高校可以整合现有资源，成立专门的互动工作领导协调机构，由负责宣传思想或者学生工作的党委副书记或副校长牵头，党委宣传部或学生工作部负责具体执行，组织人事部、团委、工会、教务处、科技处等配合相关工作的开展。而在各年级学员中，可将责任落实到主管学生工作党总支副书记和专职学生思想政治辅导员。当然，对于校园文化建设与思想政治教育的组织安排，各高校可以针对自身的情况做出合于实际的安排。但至少应做到信息畅通、责任到人、管理和实施机构明确，只有这样，才有可能保障校园文化建设与思想政治教育互动的正常有序开展。

3.充足的经费保障

同任何复杂的系统性工程一样，高校校园文化建设与思想政治教育互动同样需要充足的资金保证。首先，面对普遍性的互动意识欠缺的情况，各级高等教育行政管理机构和高校自身，要设立一定的科研基金，鼓励广大教职员工对校园文化建设与思想政治教育的互动进行理论研究，启发对互动的思考意识；其次，按照相关法律法规及文件的要求，根据实际需要，政府及相关教育行政主管部门可以出台相关政策、划拨专项补贴，对当地高校既予以精神上的鼓励又给予经费上的支持；再次，高校应对校园文化建设与思想政治教育的良性互动建设在其财政预算中给予一定的拨款，使其有足够的经费用于互动活动组织管理、人才引进、物质基础设施建设；最后，可以广泛发动社会各方力量，即利用社会资源解决校园文化建设与思想政治教育互动经费不足的问题。具体而言，高校与企业可以形成一个持续的双赢模式，即高校可吸收社会企业的回报性投资，帮助自身推进高校校园文化建设与思想政治教育良性互动建设，企业向高校投入资金履行社会责任的同时，可以通过广告等产生利润获得经济收益，还在高校间接地培养了其隐性人才。

4. 全面的监督保障

任何事物的持续稳定运行都需要一定的监督保障机制，高校校园文化建设与思想政治教育的互动也是如此。在互动的长久规划已经明确、组织制度已经建立、配套政策陆续呈现之后，还要及时对校园文化建设与思想政治教育互动运行情况进行评定，考察互动各环节中的责任落实情况。必要时，可以以学年或学期为单位，由校党委牵头对校内各部门参与校园文化建设与思想政治教育互动的情况进行评定，奖优罚劣。抑或经常性地召开校园文化建设与思想政治教育互动工作会议，及时沟通反馈互动环节的信息，对出现的新问题、新情况抓紧研究解决，保证校园文化建设与思想政治教育互动活动的健康、顺利开展。

第五章 基于文化视角的思想政治教育方法论构建

第一节 基于社会化与个性化的思想政治教育方法论构建

人的文化存在是“以文化人”的过程，是社会主流文化以及亚文化对人的塑造过程。这一过程实现了对人的人格塑造与能力塑造，促进了人的社会化与个性化的生成与统一，使人成为社会化的人，形成了为社会认同的信仰观念、价值理念以及行为规范；使人成为个性化的人，形成了鲜明的性格特征、价值取向与能力特点。基于人的社会化与个性化的统一过程，思想政治教育要在方法设计、运用与实践中提升社会化与个性化的契合度、深度与广度，构建“一元与多样”“认知、情感与行为习惯并育”的方法论。

一、构建“一元与多样相统一”的方法论

思想政治教育作为人的文化存在的具体实现方式，基于社会化与个性化相统一的存在特性，构建“一元与多样相统一”的方法论。

（一）“一元与多样相统一”方法论的文化诉求

首先，“一元”是社会化的文化指向。“一”既有数量、数目为一的意义，也指“万物的普遍本质”，如《淮南子》言：“一也者，万物之本也，无敌之道也。”基于此，“一”意味着最为根本、基础的一般意义与共有内涵。“元”是有“始、第一”的意义，也有“主

要、基本”的意义，也是指“元者为万物之本”，“天地万物的本原”。基于“一”与“元”的意义阐释，“一元”既指“宇宙混沌未开的原始状态和天地万物的本原”，也有“一个本原”的意义。基于此，对人的文化存在而言，“一元”具有本然、原初与绝对的存在意义。“一元”意味着人的文化存在具有原初性与绝对性。人的文化存在具有原初性，即生命是人存在的前提与依据，具有决定性与唯一性，由此衍生的生命价值是人的文化存在的基础价值与功能；人的文化存在的过程具有绝对性，即必然遵循人的生成发展的规律与文化发展规律，以实现人的本质为必然的价值指向。在此，“一元”构成了人的社会化进程的文化指向，是社会以文化为载体，以“文”化人，使人承载共有价值、适应社会共同体、实现自我发展；使个体由自然人发展为社会人的过程，由单纯的自然存在转变为自然存在、社会存在与精神存在的统一体。“社会化是个体通过与社会的交互作用，适应并吸收社会的文化，成为一个合格的社会成员的过程。”正如马克思所言：人“不仅是一种合群的动物，而且是只有在社会中才能独立的动物”。总而言之，“一元”意味着人的文化存在蕴含着类的价值指向，即实现人的自由全面发展；具有类同的存在方式与过程，即以社会化方式予以存在、发展；具有趋同的文化模式与行为，即在文化共同体中为共有价值观念、价值选择与价值行为所培养、塑造。

其次，“多样”是个性化的文化表征。“样”具有“式样、模样”之意，也有“品种、类别”之意，即“物体在某些情况下所具有的形式”。在此，就人的文化存在而言，“多样”是存在的具体样式、具体类型。就个体而言，多样是个人在实践方式、生活方式与思维方式中表现出的不同具体样式。人的文化存在的多样性具体表征个性，即表现为思维方式与行为方式的倾向性，需要、动机、兴趣与性格等主观因素构成了个人的基本个性。“多样”意味着人的文化存在具有差异性与相对性。一方面，就差异性而言，人的文化存在是以个体存在为基点，基于兴趣爱好、成长经历等差异。此种差异具体表现为个体具有不同的具体人格倾向与心理特征。就人格倾向而言，个性化是人基于自身特有的文化存在经历，对他人、社会与自我产生相应的需要、动机、兴趣与信念；就心理特征而言，个性化是人在文化的渗透与熏陶中，形成能力、气质与性格的过程。可见，个性化是具体的个体和文化之间的交融与塑造过程，经过历史的传承、群体的认同、自身的自觉意识，形成了具有个体存在印记的文化世界。另一方面，就相对性而言，个体的存在时空是有限的，生命的有限性决定了人生经历、阅历的深度与广度，因此个体是在一定历史时期中生成的，在有限的生命中如何追求无限，在有限的生命历程中如何反思人生意义，追寻人生的价值；个体的存在条件是具体多样的。个体总是基于具体的物质生活条件、社会政治条件、精神文化条件，呈现出不同的价值诉求、定位与目标。

最后，“一元与多样相统一”是社会化与个性化相统一的文化实现方式。人的文化存在过程既是文化的一元与多样的统一过程，也是人的社会化与个性化的生成与统一过程。一方面，一元的人的文化存在是以多样的方式予以实现。个性完全相同的人是不存在的，个人独特的行为与思维方式塑造了人的个性化特征，此种特殊性是人之存在的合理基础。个体受到生物因素、社会因素的影响，以个性化的多样方式实现社会化。社会文化、家庭教育、学校教育、大众传媒等构成了影响社会化的诸多因素。个体并非被动、毫无选择地接受社会因素的影响。在性格、动机、需要以及兴趣的制约下，个体以个性化的倾向性对社会因素进行评价与选择，能动地实现社会化过程，进而实现了个体精神家园与社会共有精神家园的和谐统一。另一方面，人是以社会化的方式实现了多样的个性化存在。个性中存在着共性，共性通过个性表现出来。个人是社会共同体中的一员，具有某类人的共同的典型特征，形成民族、地域的个性特征，处于共同民族或地域的个体往往具有相似的思维与行为方式。人的文化存在强化了个体人格的独特性。个体具有不同的先天遗传素质，也具有不同的后天环境条件，形成了个体独特的心理特点，基于先天与后天的差异，不同人之间的人格具有显著的差异，同时在相近的血缘基因、社会环境和文化背景下，一定社会群体的人具有相似的人格特征。人的文化存在强化了个体人格的整体性，在具体的言行举止中体现独特的人格特征，强化个体人格的稳定性，形成稳固的思维特征与行为特征。

（二）“一元与多样相统一”方法论的教育设定

首先，“一元”是思想政治教育的价值基础。“一元”意味着人的文化存在的本质特征、价值旨归、作用规律具有基础性与共同性。

在我国当下文化格局中，“一元，是指以马列主义、毛泽东思想和中国特色社会主义理论体系为主导，实质是我们党和国家的指导思想。”思想政治教育作为人的文化存在的具体实现方式，“一元”意味着教育的价值旨归、政治导向、社会指向、文化意蕴具有共同性与基础性。在个体层面，“一元”的教育设定是以期实现人的社会化发展，凸显教育的生存功能，教导个体掌握基本的思想知识和认知技能，遵守社会规范，通过教育、舆论等使个体形成稳固的信念、习惯和传统，约束个体行为，调节社会关系；引导人接受社会行为规范，承担相应的社会角色，适应社会环境，学习相应的生活技能，形成固定的人格、定式的社会心理和稳定的行为方式；凸显教育的发展功能，引导个体明确生活目标，树立人生理想，明确个体的社会权利、义务，在社会中获得相应的身份与社会角色，养成社会认同的心理品质。在社会层面，“一元”的教育设定是凸显思想政治教育的政治导向、价值指向，充分体现教育的目的性、导向性与意识形态性。《中共中央关于全面深化改革若干重大问题的决定》明确提出，“必须坚持社会主义先进文化前进方向，坚持中国特色社会主义文化发展道路，培育和践行社会主义核心价值观，巩固马克思主义在意识形态领域的指导地位，巩固全党全国各族人民团结奋斗的共同思想基础。”在此，思想政治教育要引导大众对社会核心价值观予以接受、认同与践行，使个体之间凝聚为社会共同体、文化共同体，以自律与他律相结合的方式，实现共性的整合、社会的整体有序发展。归结于根本，“一元”的教育设定是要巩固党和人民团结奋斗的共同思想基础。“概括地说，在中国共产党领导下，走中国特色社会主义道路，实现中华民族的伟大复兴，就是现阶段党和人民团结奋斗的共同思想基础。”

其次，“多样”是思想政治教育的价值实现方式。在我国当下文化格局中，“多样，是指以多种所有制经济、多种利益主体、多种就业方式、多种组织形式为依托形成的多样文化、多种价值观念。”“多样”是社会发展与进步的必然趋势，意味着人具有多维文化空间的选择、多样文化主体需求、多种文化价值选择。基于此，思想政治教育要基于多样的教育主体，以多样的教育方式与载体、创新的话语体系，拓展多样的教育内容，实现多样的教育目标。在此，就教育主体而言，“多样”的教育设定是在人的现实关系上实现个体、群体与社会的整体和谐；在人的现实发展上注重提升人的主体意识与能力，引导人以理性视野、辩证眼光审视问题，以自觉的方式实现个体的自由全面发展与社会的稳定有序发展的内在统一。就教育目标而言，“多样”的教育设定是要实现自律与他律、目的与手段、个性化与社会化之间的内在协调。就教育载体与方法而言，“多样”的教育设定是要超越灌输方法的单一性，以多维度、全方位的教育方法与载体，立足现实传媒载体与虚拟传媒载体、课堂教育载体与校园文化载体、认知教育载体与社会实践载体、管理服务载体与文化教育载体相结合，有效“活化”教育内容，拓展教育覆盖面。

最后，“一元与多样相统一”是思想政治教育价值目标的实现原则。思想文化格局的稳固、传承与发展，需要以一元引领多样，既需要提升“一元”的指导力、匡正力、凝聚力与认同力，也要尊重多样的文化空间、文化主体、文化选择。“面对世界范围思想文化交流交融交锋形势下价值观较量的新态势，面对改革开放和发展社会主义市场经济条件下思想意识多元多样多变的新特点，积极培育和践行社会主义核心价值观，对于巩固马克思主义在意识形态领域的指导地位、巩固全党全国人民团结奋斗的共同思想基础，对于促进人的全面发展、引领社会全面进步，对于集聚全面建成小康社会、实现中华民族伟大复兴中国梦的强大正能量，具有重要现实意义和深远历史意义。”一方面，“一元”是在“多样”中实现其价值目标的。“一元”是以用社会主义核心价值观引领社会思潮、凝聚社会共识。“一元”的社会核心价值观的凝聚过程，是在个体的集体接受、认同与实践过程中实现的。在此，思想政治教育既要尊重人的个性与需求，给予自由发展的空间，在因材施教中尊重人、发展人，也要对多样的价值观念与行为予以辨识；既满足合理的文化价值诉求，又批判、匡正触及价值底线的观念与行为。只有如此，“多样”的价值主体、观念与行为才能凝聚为“一元”的价值认同，才能提升社会主义核心价值观的话语权与感召力。另一方面，“多样”在“一元”的匡正下，真正得以凸显“多样”的本真意义与价值。“一个主体（个人、群体、民族、国家等）只有保持自身的价值一元化，才能够生存和发展。”个性化的教育培养是以“一元”的价值标准加以匡正与指导的，以社会核心价值观与主流意识形态为指向，确保教育方向、原则与底线的坚守。只有如此，思想政治教育才能在是非、善恶、曲直的明辨中，引导人知廉耻、明是非、辨善恶，成为自我成长与成才、个性发展与贡献社会相统一的人，使个体的发展需求与社会整体的发展要求相一致。只有如此，思想政治教育才能“真正按照人的本质实现人的物质与精神、科技与人文、政治与道德、生理与心理、知识与能力等方面的全面发展，真正成为‘完整的人’”；若脱离其匡正，原则就丧失了，造成集体利益与个人利益之间的背离，社会发展与个体成长之间的割裂。

二、构建“认知、情感与行为习惯并育”的方法论

“认知、情感与行为习惯并育”的方法论正是基于“社会化与个性化相统一”的文化诉求，蕴含了“社会化与个性化相统一”的价值指向，在教育实践中引导人成为社会化的存在，具有稳固社会态度、正向的社会心态、积极的社会情绪与成熟的社会表达方式，引导人成为个性化的存在，具有鲜明的个性气质、价值取向与行为方式；引导人形成稳定的认知、情感与行为习惯相统一的心理活动结构，塑造鲜明的心理态度，即形成“对任何给定的客观对象、思想或人，都具有认识的成分、表达的成分和行为倾向的持久体系”。

（一）认知引导法

首先，认知引导法是以认知为主导，以体验的方式，实现内化与渗透相结合的教育方法，实现人的内在认知方式与外在世界存在方式的协调统一。人的文化存在的内化功能正是在于完善心理机制，引导、匡正以及完善个体的认知心理过程，通过一系列心理活动，

认知外界事物，体验喜乐哀等情感，形成了相对稳定的心理特性与行为方式，塑造、完善个体的人格结构。一方面，认知引导法在具体的情境体验、场景参观与社会实践中，将抽象的理论还原为具体的情境，以直观的方式体验教育内容，使受教育者留下深刻的印象，进而将理论知识与个体体验有机结合，将外在的知识内化于受教育者的内心深处。另一方面，认知引导法注重营造良好的环境氛围，不是一味灌输理论，而是以渗透的方式，将直接与间接知识有机结合，将抽象知识无声地渗透到多样化情境。为此，认知体验法要注重实践育人功能，发挥参与性、自创性、体验性、直观性、启发性和回味性的特点，引发认知活动、情感活动、意志活动和交往活动；通过实践拓展等活动，加强自我教育与自我体验，引导人认识并挖掘自身潜能，增强自信心，改善自身形象，提高解决问题的能力，增强集体参与意识及对集体的责任感，实现自我整合和人际关系的和谐。

其次，认知引导法是充分发挥认知的评价与归因功能，引导人合理认知、理解个体、他人与社会的关系以及发展等问题。一方面，认知引导法是以引导个体形成理性的自我意识为基点，引导人合理认知、评价问题。人的自我意识是主体对自身的认知、觉察与反思，是以自身生理状态、社会关系与精神状态为关注焦点。这一方法是基于实现人的自我意识与对象意识的内在协调，引导人在自我觉察中，理性认识自己，明确社会角色，履行社会责任；找准人生定位，根据自身的个性特点，合理规划人生发展方向；在自我觉醒中，以鲜明的“为我性”增强主体意识，以鲜明的“自主性”，提升自主选择与决断能力，以鲜明的“自立性”，强化认知与实践能力。另一方面，认知引导法是以引导个体形成合理的归因意识为关键，理性、辩证地看待问题。在此，这一方法是基于人在归因过程中的心理特点，引导人正确理解归因的内外特征，即正确认识个体发展过程中的内因与外因的关系。内因是个体内部的现状与特征，包括个性品质、人格素养、动机态度、情绪心境等因素；外因是个体外部的条件与状态，包括社会背景、人际关系、人生际遇、目标难度等因素；同时还要引导人正确理解归因的综合特征，即综合考虑内因与外因的作用，避免片面的内归因或外归因。例如，在成败归因中，个体获得成功时，应避免单纯倾向于内归因，即避免全部将成功原因归结于个人的能力与努力；遭遇失败时，应避免单纯倾向于内归因，即避免全部将失败原因归结于他人的过失与机遇的错失。

（二）情感体验法

首先，情感体验法是以注重感性教育的方法，通过情感体验与感召等方式，激发受教育者的认同感与荣誉感，增强教育者的自信心。情感交流成为人与人交流的必要手段，也是人的生存和生活条件的必要手段。根据情感的性质，正面积极的情感发挥协调与促进的作用，负面消极的情感产生抑制消解的作用。个体通过情感反应，表达个体的心境与外在环境的状态。个体通过表情、动作等方面的情感表达方式，了解对方的情绪状态，进而做出相应的情感与行为反馈，以维护正常的人际关系。基于此，一方面，情感体验法应基于情感感召，提升个体的组织功能，充分发挥情感的正面作用，抑制情感的负面作用；增强人的内驱力，激发人的兴趣，提升认识的自觉性、能动性；提升个体从事活动的积极性、主动性，提高活动效率。另一方面，情感体验法注重提升人的情感层次，完善道德感、审美感与理智感。尤其是道德感教育要以正确的道德观念为前提，在正确道德认知的基础上形成关于道德行为的心理好恶和情感态度；以道德修养为观念，在正确的道德情感、道德评价的基础上，加强自律内省的道德修养。

其次，情感体验法充分发挥情感的基本功能，通过视觉、听觉等感官感受，激发受教育者的内心情感，形成集体的共鸣与感召。情感的感性体验，有助于增强人的内驱力，激发人的兴趣，提升认识的自觉性、能动性；提升个体从事活动的积极性、主动性，提高活动效率。由此，情感体验法要注重适应功能、动机功能与社会组织功能。其一，基于情感的适应功能，情感体验法是引导教育者与受教育者之间形成良性的情感交流方式，引导人以合理的方式，真正将内心的体验及其变化，通过言语、面部表情、体态动作等方面予以适度表现；通过情感感召与唤起等方式，善于自我调节与疏导，形成稳定持久的积极体验。其二，基于情感的动机功能，情感体验法是应发挥组织、发动、凝聚人的重要作用，在动机的匡正下，激发人的潜能，保持适度的教育动机，受教育者形成合理的问题意识，在兴趣的培养、问题的探索中，激发内在的教育需求，形成社会大众关于自我生存与社会发展的积极体验。其三，基于情感的社会组织功能，情感体验法应注重情感的社会组织功能所带来的“情绪能量”，既要积极培育正面社会情绪，使社会大众具有坚强、热情、希望、自豪等情绪体验；又要剖析负面社会情绪的指向性与问题症结，避免负面情绪的积累造成社会凝聚力的消解，通过教育的情感疏导与行为引导，提高负面情绪的耐受性与控制点，在适度减压中实现社会情绪的正面转向。

（三）习惯养成法

首先，习惯养成法是以习惯养成为重点，在长期的行为塑造中，“由于重复或多次练习而巩固下来并变成需要的行动方式”。习惯养成法是基于文化的规范特性，以促成人的思想道德行为规范的养成为目标。文化具有规范性，既是人的实践与行为的生成过程，也是匡正人生存与发展的规范体系；在历史传承中，文化以共同的语言交流方式、生活习惯、道德规范、礼仪习俗，约束着社会群体。基于此，思想政治教育的直接目标是培养人的思想品德，养成人的良性行为习惯。就实践发生过程而言，习惯养成法是基于发挥人的自主性与主体性作用，实现习惯养成的内化、外化与整合三个阶段过程。习惯养成法应发挥文化的传统与惯性作用，通过传统、习俗、习惯等方式，在自律与他律的双向作用下，引导人成为具有相应伦理规范与道德意识的文化存在，实施身体力行的体验教育，注重感性、理性与悟性的整合，促成良性的言行规范的养成。

其次，习惯养成法以促成思想道德品质的实践能力养成为目标。西方有句谚语：思想决定行为，行为决定习惯，习惯决定性格，性格决定命运。在此，思想、行为、习惯与性格之间有着密切的关联。习惯养成法是将心理、思想与行为有机结合，在行为塑造中改变人的心理认知方式与行为方式。习惯养成法应基于受教育者的个性特征，顺从教育学、心理学的基本规律，打破定式思维中的惯性和惰性，注重教育方法、方式创新，适时采取适宜工作策略、方法，引导人积极发挥自身潜能，逐步实现思想认知与实践能力的提升。这决定了习惯养成法要立足强化思想道德知识积累、优化知识结构，将思想道德知识转化为文化，将文化内化于心灵，培养自主学习能力、创新能力和实践操作能力，将抽象理论运用到实践中发现问题、解决问题；在感性、理性与悟性的协调中，引导人具有认识本质、透析现象的理解能力，敏锐的观察能力、分析能力，具有提出问题、分析问题和解决问题的能力，在具体情境下统筹协调的操作力、执行力。

（四）认知、情感与行为习惯并育法

认知、情感与行为习惯并育法是基于“社会化与个性化相统一”诉求的教育方法。《中庸》云：“万物并育而不相害，道并行而不相悖。”此言道出了协同共生的规律，这既是自然发展之规律，自然万物在互补共生中协调发展；也是文化育人之规律，人在个性差异中实现共性的趋同，在文化的多样差异与整体互补中实现人的文化存在的内在和谐。在此，认知、情感与行为习惯并育法也遵循着协同并育的方法意蕴，在三者的具体应用、互补与整合中，促成人的社会化与个性化的有机统一。

首先，认知、情感与行为习惯并育法是以消解思想政治教育的症结为现实目标，即避免割裂人的主体性与工具性的辩证关系，偏重知识论而遮蔽生存论，偏重工具性而忽略主体性，偏重认知教育而忽略实践养成。由此，这一方法是以人的生存状况为研究起点，关注“现实的个人”的生活状态与过程，综合运用认知引导法、情感体验法与习惯养成法等具体教育方法。

其次，认知、情感与行为习惯并育法是关注于人的文化存在的整体性，将人作为理性、感性与悟性相结合的存在，以理性透析感性与悟性，启发人觉悟是非、感悟生活、领悟真理、体悟人生；要注重教育的系统性，厘清认知、情感与行为的有机关系，加强认知教育的同时，还要加强情感体验与实践养成，从灌输型教育转变为情感型、实践型教育。从历史和现实、理论和实践、宏观和微观相结合的角度，有针对性、有实效性地将道德认知教育和行为选择培养、个人价值与社会价值、认识、情感、意志与行为有机统一起来。

最后，认知、情感与行为习惯并育法是以凸显人的主体地位、实现人的主体价值为教育指向，以生成自由个性，自觉合理认识，自为发展能力，自主实现价值为目标。就具体实现目标而言，这一方法是将由社会的道德规范内化为个体的价值观，约束方式由他律转变为自律，形成与社会相适应的道德认知、道德情感与道德行为。就思想道德认知而言，这一方法是以引导个体对道德规范的理性的认知和判断，构建完善的道德认知内容；就思想道德情感而言，这一方法是引导个体对道德观念的感性与直觉体验，形成了正义感、集体荣誉感等情感体验；就思想道德行为而言，这一方法是引导个体在道德习惯养成后，在道德观念支配下，在道德情感感召下，进行道德实践，履行道德规范。

第二节 基于现实性与超越性的思想政治教育方法论构建

人的文化存在是现实性与超越性有机统一的存在，既限定了人的存在方式，也明确了人的存在指向，形成了限定与开放、历史与逻辑的内在统一融合。思想政治教育作为“人”的教育，理应立足人的现实性与超越性相统一的存在指向，揭示人的发展过程以及实践的生成性、逻辑性与超越性的特质，实现思想政治教育学科发展完善与人的自我发展完善的统一。由此，思想政治教育基于现实性与超越性有机统一的方法论诉求，构建“历史性与逻辑性相结合”“理解与实践相统一”的方法论。

一、构建“历史性与逻辑性相结合”的方法论

（一）“历史性与逻辑性相结合”方法论的文化诉求

首先，历史性与逻辑性相结合的方法是现实性与超越性有机统一的文化诉求。一方面，现实性存在是对人的文化存在的限定。人的文化存在作为现实性存在，具有既定性维度与条件性维度。现实性存在具有既定性维度，这是历史对当下与未来的拘囿，人的文化存在是客观实际的存在，是以精神活动与结果作为既定的事实，进而决定了人的文化存在的视域是既定性的。具体的文化存在方式限

定了人的存在视域。人总是基于特定的文化场域，从自身的文化视角出发，反思自身与审视文化。现实性存在具有条件性维度，这是现实性存在的必然性与规律性对人的文化存在的限定，即限定了存在的可能性与超越性的深度与广度。这决定了人的文化存在的空间是有限的，存在的时间是生成的。现实性存在限定了人的文化存在的自然空间与社会空间，限定了人的文化存在的时间，使历史成为当下与未来的限定条件。这意味着，历史性与逻辑性相结合的方法是人的文化存在的内生、固有的方法，以此辨清人的文化存在的既定性维度与条件性维度，即以历史的视野审视现实境遇，梳理人的文化存在的生成过程，以逻辑的视角反思人的文化存在的发展规律与特性。

另一方面，超越性存在是对人的文化存在的扬弃。超越性存在是人对现实存在的超脱与扬弃。人的文化存在作为超越性存在，以潜在的方式规定了人的文化存在的维度，即潜在性维度与生成性维度。超越性存在具有潜在性维度，这是人的存在的潜在能力与空间，是合规律性、合逻辑性的发展趋势与方向。换言之，人的超越性存在总是基于现实性存在，其超越的存在空间与意义空间受制于现实世界。超越性存在以应然的方式创造了意义世界和理想境界，源于现实却又超越现实。超越性存在具有生成性维度，超越性存在是人不断自我扬弃的过程，以合逻辑性的方式，不断生成与确证人的本质。在此，实践构成了超越性存在的动力与中介。实践凸显出超越性特征，即不断自我扬弃，在自我否定中实现自我超越。此种超越性存在不仅是人存在方式的自我超越，也是对历史性与逻辑性方法的超越。这种超越的表征方式就是在现实生活中对历史与逻辑方法的整合，弥合存在和本质、自由和必然、个体和类之间的紧张关系。可见，人的文化存在既是现实性存在，在文化传统与生存条件的限定中，人成为具体的历史的存在；也是超越性存在，在价值目标的终极指向中，人成为自我超越与扬弃的存在。现实性与超越性的有机统一使得人的文化存在形成了内在的张力，在历史性与逻辑性相结合的方法中，引导人以自觉的方式实现存在的合目的性与合规律性、合必然性的有机统一。

其次，历史性与逻辑性相结合的方法是思想政治教育的文化诉求。一方面，思想政治教育蕴含了历史与逻辑的双重意蕴。教育具有历史性，其表现是教育在“实然”的统摄下，在规律必然性的限定中，基于现实的存在条件，引导人有条件、有步骤、有层次地实现自我完善与发展；教育具有逻辑性，其表现是教育在“应然”的预设中，在终极价值目标的指向中，引导人发挥自主能动性，在自由自觉的活动中实现自我超越与扬弃。在此，思想政治教育凸显出历史的意蕴，以文化传承的方式实现了主流文化和核心价值观念的凝聚与传导。在显性层面，思想政治教育是以学校教育、大众传媒等方式，传递着文化价值体系；在隐性层面，在行为方式、思维方式的潜移默化中，传承了核心价值与文化意蕴。同时，思想政治教育彰显出逻辑的意义，超越了人的现实存在的有限性。此种无限性不仅仅是肉体存在意义上的无限性，更是精神存在意义上的无限性。

思想政治教育以超越性思维把握现实，指向未来，通过理想、信念、信仰的引领作用，成为确证个人价值与社会价值的参照目标，以源头活水般的价值指引，成为人与社会发展的重要的精神支撑、价值归宿与情感寄托。

另一方面，思想政治教育是以历史性与逻辑性相结合的方法，实现了教育的本真价值与目标。思想政治教育不是预成的抽象方法规则，而是不断生成的具体实践活动。思想政治教育关注现实中教育实践活动，深入研究教育对象所处的具体环境和群体特征，对历史情境进行合理的重现与分析。思想政治教育应基于历史性与逻辑性相结合的方法，凸显其历史与逻辑的思维以及实践旨趣，启发人以感性、理性与悟性的方式理解自身的存在过程、状态与本质，实现思想政治教育本真特性与价值的回归。在此，思想政治教育以历史与逻辑的方法引导，引导人以理性、客观与全面的视角理解人生意义、觉解人生境界，通过实现主体性的自我认知，引导人透视、理解社会现实生活的本真性，明晰自身在社会生活中的基本地位和所处的基本关系。

（二）“历史性与逻辑性相结合”方法论的教育设定

历史性与逻辑性相结合的方法是基于人的文化存在的现实性与超越性审视思想政治教育，在教育设定上凸显教育的历史意蕴、逻辑意义与价值指向，彰显教育的原则性与灵活性、应然与实然的有机统一。

首先，历史性与逻辑性相结合的教育方法是原则性与灵活性的有机统一与运用。教育的原则性是以“一”为主导，秉承教育的核心理念，坚持教育的固有目标、方向，有目的、有计划、有步骤地实施教育过程。教育的灵活性则是以“多”为主导，依据受教育者个性的多样化、教育任务的层次化、教育方法与载体的具体化、教育情境的复杂化，具体、多样、应变地实施教育过程。

一方面，原则性与灵活性的有机统一是应对思想政治教育方法困境的路径。若是思想政治教育将具体现实的人异化为抽象静态与理想状态中的人，将人的主体性存在异化为物的客体性存在，则导致在教育方法上面临着教育理论的完备性与教育实践中非完备性、多样性冲突，教育理论的精确性与生活世界的模糊性、易变性的冲突，进而陷入了实效性差、可操作性不强的教育困境。在此，原则性与灵活性的有机统一是将抽象的教育理论与具体、现实和多样的存在方式相融通，既坚持教育原则的方向性、确定性与基础性，又注重教育对象、环境、方法、载体等多个方面的灵活性。由此，原则性与灵活性的有机统一才能实现抽象的教育理论原则与具体情境之间的有机契合，即实现理论原则的抽象性与现实情境的具体性、理论原则的精确性与现实情境的模糊性、理论原则的单一性与现实情境的多样性等方面的内在融通与互补。

另一方面，原则性与灵活性的有机统一是以期实现教育理论内容与人的文化存在境遇之间的内在融通与呼应。在实践意蕴中，历史与逻辑的方法具有内在统一的合理性与可能性。基于实践的逻辑性、生成性与超越性，思想政治教育要将历史与逻辑的方法内化于人的存在状态与过程中，放置在生活世界中，超越或消解情与理、逻辑与历史之间的紧张关系。生活世界作为思想政治教育的源头活水，不是凝固不变的，而是处于历史的流变之中。基于生活世界的历史性，思想政治教育具有历史性、群体性、地域性等特征。人作为有限的历史性存在，总是在具体化生活情境中，对抽象的教育理论加以选择、权衡，在道德规范的原则性与灵活性之间才能找准平衡点，进而消除抽象逻辑原则与具体历史情境之间的紧张关系，将思想政治教育的方法原则与抽象的道德要求转化为人的内在品质。为此，思想政治教育应将人置于生活世界的整体环境中，实现教育在政治、经济、社会与文化环境之间的有序调谐；将人定位为有限的历史性存在，消除抽象教育与具体历史情境之间的紧张关系，将思想政治教育的方法原则与抽象的道德要求转化为人的内在品质；将灵活多变的操作方法和形式适用于具体情境，使生硬、抽象的教育规范趋于人性化，贴近人的实际需要。

其次，“历史性与逻辑性相结合”方法的教育设定是“应然”与“实然”的有机统一与整合。教育的“应然”是基于人的文化存在的超越性，实现教育本真、应有的价值、目标与旨归，以解蔽的方式，厘清教育目的与手段的本真关系，凸显教育的人本意义、人的主体价值；以超越的方式，彰显教育的终极价值、人的自由全面发展的终极旨归。教育的“实然”是基于人的文化存在的现实性，基于人的实际精神文化需求，将解决人的现实问题与思想问题有机结合，立足教育的现实目标，促成人的渐进发展。

一方面，思想政治教育以“应然”的方式超越“实然”的存在状态。就“应然”而言，思想政治教育理应确证人的主体性地位与价值，扬弃了人的自然属性，不再以动物本能的方式，按照本能规定的“宿命”式的自然方式生存，而是以自由自觉的方式，不断改造外部世界与精神世界，在自我确证与否定中，处于不断生成的文化存在状态。就“实然”而言，思想政治教育以“现实的个人”为逻辑起点，以人的现实存在为主题，在历史维度与实践维度中，动态考察与剖析思想政治教育与人的思想品德形成发展的特点、规律与过程，促成人的主观世界与客观世界的统一，实现心理活动的内在协调，使知、情、意、信、行协调一致，进而塑造完善的人格。在此，思想政治教育应以“应然”的方式超越“实然”状态。现实生活与理想未来之间存在着“实然”与“应然”的张力，如何协调二者的关系，既要找准二者的差距，又要弥合二者的矛盾。这需要思想政治教育引导人用“应然”的价值视野审视现实，评判现实问题。

另一方面，思想政治教育以“实然”的方式实现“应然”的价值取向。人的“应然”价值取向是实现人的自由全面的发展，但自由的限度与广度取决于人的现实存在境遇。“实然”的生存境遇与行为规范构成了“应然”价值目标的现实前提与基础。人具有从心所欲的意识自由与行为自由，同时不违背客观规律与客观条件限制。在此，思想政治教育应时以“自律”的方式超越“他律”规范，凸显出自律与他律的规范作用，以荣辱观、利义观、是非观、善恶观等观念约束人现实生活中的言行举止。正如《大学》云：“所谓诚其意者，毋自欺也。如恶恶臭，如好好色，此之谓自谦。故君子必慎其独也。”“慎独”作为自律的理想化原则与标准，在独自一人活动而无人监督的情境下，个人能凭借高度的自觉、强力的自律，一以贯之地坚持道德操守。思想政治教育应以“实然”的道德约束与行为规范等方式，在他律的作用下，将约束社会公众的道德规范，通过情感升华、理性认知、行为实践等过程，实现道德原则的内化，被个体所真正接纳；在自律作用下，个体注重“慎思”“慎行”，增强自我约束和自我控制能力，引导自我认识、自我教育与自我转变。

二、构建“理解与实践相统一”的方法论

构建“理解与实践相统一”的方法论是基于“现实性与超越性有机统一”诉求的教育方法设定。这一方法是要以历史与实践的双重维度，使人作为主体性存在，承载了理解者、实践者双重身份，在理论研究与实践生成中，实现理解与实践的、实践意识与实践行为的统一。

（一） 理解的方法

“理解”一词在认识论中是指“应用已有知识揭露事物之间的联系而认识新事物的过程。其水平随所揭露联系的性质和人的认识能力而异”。在诠释学中，理解既有方法论意蕴，是“解释者透过生命的各种‘表现’形式（如语言、表情、艺术作品、自传等）去把握其中所展现的生命的意义”；也具有本体论意蕴，作为人的存在方式，是人生的内在过程，关涉到生活的各个方面，遍及人与世

界的一切关系。基于“理解”的内在意蕴，思想政治教育要在认知层面与存在层面，运用“理解”的方法认知、反思人的文化存在。

首先，确立理解“自我”的方法。“自我”是人对自身的觉察、认知所形成的主观印象。如何认知、评价与理解“自我”关涉到人的个性特征、社会角色、思想品德的塑造。在此，思想政治教育引导人在现实境遇中，理解“自我”存在的系统性与整体性。一方面，思想政治教育应引导人基于现实境遇理解“自我”。“理解乃是把某种普遍东西应用于某个个别具体情况的特殊事例。”理解是具有双向性的，理解者必须把自身与所处境遇关联起来，在自我与社会的关系联动中，进行自我认知与自我定位。基于此，思想政治教育要引导人以主体意识感知、思考自身的存在状态与价值，独立判断问题，自主决策问题，深刻认识行为的目的，自觉支配自身的行为，以期实现预定目标；要引导人以对象意识，从他人的态度反应与社会交往中衡量自身的社会价值与自我价值，找准自身在社会中的关系定位。从生活实践的“实然”角度去理解教育的发展过程，回归人所处的生活世界中理解自我意识的演化过程。

另一方面，思想政治教育要基于人的文化存在的整体性特征，引导人系统地理解“自我”。思想政治教育要确立理解的方法，不仅是引导人理解教育内容所蕴含的知识体系，更要引导人理解“自我”，合理地认知自身的生理状态、心理状态与社会状态；按照自我的逻辑演化方式与个体发展阶段，系统地把握生理自我、心理自我、社会自我、理想自我、反思自我五个维度。在此，思想政治教育要引导个体理解“心理自我”，完善个体对内在心理状态与精神世界的认知，形成态度、价值理念、信念、人格等方面内在一致的心理结构；引导个体理解“社会自我”，完善自我对社会角色、社会定位的认知；引导个体理解“理想自我”，在对“我应该是谁”的问题追问中寻求处于理想状态下的自我；引导个体“反思自我”，形成对自我的自觉认知状态，以及对他人与社会对自我评价的省察。

其次，确立理解“人的存在”的方法。一方面，思想政治教育要确立理解的方法，不仅是认识论意义上的技巧，更是存在论意义上的本质存在方式。理解的方法要立足人的文化存在，立足历史流变，考察人的本质、存在与思想意识的演进路向；立足当下现实，反思人精神异化等生存问题，探究思想意识的实际发生机制，探究人的思想观念、政治观点与道德品质的形成变化与发展机制。“因为，文化现象的概念化和理解必然包含着解释参与者的意义；而且这类意义不能够像外在世界的对象那样被直接观察……相反，其意义的获得必须借助于参与和移情理解。”由此，思想政治教育要引导人理解人生之“真”，不单纯追求客观实在本身的知识之“真”，而是探求确证人本质的存在之“真”，理解人生的真理价值，剖析生命的意义，解析生存的价值，透析生活的真谛，在认知、情感与行为的有机统一中，以生命体验、生存体会、生活体悟的方式，实现人的文化存在与人的生存实践相贯通。另一方面，思想政治教育要恰当适度地运用“理解”方法，不简单判定与单纯批判人思想与行为的“是非”“对错”，要理解是非、对错何以发生的原因、情境；

要具有反思功能，提升人的自主能力，确证人的主体性价值，修正完善教育的机制、举措。在历史与逻辑的统一下，思想政治教育才能真正把握其理论与实践发生、发展的脉络与线索，透彻理清思想政治教育“是什么”“为什么”和“怎么做”的问题。由此，思想政治教育要基于理解的方法，研究人存在发展的前提、过程与现状，探究教育对人的生成性影响、人与社会的互动关系以及人的思想认知的实际发生机制，进而辨析教育的合理性，提升教育的科学性，增进教育的针对性与实效性。

（二）实践的方法

思想政治教育作为“属人”的实践活动，其出发点与落脚点最终归结于人。究其原因，实践的主体与动力是人，场域是人的在场状态的场域，中介是由人选择与创造。思想政治教育要确立实践的方法，不仅是以实践的方式引导人理解知识，更是以实践的方式实现思想政治教育与人的文化存在的内在融通。

首先，确立自我实践的方法。人的文化存在具有意义的开放性。实践作为人的存在的根本方式，在自由自觉的活动中，在内在精神世界与外在客观世界的关涉作用下，实现人的本质力量对象化。实践构成了现实性存在的基础，在现实性与可能性的张力中，体现出人的超越性。在生存性的实践活动中，人由必然王国飞跃至自由王国，实现自由全面的发展。在此，思想政治教育的本质不是预成的抽象方法规则，而是不断生成的具体实践活动。思想政治教育是彰显人主体性特征的实践活动，以实践的方式确证人存在的本质，必然要以实践作为教育的根本目的，即在实践中实现教育的价值旨归，提升人的实践能力，实现自由全面的发展。在实践的中介下，人的自我意识的指向性在于不断趋近于特定的价值指向，即生成自由个性，自觉合理认识，自为发展能力，自主实现价值。

其次，确立社会实践的方法。在《尼各马克伦理学》中，亚里士多德区分了两类不同的知识，理论知识与实践知识，其中实践知识也是实践智慧，是进行道德、政治判断必需的知识。亚里士多德认为，伦理问题超越抽象与普遍的概念，无法建立在普遍的、不变的、公理的原则之上。道德知识等实践哲学，不具有数学那样的高度精确的特性。道德知识包含着知识对每一次具体任务的应用。经验对于具体的道德判断，总是不充分的。普遍、抽象的道德知识与具体的实际情况之间存在的不确定关系，道德知识不足以指导具体的实际情况。道德观念要具体化自身于行动者的具体境况中。正如马克思所言："全部社会生活在本质上是实践的。凡是把理论引向神秘主义的神秘东西，都能在人的实践中以及对这个实践的理解中得到合理的解决。"在此，思想政治教育的"实践"方法应在人的社会生活中拓展与深化，由伦理意义转向生存意义，由认识论视域转向存在论视域。"实践"由政治、伦理领域转换、超越至人的生活世界。"实践"的旨归由探寻善的意义，实现美德的途径，转向在生活世界中关注人的生存、价值、意义与本质。在思想政治教育的视域中，实践作为根本的存在方式，既是人理解自身与世界的方式，也是确证人存在终极价值与意义的方式，更是实现人自由个性的方式。

（三）“理解与实践相统一”的方法

理解在实践中得以完成，实践是理解的确证方式与诠释方式。理解与实践构成了内在的同一性，在二者的相互确证中，教育理论与现实情境有机结合。

首先，“理解与实践相统一”的方法具有同一的教育实现过程，即教育的理解与实践作为同一过程，蕴含于生活之中。“理论的对立本身的解决，只有通过实践方式，只有借助于人的实践力量，才是可能的。因此，这种对立的解决决不只是认识的任务，而是一个现实生活的任务，而哲学未能解决这个任务，正因为哲学把这仅仅看作理论的任务。”实践作为人之为人的内在规定性，凸显了逻辑的预成性与超验性特征，具有“应然”的指向性，这一指向是建立在对现实与“实然”的扬弃之上的。在理解与实践的同一并行中，人才能在生活中消除个体与类之间的对立与分裂，外在于人的异己力量才能消解，终而实现个体自由与类自由的和谐统一。在此，“理解与实践相统一”法是以期实现“教、学、做合一”的生活教育。这意味着生活教育具有两个层面的意义。一是思想政治教育是以现实生活为前提，在现实生活的理解与实践中，将现实生活作为教育的具体样式、过程与场域，教育以生命延续、生存实现与生活体会的方式予以生成与发展；二是思想政治教育以现实生活为旨归，现实生活作为教育的回归之地，在理解与实践的同一过程中，将教育的内容、方式与途径应以本真的方式化入生活之中，以自然的方式融入生活之中。

其次，“理解与实践相统一”的方法具有同一的教育主题，即理解与实践共同指向于“人的存在”这一根本主题，成为反思、确证人的存在的方式。实践的根本旨归在于立足于“实然”的历史前提与现实，在生存性的实践活动中，人不断扬弃自身局限，自我生成本质，确证人的主体性存在。理解的根本旨归在于本真地理解人的存在，理解作为生成的历史性活动，凸显了历史的生成性与经验性特征，具有“实然”的指向性。这一指向是在逻辑与“应然”的参照系中批判现实，以期在充分理解、适应现实的前提下改造现实。在此，“理解与实践相统一”法是以期回归“人”的生存教育。思想政治教育以理解的方式透析人存在的特质，以实践的方式确证人存在的本质，“在源头上把握思想政治教育发生的历史演进、社会根源、形成机制和发展规律等前提性、根源性问题”。“理解与实践相统一”法是要超越知识论的拘囿，在现实与超越的限定与开放作用下，将思想政治教育定位为实践的教育与人的存在教育；要回归至“人”的教育，在生命、生存与生活的体征中把握人的价值与本质，充分彰显其人本意蕴，立足于人类生存整体内在的意义，探究教育与生活世界之间的关系，寻求理解人生存、发展的先决条件，将人作为教育的出发点与落脚点，凸显人的主体性价值；彰显理解与实践智慧，引导人在历史性、偶然性的情境中，做出适度、理性的道德决定与选择。可见，“理解与实践相统一”法蕴含着思想政治教育的本真价值，它既是人理解自身与世界的方式，也是解释人存在终极价值与意义的方式，更是实现人自由个性的方式，在内在精神世界与外在客观世界的关涉作用下，从而臻于“从心所欲不逾矩”的自律与自由之境。

第三节 基于本土化与全球化的思想政治教育方法论构建

本土化与全球化是人的文化存在过程的两个方面：一是立足本土的视域，以本地域、本民族的文化为主体，以外来文化、外民族文化为参照与比较，实现本土文化的内在转化与创新；二是立足全球的视野，以西方文化为主导，对地域与民族文化的改造中，实现文化的同质化拓展。基于本土化与全球化的并存、交织与融合过程，思想政治教育予以构建“借鉴与融合相统一”“内求与外求相统一”的方法论。

一、构建“借鉴与融合相统一”的方法论

（一）“借鉴与融合相统一”方法论的文化诉求

人的文化存在是人对文化的认同与认异的主体观感过程，是文化传统与现实的交织过程，也是异质文化与同质文化的碰撞过程。在文化视角的差异、时空的流转、主体的差别等多个层面的交织与互动中，在文化借鉴与融合的双重作用下，本土化与全球化的双向文化进程既有差别与对立的一面，也有融合与互补的一面。

首先，本土化存在是人的文化存在的内在根基。“所谓‘本土化’，就是西方文化在非西方世界被吸收、认同进而转化为本地文

化组成部分的过程。”其一，本土化是由地缘、血缘、历史与文化渊源等要素构成的有机整体，也是民族的形成、发展与演化的过程。文化主体的规模直接影响着本土化的文化凝聚力与认同力。在此，民族作为最为重要的文化共同体，成为个体与类之间的文化联结纽带。其二，本土化是以民族精神的彰显为内核，构成了人的文化存在的内在动力。本土化是以稳固与彰显民族精神为内核，即本土化蕴含了民族精神的核心，民族精神促进了本土化的稳固与发展。民族精神在本土化的稳固下，凝聚为民族之魂，成为民族成员共同认同与恪守的精神品格。其三，本土化是以传统文化的传承为表征，构成了人的文化存在的具体样式。本土化是实现传统文化的保有、传承与创新的过程。在传统文化的历史演进中，本体化成为实现民族文化传承的精神动力。本土化实现了传统文化的整合，实现了文化要素之间与不同文化之间的碰撞、交融、凝练与创新。

在此，本土化的稳固与传承是以借鉴与融合为双重动力。一方面，本土化是由外向内的转化过程，其动力始源不是基于内在的自有创新与生成，而是迫于外在的文化压力，在西方文化的多层面影响中，进行的自救式的文化转化过程。在此境遇中，借鉴的方法得以凸显，以新的文化元素的借鉴与注入的方式，激发本土化的活力与生命力。另一方面，本土化是由被动转为主动的过程，在本地文化与外来文化的碰撞与交融过程中，由被动地将外来文化嫁接于本地文化的机械耦合，转变为主动地予以文化同化的方式，在重构与交织中实现二者的有机融合。在此过程中，融合的方法得以运用，实现外来文化元素与本土文化的内在融合与创新，构成了既保持本土文化的鲜明特征，又融入时代元素与外来文化元素。

其次，全球化存在是人的文化存在的发展趋势。全球化作为当今世界的发展趋势，已经渗透至政治、经济、文化与社会发展的各个领域。一方面，全球化所呈现出的同一化倾向，促成了人的文化存在的同一化趋势。全球化解构了传统农业社会所具有的文化意识与价值观念，提升了对人类共有的价值观念的理解与认同。另一方面，全球化所呈现出多样化倾向，所内涵的现代化危机逐渐显露，人的文化存在陷入“选择”的困境。在中国传统文化、现代文化与后现代文化的交织碰撞中，国人的文化心态呈现出复杂多样的变化，面临着三种迥异的文化路径选择：一种路径是以传统文化审视批判现代文化，以传统文化价值观构建现代社会，消除现代文化的负面效应，在实现文化的回归与重塑中解决现代化危机；另一种路径是以后现代文化消解现代文化，坚持无中心主义、意义解构、主体消解等方式，批判现代文化所导致的人的存在危机，避开现代化进程，直接越变至后现代阶段，构建具有后现代精神气质的文化形态；第三种路径是以现代文化改造传统文化，以循序渐进的方式，按照文化演进路径，由传统农业文明向现代工业文明转型，再转向后现代文明。

在此，全球化的拓展是以借鉴与融合的双重路径实现的。一是就时空维度而言，全球化是既由传统向现代，乃至后现代转变的过程，也是由西方向其他区域扩张与拓展的过程。这一过程既是传统、现代与后现代的交融过程，也是本土文化与西方文化的交织过程。二是就主体维度而言，全球化是人的存在方式的拓展过程，由资本主义的市场经济扩张，逐渐深化至政治制度、文化体系以及科学技术的延伸，“由以往空间上的物质性的领土扩张转变为时间上的精神性的技术领先”。三是就过程维度而言，全球化跨越了时空的局限，既呈现出一体化的发展进程，也具有分化与对立的发展趋势。这一过程是有选择的借鉴过程，与本土文化有着互补与契合作用的外来文化元素逐步渗透本土文化体系。在此，全球化具有“一”与“多”的辩证关系，在借鉴与融合的双重路径中，全球化的形成过程既是文化模式的同一化过程，也是政治多极化、文化多样化、价值多元化的形成过程。

最后，本土化与全球化有机统一是实现人的文化存在稳定与和谐的基础。一方面，本土化与全球化的有机统一，促进了本然性文化架构的形成。文化体系具有本然的特征，这意味着文化具有自在的独特性，是以“本然”之状态，以自然的方式产生、演化与存在的。就发生学而言，文化体系具有自有的架构，是以自有的方式存在。任何文化体系是多种要素综合作用下演化而成，在“混沌”状态中逐渐分化形成文化体系的澄明之境。另一方面，本土化与全球化的有机统一，促进了适应性文化功能的实现。文化体系的生成与演化是人与文化之间相互适应与依存的过程。这一过程既是人塑造文化的过程，使文化彰显出人存在的具体需求、时代特征、环境特征等因素，也是文化塑造人的过程，使人成为文化精髓、价值理念的承载者。

在此，本土化与全球化的有机统一是以融合的方式实现历史生成意义上的文化的适应性，以借鉴的方式实现了逻辑意义上的文化契合性与互补性。本土化与全球化的有机统一构成了时间与空间的交融。人是传统存在、当下存在与未来存在的整体，人的当下存在构成了传统存在与未来存在的联结点。在本土化与全球化的有机统一中，人的文化存在以借鉴与融合的双重路径，实现了历史与逻辑的和谐统一。本土化与全球化在对立与冲突、互动与融合中，实现了人的文化存在的稳定与和谐，促成了文化体系的动态发展与整体平衡，实现了文化架构的整体性与文化功能的和谐性。

（二）“借鉴与融合”方法论的教育设定

“借鉴与融合相统一”的方法应基于传统与现代、本土与全球的时空视角审视思想政治教育的内容、方法与功能。基于此，思想政治教育应注重彰显时代精神与传统精髓，在传承与创新文化的张力下，在本土与全球的文化交织中，在教育设定上注重发挥“借鉴”方法的选择与审视功能，发挥“融合”方法的整合与协调功能。

首先，借鉴是对本土文化的审视，以及与外来文化的比较中，有选择地吸收、注入外来文化元素。借鉴有“谓以他人为鉴”之意，“借明于鉴以照之，则寸分可得而察也”。借鉴是借助他者为“鉴”而反观自身，对照他者之优而弥补自身之短。在本土化与全球化相统一的境遇中，文化借鉴意味着以本土文化为文化根基与主体，以外来文化尤其是西方文化为参照对象，在审视与理解外来文化的本质与优劣中，在全球化进程的坐标中，重新定位本土文化的地位与影响。

一方面，借鉴要凸显文化选择功能，以注入文化新元素的方式，以本土文化为主体，借助外来文化之元素，注入本土文化的体系之中，以刺激本土文化获得生机与活力。思想政治教育作为人的文化存在的具体方式，理应以吐故纳新的文化姿态去借鉴外来文化，尤其是西方的德育文化等要素，以充实、创新思想政治教育方法。在此，思想政治教育运用文化借鉴的方法，既要避免不加辨识、选择与甄别地予以全盘吸收，也要避免不加审视、反思予以盲目排斥，而是要在整体的全球化视角中理解思想政治教育的本质，将人置于社会历史背景中，理解教育对人的认知、情感与行为的影响过程、程度与原因。总体性、社会性、历史性与过程性构成了文化“借鉴”的选择特性。总体性特征是在于立足整个文化体系，研究思想政治教育的内容与形式、现象与本质、系统与要素的相互关系，以系统的整体有序为目标，予以进行文化选择与甄别。社会性特征在于立足人的“群体”本质，在“人是一切社会关系的总和”的预设下，研究个体与群体之间的文化关联，以个体与群体之间的内在和谐、融通为目标，有针对性地选择教育方法。历史性特征是在于立足时空的连续性，基于文化传统的演变过程，研究思想政治教育的产生、变化与发展的生成过程，以历史传承与时代传承相结合的方式借鉴教育方法。过程性特征是在于文化发生机制的动态性与延续性，研究思想政治教育的理论与实践的实际发生过程，以人的文化存在的现实境遇为前提，提高所借鉴的教育方式、方法的针对性与契合性。可见，借鉴的方法要遵循民族价值诉求与时代要求的有机结合，“以社会历史发展和人的全面发展的一致性为出发点，开展思想政治教育学科理论研究，才能在当今多种学科发展取向中，扬各家之长，避各家之短，融合提炼，自成一家，建设起有中国特色的、有相对稳定性和坚实理论内容并为社会认同的现代思想政治教育学”。

另一方面，借鉴要凸显文化审视功能，破除对外来文化“偏见”的偏见。本土化与全球化相统一的过程，是本土文化与外来文化的相互理解与诠释过程。在这一过程中，本土文化与外来文化作为异质文化，必然是基于自有的价值观念、思维方式与文化理念，形成了先在的文化视域，去审视异质性的外来文化。“视域就是看视的区域，这个区域囊括和包容了从某个立足点出发所能看到的一切。”文化视域是人的文化存在所处的立足点，拘囿了人的文化视野，使人以特有的文化角度去理解、审视与评判人与文化的价值意义。文化视域是由人所处的文化传统、文化模式所规定的。人既无法摆脱文化视域的限定，必然是以不同的方式与程度认同、接受并传承既有的文化价值与传统。然而，完全以复制或模仿的方式理解外来文化是无法实现的。正如伽达默尔所言：“如果我们想真确对待人类的有限的历史的存在方式，那么我们就必须为前见（偏见）概念根本恢复名誉，并承认有合理的前见（偏见）存在。”这归因于，文化传统的既定性决定了人总是无法摆脱特定的文化视域，总是给予特定的文化“偏见”，以不自觉的状态来理解外来文化；文化的“偏见”不是文化理解过程的内在缺陷，而是跨文化理解与交流的动力与契机。可见，在思想政治教育的文化视域中，借鉴方法是要破除对文化“偏见”的偏见，承认“偏见”对文化理解与交流的必要前提。人拘囿于自身的历史处境之中，总是无法完成对自身的彻底反思。“维护公正的途径在于，我们不否认彼此的差异，也不能无视异质性的文化行为方式。我们不仅期望实现文化认同，更应积极搭设交流平台，在坦诚的交流中更好彼此了解，以此摒弃原有的行为偏见。我们希望通过密切联络和互动交往，使国家、群体之间能够彼此认同自由、权利、民主等价值观念。但我们更要去尝试理解与接受我们曾经拒斥或误解的价值观念。”由此，思想政治教育要基于情境与目标，在文化借鉴中期于实现文化融合。就借鉴的情境而言，思想政治教育要以跨文化的视角，进行异质文化之间的情境式思考；借鉴传统教育方法与现代教育方法，在具体的文化情境中理解与运用各类教育方法；基于人所处的文化情境，引导教育者置身于对方的文化情境中，予以模拟、体验对方的教育需求与价值诉求。就借鉴的目标指向而言，思想政治教育要以高度的文化自信，既要“聚神”，稳固核心价值观念，秉承核心教育理念，又要“化形”，善于借鉴西方德育文化中的教育方法，敢于借鉴网络流行语言与词汇，精于借鉴草根文化的话语方式与思维方式，在灵活、多样的教育方法的创新运用下，将教育的抽象内容予以具体化、情景化。

其次，融合是文化要素之间在没有抵触与对立的前提下，具有高度的契合性与互补性的动态融通过程。

一方面，在人的存在方式层面，融合是人与文化之间的贯通与渗透，形成相互认同与依托的有机关系。融合要发挥人与文化的关系协调功能，立足人与文化内在关系的一致性，融合创新思想政治教育方法。文化的真正影响是渗透入人的存在过程之中的，往往是以不自觉的方式发生作用，实现人与文化之间的内在交融、渗透与整合。基于当下的文化境遇，文化分层有本土文化与全球文化的分野，有精英文化与草根文化的分层，也有主流文化与非主流文化之间的差异。在此，思想政治教育应发挥“一”与“多”的辩证关系，提升人与文化之间的包容性与一致性，引导大众增强对社会主流文化与核心价值体系的认同与践行。在文化融合中，思想政治教育方法注重提升人的文化包容力，营造包容和谐的社会文化，提升人的社会归属感，引导社会群体实现正向的文化情感体验与行为表达。在社会情感方面，思想政治教育应注重以文化融合与包容的方式，引导大部分社会成员形成共同的情绪与情感体验，并泛化为社会心境状态，使社会成员之间具有持久而弥散性的情绪体验状态，具体表征为积极正向的社会归属感、社会责任感、社会安全感、社会支持感等方面的社会情感体验；在社会行为方面，思想政治教育应引导大部分社会成员具有相似的社会行为方式，在社会心理暗示、社会感染与行为模仿中，形成了相应的社会促进效应，进而凝聚为社会发展进步的动力；在社会文化群体层面，思想政治教育应注重发挥文化包容的整合功能，在不同的文化群体、多样的文化类型的交织互动下，实现了社会分层之间的文化互动与整合。

另一方面，在文化内在理路层面，融合是文化之间的内在逻辑统一与互补，在融会贯通中形成的有机整体。融合要发挥文化体系的内在整合功能，立足文化内在理论的一致性，融合创新思想政治教育方法。在本土化与全球化的碰撞中，民族文化与传统文化必然面临着文化审视与批判。文化的精与糟、真与伪、粗与精是一体两面的共生性存在。在文化审视中，若是完全以全球化的文化维度审视传统文化与民族文化，则必然丧失了自有文化的合理性。在文化改造中，若是实现去粗取精、去伪存真的理想完满状态，其可能性几近为零。此种文化心态归因于将文化体系看作其器物化的存在，而尚未真正厘清人与文化之间的内生与互动关系。立足本土化与全球化的有机统一，人的文化存在方式必然发生新的转变，由此促进了民族文化的"自然"式进化发展。在此境遇中，思想政治教育要彰显文化融合的教育方法，引导人提升文化自觉，恰如"万物有所生，而独知守其根"，理应遵循文化发展的本然规律，全面、理性辨识全球化所带来的多重效应，合理甄别、扬弃传统文化，稳固、传承本土文化根基；增强文化自信，以辩证发展的眼光、兼容并举的胸襟、从容自信的定力，吸收外来文化元素，注重本土文化的传承、培植与革新。只有如此，思想政治教育才能成为人的文化存在的具体实现样式，成为实现文化自强，提升文化软实力的重要实践方式，吸收容纳外来优秀文化，在吐故纳新、为吾所用的过程中，吸纳了外来文化的精髓，以弥补自在的不足，以社会主义核心价值体系为主导，"必须继承中国的实际和改革开放的伟大实践，必须继承中国传统文化和革命文化，必须能够发挥引领方向、凝聚力量、展示形象的作用”。

二、构建“内求与外求相统一”的方法论

“内求与外求相统一”的方法既体现了思想政治教育关于“人”的同一性，充分理解文化与人的本质关联；也体现了思想政治教育关于“人”的特殊性，在理解中西文化的特质差别的基础上，厘清二者的文化源流与脉络，把握西方教育方法对本土文化的契合度与匹配度。

（一）“内求”法

“内求”法是内在的精神探求与求索的方法，是注重内在的思想道德修养，高扬人的自我意识，提升人的自我觉察、领悟与反思能力的教育方法。

首先，内求法注重内在认知归因。“内求”是自我意识的重要确证，也是人之为人的重要表征。人既是教育认知的主体，去感知与认识自我与他者，人也是教育的客体，将自身作为认知的对象。基于当下人的文化存在境遇，人易于陷入“身在此山中”的自我认知困境。内求法正可谓“反听之谓聪，内视之谓明”，意在彰显人的问题意识，是以理性、多维的视角看待问题，对人生际遇予以归因。但这绝非是一味泛化问题意识。反观之，“如果‘唯以问题识天下’，群情激愤中，任‘问题焦虑症’裹挟成极端情绪，固化为狭隘认识，演变为偏执思想，将人人变成易燃易爆品”。内求法意在彰显人的反思意识，如孟子言：“行有不得者，皆反求诸己，其

身正而天下归之。”内求法是引导人自我认知与自我理解，以内归因的方式，以自身为认知反思的对象，探求问题症结，归结问题原因。只有如此，人在“反观自身”“反求诸己”的内在追问与反思中，转变偏激、焦虑、消极的情绪与心境，不怨于外物与他人之不足，而反观自身之症结，在自察内省中改过迁善，在个体心态的不断稳健成熟过程中，凝聚正向、积极的社会心态。

其次，内求法注重内在精神诉求。在当下社会境遇中，人易于陷入“多则惑”的选择困境，为工具理性所左右，以期实现利益获得的最大化与选择的最优化。在此，内求法意在引导人不迷失于芜杂多样的选择困惑之中，不盲从于他者的意见观点，增强内在的文化定力；意在彰显人的文化超越性，引导人确立鲜明价值目标，彰显人的价值诉求，丰富完善意义世界，以终极价值实现过程的无限性超越生命存在的有限性，立足实践自觉，不断扬弃自身局限，实现人自由全面的发展，在生活、生存与生命的体征中把握人的价值与本质。基于此，一方面，内求法传承了传统文化中教育体悟的方法，以体验、体会、体悟相结合的方式，感悟人生之真理。这正如钱穆先生所言：“中国人追求真理，主先向内，先向人生世界之本身求体验。体验所得，再本此转向外面宇宙去关照，故中国人之真理观，乃为现实而内在者。”另一方面，内求法应积极借鉴西方德育教育理论与方法，如现代西方人本主义等相关教育理论，在教育实践中注重“内求”式的自我发现与成长过程，充分尊重人的个性、提升人的自信、发掘人的潜能，培养富有灵活性、适应性和创造性的人。

最后，内求法注重内在自主实践。基于人的文化存在的现实境遇，人的批判意识与问题意识予以彰显，但如何将批判与建设相结合，提出问题与解决问题相协同却是置于当前亟待解决的社会心态问题。“批判是通向正义感的捷径，是体现存在感的绝佳方式，但历史的责任不允许我们满足于道德飙车……制度的改革，社会的改良，人心的改善，有待众人一起发力。”内求法正是应对这一现实问题，引导人以自我教育实践方法，面对多样诱惑与困惑，不一味推责于他人，不单纯做社会问题的批判者，不可一味“临渊羡鱼”而不“退而结网”，而是以积极的建设心态与责任意识，从自我、点滴、当下做起，做社会道德风尚的参与者、推动者与建设者。在此，内求法理应借鉴与融合传统文化与西方教育中的自我实践等方法。一方面，内求法应汲取儒家中的自省、慎独的思想，如“君子欲讷于行而敏于言”的观念，注重身体力行，将道德实践的笃行作为君子理想品格的重要表征，将外在的教育原则与规范内化为个体自身的内在素养，在“知行合一”中实现人的自我完善。另一方面，内求法应借鉴现代西方德育中的道德操作、实践模式。例如，美国道德教育家弗雷德纽曼提出了“社会行动道德教育模式”，主张将相应的教育策略运用到教育实践中；应注重培养道德认知、选择、判断与实践能力，引导人具备教育自我、影响他人、参与社会道德实践的能力，通过学校的课程培训、参加社会实践、参与社会公共事务管理等方式，塑造符合社会发展的合格公民。

（二）“外求”法

“外求”法是人以外向主动的方式，通过外在世界的认知与索求，以期满足需求、实现发展。

首先，外求法是以实证方式认知外在对象。“外求”是人作为主体，以向外的方式，认知外在对象，构成了主体与客体的二元认知关系。此种关系既强化了教育认知主体的目的性，也强化认知对象的工具性与手段性。外求法是基于知识论的特征，以信息的获得、分析、评估、决策等环节为关键，以期实施定性与定量相结合的教育方法。一方面，外求法具有实证性的教育方法，以“说明”的方式，运用社会统计、社会调查等各类实证方法，偏重于客观的、中立的结果分析。在此，外求法应借鉴心理学、社会学等统计方法与测评方法，通过数量分析与数据统计，“揭示思想政治教育现象数量的多少、分布的宽窄、变异程度的强弱、发展水平的高低等，帮助我们建立起思想政治教育体系的总体印象，确认各要素之间的相互关系并以数量化的方式予以表述”。另一方面，外求法是具有工具性的教育方法，意味着人是目的与手段的统一体，人作为手段，必然以合乎目的方式，成为满足社会需要与发展的中介与手段；人作为目的，落脚点是实现社会与集体利益、长远利益的最大化。在具体的教育方法实践中，教育者是在抽象化的话语系统中，有目的、有计划的实施教育，其教育内容主要是道德认知培养与工具理性的掌握，其教育目的是将人改造为社会所需要的人。

其次，外求法是以外向的路径，获得“外生式”精神诉求。“外生式的偏重于精神利益获取的施与行为与内生式施与行为的差异就在于，第一，这种外生式行为不是出于施与主体的真正自我追求，而往往是附和社会的要求和标准；第二，这种外生式施与行为也主要不是出于主体德性的实现与完善。”在此，外求法具有两个层面的精神诉求与境界。一是“负压式”的外求。基于个体的社会化的外在压力，在遵循人的成长规律与社会化规律的前提下，引导人以社会化的存在方式，丰富拓展社会关系，获得一定社会群体、共同体的支持，在社会归属感、支持感与安全感等心理体验中，以期满足生存的需要、安全的需要、尊重的需要等相对低层次的精神诉求。二是“正压式”外求。是由内化向外化的积极拓展，由“独善其身”到“兼济天下”，由自律内省到助人为善的积极实践。在此，外求法是以个人自我实现的方式，经受住利益考量，保持住理想情怀，培育和践行社会主义核心价值观，以个人的公益意识、奉献精神、理性行为促成全社会的集体理性意识、积极建设心态、文明和谐氛围。

（三）“内求与外求相统一”方法

“内求与外求相统一”的方法在文化学理层面有助于实现本土化与全球化之间的内在融通，在人的文化存在的现实层面有助于实现人的精神性与自然性、社会性的内在协调，促进人的全面发展与社会的全面发展相统一。

首先，在学理逻辑层面，“内求与外求相统一”的方法是立足本土文化，以内求的方式，在自我审视与反思中寻求文化存在的合法性依据；在本土文化与外来文化的比较鉴别中，以外求的方式，将外来文化的新元素注入本土文化中，把握文化融合的契合度与匹配度。“在讨论中国文化的出路时，我们最好把叙述与价值分开，也把‘有目标的发展’与‘自然的发展’分开来，也就是要把理想的与实际的分开。”在全球化与本土化的交融视野中，审视文化要以“外求”与“内求”两种视角。基于“外求”的文化视角，文化要着重发挥优化功能，具有最优化的价值选择，形成“最好”的理想文化形态与样式；基于“内求”的文化视角，文化要着重发挥适应功能，是具有“适合”人存在的文化样式。“最好”的文化取决于理想状态下的价值标准，是“虽不能至，心向往之”的文化诉求；“适合”的文化取决了现实状态的功用标准，是现实化的文化诉求。在“内求”与“外求”的有机统一中，“最好”与“适合”之间如何保持必要的张力，是文化转型与提升中所面临的重要问题。“适合”的文化是“最好”的文化，反之，“最好”的文化未必是“适合”的文化。由此，“内求与外求相统一”的方法是以实现文化的本然发展为目标，实现了传统文化的传承与创新。文化传承不是文化的僵死保留与拘泥保守，而是文化传统的融通与创新。这意味着传统是“可传之统”；“可传”是文化经历了时代的变迁，在代代相传中延续下去；“统”是文化的连续关系，作为世代相继的文化系统，既有文化时间与空间的延展，更有文化意蕴与精神的延续与传承。

其次，在现实存在层面，“内求与外求相统一”的方法是立足思想政治教育的文化特性，确立主体间的文化心态，形成主体与主体间的文化平等对话与交流。一方面，“内求”与“外求”有着不同的实现路径。“向外的人生，不免要向外面物上用功夫，而向内的人生，则只求向自己内部心上用功夫。”“外求式主要以获得物质、精神利益为目的，内求式主要以自我德性的实现为目的……外求式生成方式倾向于规范伦理，内生式生成方式倾向于德性伦理。”在此，思想政治教育理应以“内求”的方式，以内在的自我省察、反思与觉悟，提升人的精神境界，构建和谐的意义世界；以“外求”的方式，在外在的社会认知、交往、践行过程中，以渐进有序的方式，满足精神需求，实现个人价值。另一方面，“内求”与“外求”法归结于人的文化存在的价值诉求，思想政治教育理应彰显人的文化存在的特征，保持“内求”与“外求”之间的适度张力；不偏执于“内求”，避免教育的空洞化与抽象化，单纯追求“完人”式的道德目标而流于形式般的说教；不偏执于“外求”，避免思想政治教育庸俗化与全能化，充分实现其文化价值与现实意蕴。由此，“内求与外求相统一”的方法要充分体现教育的内外整合功能，在人的现实存在境遇中，将教育内容内化于心，外化于行，由粗朴、零散的精神意识升华、凝练与完善为系统、自觉的精神反思，以最大公约数的形式，凝聚、内化社会主义核心价值观，实现社会大众的自我身份认同、文化认同与价值认同。

第六章 思想政治教育中的文化融入

第一节 思想政治教育中文化融入的基础知识

文化融入理念正确地反映了思想政治教育的本质和时代特征，科学地指明了思想政治教育的发展方向，是思想政治教育必须遵循的基本理念。可以说，将文化融入思想政治教育的发展主线当中，融入思想政治教育的整个运行过程当中，是思想政治教育在新时代的必然要求。这反映了思想政治教育发展理念的转变，也是增强新时期思想政治教育的实效性、提高思想政治教育科学化水平的重要举措。

一、树立文化融入的基本理念

树立思想政治教育文化融入的基本理念，应明晰文化融入的目的，了解文化融入的程度，树立文化融入的理念，并找准文化融入的切入点。

（一）文化融入的目的

在建设社会主义文化强国的语境下，“文化融入”已成为推动思想政治教育改革创新的重要理念。文化融入，实质上是一种“以人为中心”的教育理念，是一种坚持“以人为本”的思想政治教育精神。文化融入，是建立在人们的“求知本性”和“自由本性”的基础上的，它通过人们的自我学习、自我努力、自我创造和自我实现，最终提高人们的积极性、主动性、自觉性和创造性。这是文化融入的目的和归宿。

提高人们的积极性、主动性、自觉性和创造性，生动地体现在思想政治教育的具体实践中。推动思想政治教育的文化融入，就是要促进人们在学习上、生活上、内心上能够与本国、本地的政治思想、价值观念、风土人情、风俗习惯等融合起来，促进人、社会、政治、文化以及环境等之间的融洽与和谐，从而为发挥思想政治教育的文化作用和文化的思想政治教育作用奠定基础。

（二）文化融入的程度

文化融入度是指社会文化在思想政治教育的运行环境中，能够在多大程度上被思想政治教育者和受教育者所接受。文化融入度一方面反映了文化试图让思想政治教育者和受教育者接受的努力程度；另一方面反映了思想政治教育者和受教育者对这些文化是否接受，或者接受的程度如何。因此，对文化融入度的测量，有利于对文化的作用大小以及对文化在思想政治教育中的影响力大小做出全面客观的评价。

对思想政治教育的文化融入度进行有效测量，需要我们从各个维度将思想政治教育和文化的结合情况以量化的形式表现出来，对思想政治教育的文化融入度整体以及细化指标有一个较为全面的认识。文化要全面地融入思想政治教育的方方面面，还是融入思想政治教育的一部分元素之中？文化是将其全部内容作为融入对象，还是只将其中的一部分作为融入对象？在文化融入的过程中，融入的程度究竟如何，融合的进度又如何？这些问题都是人们在研究文化融入度过程中需要解决的，而决定这些问题的标准不是文化融入度的理论本身，而是经济社会发展状况以及时代发展的特征和要求。

（三）文化融入的意识

思想政治教育的文化融入并不是一朝一夕就能完成的，它需要人们经过长期的、艰苦的努力才能实现。因此，应高度重视思想政治教育的文化融入在经济社会发展和社会主义优秀人才培养中的重要作用，并将其作为推动思想政治教育改进创新的一项重要任务，并尽可能地纳入党和国家的总体发展规划之中，树立系统的、长期的文化融入理念，统筹规划、协调运行。

增强思想政治教育文化融入的意识，要求人们在思想政治教育和文化之间创造更好的联系。重视思想政治教育和文化之间的整合和融会贯通，并且应避免将思想政治教育和文化简单地进行配置，也不能采取简单的“配比”比例的方法，而是要求思想政治教育和文化的均衡与整合，进而能够同时提高人们的思想道德素养和科学文化素养。

增强思想政治教育文化融入的意识，要求人们树立整合意识和渗透意识。一是应注意防止思想政治教育和文化仅仅限于形式上的操作，从而避免缺乏一定的理念性和思想性。二是应注意防止思想政治教育完全游离于经济社会发展之外的现象，使思想政治教育和文化贯穿于经济社会发展的各个领域和各个环节，从而避免因缺乏文化而失去一定的氛围陶冶和情感激励。三是应注意防止一种倾向掩盖另一种倾向，即防止在强调文化时忽视或淡化思想政治教育，也防止在重视和加强思想政治教育时弱化甚至摒弃社会主义文化。

增强思想政治教育文化融入的意识，要求人们自觉地学习和借鉴人类在发展文化方面的成功经验。向人类文明学习，要求我们努力汲取中国传统优秀文化和西方文化发展的优秀成果，充分利用中国特色社会主义文化的先进优势，以此来丰富和发展思想政治教育的内容和方法。在这种相互借鉴、相互促进中，努力实现思想政治教育文化融入的有效推进，使思想政治教育和文化相互促进、相得益彰、交相辉映。

（四）文化融入的切入点

将文化融入思想政治教育的运行当中，一定要努力探索思想政治教育文化融入的切入点，从而使两者互相影响、互相渗透、互相促进。比如，通过加大环境建设、园林绿化、小区美化亮化等来建设优美的工作和生活环境。又如，通过建设文化长廊、宣传先进典型等来使人们接受到更多的信息，从而为思想政治教育注入新的生机和活力。

第一，应找准文化融入的定位，将工作的着力点放在基层。在基层党组织中寻找思想政治教育和文化相结合的着力点，有利于使思想政治教育和文化工作渗透在基层、活动在基层、作用在基层，以确保各项工作、各项任务的有效完成。如果思想政治教育和文化能够深入到基层、深入到每一个群众当中，就能够最大限度地发挥广大群众的积极性、主动性和创造性。我们应高度重视基层的思想政治教育和文化工作，坚持围绕中国共产党的中心任务，将促进经济社会全面发展、推动经济社会改革创新、提高经济效益和社会效益作为思想政治教育和文化工作的出发点、切入点和落脚点，从而进一步增强思想政治教育文化融入的主动性、针对性和实效性。

第二，应注意区分文化融入的结构和层次。文化的内容包括物质文化、行为文化、制度文化和精神文化等四个方面或四个层次。人们可以分别从这四个层次的文化出发，寻找思想政治教育和文化在内容原则、方法载体、制度机制等方面的有效结合点。

一是实现物质文化层面上的融入。物质文化都是附着在一定的看得见、摸得着的客观事物上的，这些具有一定文化元素的客观事物可以成为思想政治教育的有效载体。我们可以通过美化外界环境，建立富有文化内涵和精神教育价值的建筑物、展览物，采用广告、服务、现场体验等方式增强人们对社会思想文化和价值观念的认同，进而有效地增强物质文化的辐射力和穿透力。

二是实现行为文化层面上的融入。行为文化具体表现为人们的一定的社会行为。行为文化对社会组织以及社会成员的价值取向、行为取向等都能起到一定的导向作用，进而能够使组织和个人的行为符合一定的社会发展要求和社会发展目标，因而对人们的思想政治教育行为也具有很强的引导作用。在这方面，我们可以结合社会发展实际和社会的政治要求确定行为文化的价值导向、增强行为文化的针对性，进而成为约束和规范思想政治教育行为的有效手段。

三是实现制度文化层面上的融入。制度文化以一定社会的政治制度、社会政策、社会规范等形式表现出来，是对人们的社会行为的“硬性”约束。这种制度文化带有一定的价值导向性，可以与思想政治教育的制度机制有效结合起来。换个角度说，思想政治教育的制度机制也可以被看作是社会制度的一部分。在这方面，我们可以通过进一步建立和完善社会价值规范和道德规范，优化社会运行的制度机制来增强社会对人们的价值观念的引导以及对社会日常行为的规范和约束，进而为思想政治教育的文化融入提供良好的制度环境。

四是实现精神文化层面上的融入。精神文化主要表现为社会的思想观念和精神理念，是社会主流意识形态的集中体现。精神文化直接代表着社会的政治价值和思想意识，其本身的内容就是思想政治教育内容的一部分。例如，中国特色社会主义理论体系、社会主义核心价值体系和社会主义核心价值观、中国特色社会主义文化等都是社会主义精神文明的重要内容，同时也是思想政治教育的根本内容。在这方面，我们可以将精神文化的主要内容直接纳入思想政治教育的内容当中，对广大群众直接进行精神文化方面的教育。

二、确立文化融入的主要原则

在树立文化融入基本理念的基础上，我们还应确立起思想政治教育文化融入的基本原则。这些文化融入的基本原则包括方向性原则、系统性原则、主体性原则、创新性原则等。

（一）方向性原则

思想政治教育和社会主义文化建设的目标都是为了能够全面提高人们的思想道德素质和文化素质，进而培养和造就中国特色社会主义事业的建设者和接班人，为建设“两个一百年”和实现“中国梦”做出贡献。促进思想政治教育的文化融入，应坚持正确的文化融入导向，始终坚持为人民服务、为社会主义服务的正确方向。正如邓小平同志多次强调的，我们应坚持“为人民服务、为社会主义服务”的方向，创作出更多的“能够振奋人民和青年的革命精神，推动他们勇敢献身于祖国各个领域的建设和斗争，具有强大鼓舞力量的作品”。

第一，坚持为人民服务的发展方向。推动思想政治教育的文化融入，应通过思想政治教育和文化建设的特有形态和有效途径为广大群众服务，也就是采用文化知识教育和科技知识普及等方式逐步提高人们的思想道德素质和科学文化素质，为促进社会生产力的发展提供强大的精神动力和智力支持。在推动思想政治教育文化融入中坚持为人民服务，必须通过精神激励、舆论引导等方式营造良好的文化氛围，保证社会主义沿着全面、协调、可持续的方向发展；通过不断地创造新的精神文化产品满足人们不断增长的精神文化需求，进而丰富人的精神世界、增强人的精神力量、实现人的全面发展。

第二，坚持为社会主义服务的发展方向。思想政治教育和社会主义文化建设都具有极强的意识形态性。加强思想政治教育和文化建设都应始终坚持社会主义的正确方向，推动思想政治教育的文化融入更应坚持社会主义的发展方向，这对促进思想政治教育和文化建设的发展都具有重要的意义。在推动思想政治教育文化融入中坚持社会主义方向，必须始终坚持以邓小平理论、“三个代表”重要思想和科学发展观为指导，加强社会主义核心价值体系的建设和社会主义核心价值观的培育，坚持解放思想、实事求是、与时俱进、求真务实，坚持唱响主旋律、提倡多样化，在坚持社会主义的发展方向中推动社会主义文化的大发展大繁荣，推动思想政治教育的改革和创新。

（二）系统性原则

从系统论的角度看，思想政治教育和文化是两个独立的系统。但从社会大系统的角度看，思想政治教育和文化也可以被看作是一个系统中的两个不同元素。思想政治教育和文化的性质和功能决定了它们之间是相互贯通、高度一致的。推动思想政治教育的文化融入，就是要促进思想政治教育和文化的系统融入，实现文化在思想政治教育中的整体融入以及系统中的不同元素之间的融合，发挥思想政治教育和文化的整体功能。

推动思想政治教育的文化融入，应注重思想政治教育和文化的协调发展，对思想政治教育和文化的发展有一个全面、系统、长远的考虑，不能厚此薄彼，更不能重视一个而忽视了另一个；应充分认识到思想政治教育对文化建设的重要性和文化对思想政治教育的重要性，认识到思想政治教育和文化是一个有机的不可分割的整体，忽视了哪一个另一个都不能良好地发展。因此，在推动思想政治教育文化融入的过程中，一定要坚持整体推进、同步推进，要注重资源整合、科学规划、统筹安排，真正做到思想政治教育和文化以及系统中的各个元素的科学发展、协调发展、可持续发展。

（三）主体性原则

推动思想政治教育的文化融入，必须坚持主体性原则，树立主体性意识，增强广大人民群众在推动文化融入中的积极能动性和主观创造性，推动思想政治教育文化融入良好效果的实现。正如毛泽东同志所说：“我们的文化是人民的文化，文化工作者必须有为人民服务的高度的热忱，必须联系群众，而不要脱离群众。要联系群众，就要按照群众的需要和自愿。一切为群众的工作都要从群众的需要出发，而不是从任何良好的个人愿望出发。”因此，做好群众的思想文化教育工作，应该坚持两条原则：“一条是群众的实际上的需要，而不是我们脑子里头幻想出来的需要；一条是群众的自愿，由群众自己下决心，而不是由我们代替群众下决心。”

在推动思想政治教育的文化融入过程中坚持主体性原则，就是要坚持以人为本，增强广大群众的主体性意识。坚持以人为本就是坚持广大群众在实践活动中的主体地位。一是充分发挥广大群众在推动文化融入中的积极主动性，通过大力推进思想政治教育和社会主义文化建设提高人们的思想政治素质和科学文化素质，把促进人们的成才与成长作为工作的出发点和落脚点，把培养社会主义的合格人才作为工作的根本任务，把实现人的全面发展作为工作的根本目标。二是充分调动起广大人民群众的参与热情，充分地唤醒和切实地增强人们的主体意识，发挥人民群众在推进思想政治教育文化融入中的主导性作用和决定性作用。三是强化自我意识，使广大群众能够自觉地、主动地认识自我、提升自我，将个人努力塑造成具有优秀品质和良好素质的社会主义公民。

（四）创新性原则

时代性和创新性是当今社会发展的最突出特点。现代社会的发展节奏越来越快，人们的生活方式、思维方式和思想观念都已经发生了或者正在发生着重大的前所未有的变化。紧跟时代步伐、坚持与时俱进、推动改革创新已经成为时代发展的最强音。推动思想政治教育和社会主义文化建设，也必须紧跟当代中国改革发展的时代潮流，必须紧跟当今世界的发展潮流。思想政治教育文化融入的提出，本身就是时代发展的客观要求和时代创新的生动体现，也是思想政治教育和文化建设的创新发展的重要趋势。

推动思想政治教育的文化融入，应坚持与时代发展保持同步的原则，紧跟时代发展的步伐，超前或者落后都不利于思想政治教育和文化建设的作用的发挥。因此，我们应在推动思想政治教育和文化建设共同发展的具体实践中，把握时代特点、紧握时代脉搏、关注发展热点、关切群众诉求，推动思想政治教育和文化的融合创新。这种融合创新体现在多个层次和方面，包括内容的创新、方法的创新、载体的创新等。

三、思想政治教育文化融入的内容范围

内容上的融入是思想政治教育文化融入的核心。文化内容的科学、合理与否，直接影响到思想政治教育的文化融入效果，影响到思想政治教育的实效性。在确定思想政治教育文化融入的内容时，

需要有一个明确的主线和方向，这个主线和方向是以先进的、正确的教育理念、文化理念和融入理念为前提的。思想政治教育的内容包括理论教育、路线方针政策教育、共产主义远大理想和中国特色社会主义共同理想的教育、世界观人生观价值观教育、爱国主义集体主义社会主义教育等系统的思想政治教育以及形势任务教育、国家法律法规教育等日常的思想政治教育。推动文化在内容上融入思想政治教育，就是将各种物质文化、制度文化、精神文化等融入思想政治教育的系统教育和日常教育的整个过程之中，通过强有力的思想政治教育活动促进人们提高政治素质、文化素质、业务素质和技能，提高思想政治觉悟、文化修养和文化品位。

（一）坚持以中国特色社会主义为核心教育内容

在建设中国特色社会主义的不断探索中，中国共产党开创了中国特色社会主义道路，形成了中国特色社会主义理论体系，完善了中国特色社会主义制度。这是中国共产党在革命、建设和改革过程中创造的根本成就，要求我们必须倍加珍惜、始终坚持。在这三者中，“中国特色社会主义道路是实现途径，中国特色社会主义理论体系是行动指南，中国特色社会主义制度是根本保障，三者统一于中国特色社会主义伟大实践，这是党领导人民在建设社会主义长期实践中形成的最鲜明特色。”

1. 加强中国特色社会主义道路坚定性教育

增强中国特色社会主义道路的坚定性，应充分认识中国特色社会主义道路的内容和重大意义，不断增强中国特色社会主义的道路自信。

（1）充分认识中国特色社会主义道路的内涵和意义

中国特色社会主义道路是中国共产党带领全国各族人民共同团结奋斗的结果，其中凝结了无数中国共产党人的智慧和心血。实践证明，坚持走中国特色社会主义道路是党和人民的历史抉择。中国特色社会主义道路是建设中国特色社会主义、实现社会主义现代化、实现中华民族伟大复兴的必由之路，是引领和推动当代中国发展进步的科学之路。“全面建成小康社会，加快推进社会主义现代化，实现中华民族伟大复兴，必须坚定不移走中国特色社会主义道路。”道理问题解决的是举什么旗、走什么路的根本性问题。党的十八大报告明确指出了中国特色社会主义道路的内涵，对这一问题做出了科学的解答，即“中国特色社会主义道路，就是在中国共产党领导下，坚持改革开放，解放和发展社会生产力，建设社会主义市场经济、社会主义民主政治、社会主义先进文化、社会主义和谐社会、社会主义生态文明，促进人的全面发展，逐步实现全体人民共同富裕，建设富强民主文明和谐的社会主义现代化国家”。

（2）不断增强中国特色社会主义的道路自信

道路自信反映了广大群众对中国特色社会主义道路的正确性、实效性的认识，能够促进人们对未来的发展前景充满信心。改革开放以来的实践证明，中国特色社会主义道路符合我国基本国情和时代发展需要，符合经济社会发展和人民群众诉求，是一条能够实现国家繁荣昌盛和人民幸福安康的正确道路。只有中国特色社会主义道路才能够发展中国，而没有其他的道路可以选择，也没有其他的道路可以取代。我们应该坚定这样的道路自信。

坚定中国特色社会主义的道路自信，要求我们在道路问题上既不能妄自菲薄，也不能妄自尊大；既不能走封闭僵化的老路，也不能走改旗易帜的邪路。封闭僵化、改旗易帜，都意味着对社会主义的否定，这从根本上会动摇我国社会主义的立国之本和社会主义现代化建设的根基。如果我们放弃了改革开放，就等于放弃了中国特色社会主义道路，这只会让我们走上封闭僵化的老路，社会就会失去生机和活力，甚至出现停滞或倒退。如果我们盲目地照搬照抄其他国家的制度体制，就等于放弃了社会主义，只能使我们走上改旗易帜的邪路，最终将会导致经济停滞、民生凋敝、社会动荡等严重后果。

坚定中国特色社会主义的道路自信，还需要我们正确把握“八个坚持”。党的十八大报告提出了“八个坚持”的基本要求。做到“八个坚持”，是中国共产党在新形势下夺取中国特色社会主义新胜利的客观要求和共同信念，也是使中国特色社会主义道路永葆活力的生命源泉。

2. 加强中国特色社会主义理论体系教育

中国特色社会主义理论体系是中国共产党在推进改革开放和建设中国特色社会主义过程中形成的重大理论成果，是马克思主义与当代中国建设实践紧密结合的重要理论产物，是党在新形势下建设中国特色社会主义的重要行动指南。思想政治教育和文化建设作为中国特色社会主义事业的一部分，作为新时期社会主义的意识形态工作，也必须始终坚持以中国特色社会主义理论体系为指导，并将中国特色社会主义理论体系作为思想政治教育和社会主义文化建设的核心内容。

（1）充分认识中国特色社会主义理论体系的重要性

中国特色社会主义理论体系是对马克思列宁主义、毛泽东思想的坚持和发展，它们之间是一脉相承、与时俱进的关系，从而共同指导着当代中国改革开放的实践和经济社会的全面发展。中国特色社会主义理论体系反映了中国共产党对人类社会发展规律、社会主义建设规律和共产党执政规律的认识和探索，是一个科学的理论体系，是党的智慧的凝结和最可宝贵的财富，是全国人民共同奋斗的思想基础。

坚持和发展中国特色社会主义理论体系，对武装全党、教育人民具有非常重要的意义。加强中国特色社会主义理论体系的学习和教育，有利于坚定人们高举中国特色社会主义伟大旗帜的意志和决心，有利于坚持中国特色社会主义道路、完善中国特色社会主义制度，有利于坚定人们的共产主义远大理想和中国特色社会主义共同理想，有利于提高人们的思想政治修养和道德文化素质，增强人们推动科学发展、促进社会和谐的真实本领。

（2）学习和实践中国特色社会主义理论体系

中国特色社会主义理论体系是实践成果的有效凝结，是一个科学的理论体系。理论只有转化为实践并被群众所掌握，才具有强大的力量。正如毛泽东同志所说：“如果我们党有一百个至二百个系统地而不是零碎地、实际地而不是空洞地学会了马克思列宁主义的同志，就会大大地提高我们党的战斗力量。”我们应充分地认识到，建设中国特色社会主义理论体系，不仅是为了丰富和发展马克思主义，而且是为了指导实践、解决问题，推动党和国家的事业的发展。我们应注重把这些科学的理论应用到现实实践中去，用理论来指导实践，让理论在实践中得到检验、在实践中不断丰富和发展，并将学习和实践中国特色社会主义理论体系作为党的一项长期的战略任务，努力提高全党和全国人民的马克思主义理论水平。

学习和实践中国特色社会主义理论体系，不能零零碎碎地学，不能只学习其中的只言片语，而应该系统地学、完整地学、全面地学，深刻领会中国特色社会主义理论体系的精髓和实质，深刻领会作为一个完整的体系的中国特色社会主义理论的背景、意义、道路、战略、任务、动力、目标等问题。此外，学习和实践中国特色社会主义理论体系，还应与研读马列主义经典著作结合起来，加强理论基础，加深理论理解，增强马克思主义理论的自觉性和坚定性。

（3）丰富和发展中国特色社会主义理论体系

中国特色社会主义理论体系是马克思主义中国化的最新理论成果。但这并不是说中国特色社会主义理论体系已经非常完善，已经够用，不需要再发展了，而是说中国特色社会主义理论体系在新的实践基础上仍需要得到不断的丰富、发展和完善。这是马克思主义理论本身不断发展的必然要求。

理论创新永无止境。丰富和发展中国特色社会主义理论体系，要求人们在新的时代背景和新的社会实践中坚持用马克思主义的立场、观点和方法去认识和把握国际国内的发展形势和时代特征，正确认识我国的社会主义初级阶段的基本国情以及改革发展的重要性和艰巨性，始终坚持用中国特色社会主义理论体系来武装人们的头脑、指导社会实践，并在新的社会实践中不断总结经验、提升理论，使中国特色社会主义理论体系不断得到丰富和发展。正如胡锦涛同志所要求的：“要坚持把马克思主义基本原理同中国具体实际相结合，不断做出符合我国社会发展进步要求和人民群众实践需要的新的理论概括，使当代中国的马克思主义具有更加鲜明的实践特色；要扎根于中国的土壤，把马克思主义真理的力量深深熔铸在民族的生命力、创造力、凝聚力之中，使当代中国的马克思主义具有更加鲜明的民族特色；要始终走在时代前列，敏锐把握时代特征，准确反映时代要求，使当代中国的马克思主义具有更加鲜明的时代特色，从而更好地为新的历史条件下党和人民事业的发展提供科学理论指导。”

3. 加强中国特色社会主义制度优越性教育

任何一个社会都以一定的社会制度为基础，建立起具有一定优越性的制度是所有的社会都共同追求的。正如邓小平同志所指出的：“制度问题更带有根本性、全局性、稳定性和长期性……关系到党和国家是否改变颜色。”中国共产党在多年的发展历程中取得了中国特色社会主义伟大成就的同时，也逐步建立和完善了中国特色社会主义制度。中国特色社会主义制度的建立，标志着人类制度文明的又一个先进形态的出现。

中国特色社会主义制度的产生和发展，是历史发展的选择，也是中国人民的共同选择。它充分体现了“社会主义”与“中国特色”的相互结合，“是一套建立在中国基本国情基础之上、把科学社会主义的基本原则与中国当代实际和世界实际结合起来的、独特的制度体系。”中国特色社会主义制度既坚持了科学社会主义的基本原理，又符合了中国发展的基本国情，还促进了中国特色社会主义事业的良好发展，因而具有无比的优越性。

中国特色社会主义制度包含广泛的内容，不仅包括根本政治制度，而且包括基本的政治、经济制度，还包括一系列的经济、政治、文化、社会、生态等体制机制。这一系列的制度、体制和机制共同构成了中国特色社会主义制度。在社会主义现代化建设过程中，中国特色社会主义制度体现出了强大的生命力、无限的活力和高度的凝聚力。它“有利于保持党和国家活力、调动广大人民群众和社会各方面的积极性、主动性、创造性，有利于解放和发展社会生产力、推动经济社会全面发展，有利于维护和促进社会公平正义、实现全体人民共同富裕，有利于集中力量办大事、有效应对前进道路上的各种风险挑战，有利于维护民族团结、社会稳定、国家统一”。

中国特色社会主义制度的优越性，还体现在中国特色社会主义制度的自我发展和自我完善。任何一种社会制度，只有与社会实践相结合、与时代发展相结合，才能发挥出自身的强大生命力。中国特色社会主义制度具有这方面的优势，它始终坚持与中国国情相结合，与时代发展相适应，并随着改革开放的不断深入和时代条件的不断更新而调整自己、发展自己、完善自己。中国特色社会主义制度的自我发展和完善，一方面应遵循中国特色社会主义制度的自我发展规律；另一方面也对我们的工作提出了一些具体要求。发展和完善中国特色社会主义制度，要求我们一方面树立制度创新的思维和理念，区分对待处在不同层次上的制度机制；另一方面保持开放的心态，积极借鉴人类文明的一切优秀成果，博采众长、为我所用，通过一系列的具体措施提高中国特色社会主义制度的适应性和时代性，在社会实践中进一步完善各种具体的制度机制，进一步丰富中国特色社会主义制度的内容。

（二）以社会主义核心价值体系为共同导向

价值观念或价值体系是社会文化的核心内容。任何一个国家、一个社会都有自己的核心价值体系，并在经济社会发展中居于核心地位、发挥核心作用。社会主义核心价值体系及其包含着的社会主义核心价值观，是社会主义文化的核心内容，决定着社会主义文化的性质和方向。

1. 加强社会主义核心价值体系的学习教育

社会主义核心价值体系是中国共产党团结带领全国各族人民团结奋斗的一面精神旗帜，是党引领社会思潮、凝聚社会共识的重要武器。在社会主义核心价值体系的学习和教育过程中，中国共产党应始终居于主导地位、发挥主导作用。加强社会主义核心价值体系的学习和教育，可以分为三个阶段：第一阶段是获得人们的理解和认同；第二阶段是将社会主义核心价值体系融入教育管理的整个过程；第三阶段是将社会主义核心价值体系体现在社会实践过程和个体日常行为中，成为人们的共同精神信仰、基本价值取向和自觉追求。

（1）社会主义核心价值体系获得人们的理解和认同

加强社会主义核心价值体系的学习和教育，前提是让人们认识和理解社会主义核心价值体系的内容，并在认识和理解的基础上形成对核心价值体系的认同。因此，人们首先应明确社会主义核心价值体系的基本内容和具体要求，并结合现实情况和具体实践，对其作出详细的阐释，使其易于理解、乐于接受，进而从心灵上产生共鸣、从思想上形成共识。其次，应增强人们的学习意识，筑牢人们的思想防线，增强人们对社会主义核心价值体系的重视程度。始终坚持以社会主义核心价值体系作为人们的思想和行为准则，坚定政治立场，保持清醒头脑，逐步增强自身的党性意识、宗旨意识、大局意识、责任意识，树立共产主义的远大理想和中国特色社会主义的共同理想。最后，应在情感上对社会主义核心价值体系产生共鸣。通过广泛运用先进典型、生动事例等，充分体现社会主义核心价值体系中所蕴含的人类的真善美，使人们在学习社会主义核心价值体系过程中找到心灵的寄托和归宿。

（2）将社会主义核心价值体系融入教育管理中

要将人们的思想观念转变成具体行为，必须将社会主义核心价值体系贯穿到社会生活的方方面面，融入教育和管理的整个过程。也就是说，社会主义核心价值体系应贯穿到经济建设、政治建设、文化建设、社会建设、生态建设以及党的建设等各个方面、各个领域，融入人们日常的工作、学习、生活当中。一方面，应从党的政策制度的角度下功夫，努力将社会主义核心价值体系融入党的各项路线方针政策，体现在党的各项规章制度和党的组织生活之中，充分发挥党的政策和制度对人们的思想和行为的引导作用。另一方面，应从人们学习实践的角度下功夫，努力使社会主义核心价值体系成为学习教育的主要内容，成为人们进行党员民主评议、干部考察使用的重要标准，让人们在接受教育的过程中感受到社会主义核心价值体系的强大力量和无限魅力。

（3）将社会主义核心价值体系体现在实践上

进行社会主义核心价值体系的学习和教育，最终要体现在实践上，使社会主义核心价值体系的核心内容和基本精神体现在人们的日常行为和社会实践之中。努力做到这一点，最基础、最重要的是要发挥好党员和领导干部的表率和示范作用。党员和领导干部的一言一行、一举一动，都对广大群众起着很强的示范作用，也影响着人们对社会主义核心价值体系的认同和践行。广大党员和领导干部应带头学习、自觉践行、以身作则、率先垂范，以自己的实际行动带动广大群众自觉实践社会主义核心价值体系。此外，广大党员和领导干部还应自觉地利用社会主义核心价值体系改造自己的思想，加强思想道德修养，提升精神境界，通过发挥自身的表率作用引导广大群众努力培养高尚的道德情操和健康的生活情趣。

2.积极培育和践行社会主义核心价值观

共同的价值观是社会文化发展的基石，是人类生存发展的思想基础，也是社会发展的精神指南和发展方向。思想政治教育要发挥其强大的教育和引导功能，必须做好社会主义核心价值观的教育工作。党的十八大报告从三个层面明确了社会主义核心价值观的主要内容，即从国家层面倡导富强、民主、文明、和谐；从社会层面倡导自由、平等、公正、法治；从个人层面倡导爱国、敬业、诚信、友善。这“三个倡导”体现了社会主义国家的最核心、最重要的价值理念，是中国共产党在建设社会主义核心价值体系方面的最新理论成果。社会主义核心价值观的培育，为我们树立共同价值观，积极应对西方价值观的挑战和引领多样化的社会思潮，建设中华民族共有精神家园奠定了坚实的思想基础。

（1）倡导富强、民主、文明、和谐

倡导富强、民主、文明、和谐，主要是从国家层面规定了社会主义核心价值观的发展目标，是我国在社会主义初级阶段共同追求的奋斗目标。解放和发展生产力，消灭剥削，消除两极分化，最终实现共同富裕，是社会主义的本质要求，集中体现了中国最广大人民群众的根本利益，体现了社会主义制度的优越性。这一社会主义的本质内在地包含着富强、民主、文明、和谐的核心价值理念。

社会主义作为先进生产力的代表，必然能够极大地解放生产力、发展生产力，创造出更为发达的物质文明和更为高度的精神文明，实现国家富强、人民幸福和民族复兴。实现国家的富强、民主、文明、和谐，是近代以来中国人民的共同愿景，有利于鼓舞人心、振奋精神，凝聚起最广大人民群众的智慧和力量。富强，就是国家带领广大人民群众走向富裕和强大，集中体现了坚持以经济建设为中心，坚持发展是第一要务，加快推动经济社会发展的重要目标和价值理念。民主，就是大力发扬社会主义民主，建设社会主义法治国家。文明，包括社会主义物质文明、精神文明、政治文明、生态文明等。和谐，来源于中国传统儒家的“和”思想，要求我们坚持人与人、人与社会、人与自然的和谐相处，坚持各个民族、各个地方、各个领域的和谐共存。富强、民主、文明、和谐集中体现了经济建设、政治建设、文化建设、社会建设及生态建设“五位一体”的协调发展和融会贯通。

（2）倡导自由、平等、公正、法治

自由、平等、公正、法治是社会主义国家的理想和追求，是社会主义国家在对社会进行制度设计时应该遵守的最基本的理念。西方资本主义国家也在宣扬自由、平等、博爱，但这种资本主义形式下的自由平等实质上包含着众多的不自由、不平等现象，这最终归因于资本主义的生产资料私有制。而事实证明，只有建立在生产资料公有制基础上的社会主义制度和共产主义制度，才能使人们享有平等的权利，真正实现公平正义。正如马克思恩格斯指出的：“真正的自由和真正的平等只有在公社制度下才可能实现……这样的制度是正义所要求的。”

倡导自由、平等、公正、法治，主要是从社会层面规定了我国社会主义核心价值观的价值导向，集中体现了社会主义社会的基本价值属性和核心价值理念。作为马克思主义政党，中国共产党将实现人类解放和实现人的自由全面发展作为自己的终极目标，并一直为实现人的自由全面发展做出不懈的努力。实现人的自由全面发展已经作为一个重要的价值目标明确地写在了中国共产党的报告中，并在党的重要会议和文件中进行了多次强调。中国共产党自十六大以来提出的科学发展、以人为本、和谐社会、执政为民等理念，都内在地包含着实现人的自由全面发展的价值取向，也集中体现了社会主义自由、平等、公正、法治的核心价值理念。

尊重和保障自由，集中体现在党的各项具体工作更加尊重和保障人权，发扬人民民主；更加尊重群众的首创精神，保障广大群众的各项权益。社会主义国家的平等，是让全体人民共享改革发展成果的平等，是用法治来保证的平等。公正，即公平正义，集中体现在权利公平、机会公平、规则公平等方面，这要求我们努力营造公平公正的社会氛围，保障广大群众的平等参与、平等竞争、平等发展的权利。法治，就是要建设社会主义法治国家，这是发展社会主义政治文明的根本要求。建设社会主义法治国家，要坚持党的领导、人民当家做主和依法治国相统一，坚持依法治国与以德治国相结合。

（3）倡导爱国、敬业、诚信、友善

倡导爱国、敬业、诚信、友善，主要是从公民个人的层面规定了社会主义核心价值观的道德准则。爱国、敬业、诚信、友善是我国公民基本道德规范的核心内容，体现了公民的思想道德和行为规范的本质要求，是我国公民应该践行的根本道德准则和基本道德规范。

我国在2001年就颁布了《公民道德建设实施纲要》，并在多个重要文件中谈到了公民道德建设的内容。当今社会广泛开展的志愿者活动、道德模范评选活动、精神文明创建活动等，都是社会主义公民道德建设的生动体现。在党的十八大报告中，中国共产党对公民道德规范进行了深度概括，提出了“爱国、敬业、诚信、友善”的核心道德理念，这是对公民道德规范的进一步升华。“爱国、敬业、诚信、友善”的核心道德理念，集中体现了中华民族的传统美德和社会主义的优秀道德，囊括了公民道德建设的各个环节，涵盖了社会公德、职业道德、家庭美德、个人品德的各个方面。爱国，集中体现了以爱国主义为核心的民族精神，是对爱国主义、集体主义、社会主义的具体阐释。作为一个中国人，首先应该热爱自己的祖国和人民。敬业，主要是指职业价值理念。每个人在从事一定的职业时，都应该像孔繁森、孔祥瑞等先进人物一样具有敬业理念，尊重自己的职业，热爱自己的岗位，全身心地投入到工作当中，努力干好本职工作，在完成本职工作中为祖国做出贡献。诚信，是社会主义市场经济的基础，是公民应该遵守的基本道德规范。每个单位和个人都应该做到诚实信用，才能够减少市场上的商业欺诈、假冒伪劣等行为，进而增强政府和社会的公信力。友善，要求人与人之间保持友爱、和善。每个人都应该爱国家、爱社会、爱家庭、爱自己、爱他人，倡导爱的循环、拉近爱的距离，驱除一切冷漠和鄙视，营造爱的温暖氛围。

第二节 思想政治教育中文化融入的路径

文化融入思想政治教育的过程并不是零散无序的，而是一项系统工程。作为系统工程，它强调要素与要素之间的有机结合。各种要素的相互结合及其整体运作需要有一种相对规范有效的制度机制。科学、健全、规范、有效的规章制度和运行机制，是思想政治教育文化融入的重要内容。它带有一定的强制性，能够为思想政治教育和文化的协调发展提供不竭动力。

一、建立有利于文化融入的领导体制和工作机制

建立科学的领导体制和工作机制是促进思想政治教育文化融入的重要保证。思想政治教育文化融入的领导体制主要体现在组织、人才、思想等方面，是管事、管人、管思想的有机统一。思想政治教育文化融入的工作机制是领导体制的进一步细化和具体化。

（一）统一领导、齐抓共管

推动思想政治教育的文化融入，应建立健全思想政治教育和文化建设的有效管理机制。应始终坚持党的统一领导，建立党委“一把手”负责的领导机制。同时，充分发挥党政工团妇等各部门和各团体的积极作用，发挥各条战线、各个行业、各个领域的积极作用，努力形成党委统一领导、党政工团妇齐抓共管、各部门各单位各负其责、全社会共同参与的领导体系和工作机制，形成一支专职与兼

职相结合，行政干部、业务干部、技术干部以及其他人员共同参与的大格局。

1.高度重视、切实负责

各级党委应高度重视思想政治教育的文化融入问题，充分认识到思想政治教育的文化融入是时代发展的必然趋势，是推动新时期思想政治教育改革创新和推动社会主义文化大发展大繁荣的客观要求。各级党组织应切实肩负起领导和指导思想政治教育和文化建设的重要责任，对思想政治教育文化融入的主要目标、主要任务、过程步骤、目的意义等都要通盘考虑、精密筹划、周密部署，认真研究和解决文化融入过程中可能遇到的矛盾和问题，不断推动思想政治教育文化融入的纵深发展。各级党组织应切实把推动思想政治教育的文化融入列入日常的重要工作议程，纳入经济社会改革发展的总体规划，防止出现“嘴上重视、行动忽视、待遇歧视”的现象。

2.加强党组织的领导

各级党组织切实加强对思想政治教育和文化建设工作的领导，既能提高党的权威、改善党的领导方式和执政内容，又能保证文化建设的社会主义方向，从而为推动思想政治教育的文化融入提供强大的精神动力、良好的环境条件、有力的组织保障。早在革命时期，毛泽东同志就高度重视党的思想政治领导和文化领导。他指出：“掌握思想领导是掌握一切领导的第一位。”邓小平也曾指出：“我们说改善党的领导，其中最主要的，就是加强思想政治工作。”可见，坚持对思想政治教育和文化建设的领导是中国共产党的优良传统和重要经验，也是坚持党的领导在思想理论建设领域中的具体体现。

在思想政治教育和文化建设中坚持党的领导，应该将各级党组织的“一把手”作为文化融入工作的第一责任人，其他领导人员也应该明确任务、各负其责，切实将思想政治教育和文化建设的领导权抓在手上，落实到具体工作之中，并将开展思想政治教育和文化建设的成效作为工作考评和选拔领导干部的重要标准。

3. 优化思想政治教育和文化建设的有效管理机构

一定的管理机构是思想政治教育和文化建设的“协调装置”。管理机构的设置是否合理、运转是否协调，将对思想政治教育和文化建设的发展产生重要的影响。优化思想政治教育和文化建设的管理机构，能够使决策、组织、领导、控制、创新等职能处于科学、有序的状态，从而最大限度地促进社会各类资源的优化配置，激发起广大群众的积极主动性，从而不断地将思想政治教育和文化建设工作推向前进。

优化思想政治教育和文化建设的有效的管理机构，能够为推动思想政治教育和文化建设的创新提供源源不断的精神动力和物质保障，能够有效地实现思想政治教育文化融入的目标。如果相关管理机构的配置不合理，甚至出现职能重叠、职责不明、运转不灵、效率低下等情况，必然会影响到思想政治教育和文化建设优化的生机和活力，阻碍思想政治教育的文化融入。因此，优化管理机构，关键在于对相关管理机构进行合理配置，明确相关机构的职责，保证管理机构的协调运行、高效率运行。

4. 加强文化传播部门的作用

文化传播媒介在传播社会文化和文化产品过程中发挥着极为重要的作用，对社会文化环境也产生着重要的影响。文化传播部门在加强社会主义精神文明建设、整治社会文化环境中的责任也非常重大。在经济效益和社会效益面前，各类报刊、杂志、广播、电影、电视、网络等文化传播部门一定要树立起社会效益为先的思想观念，正确把握文化导向，积极报道反映社会主义新风尚的好人好事，播放能够体现积极向上、艰苦奋斗、见义勇为等伟大精神的电影电视作品，传播各种能够反映中华民族传统美德又富有时代精神的文化产品，杜绝各类精神不振、庸俗低俗的文化产品进入媒体，污染文化环境。

5. 加强文化管理部门的作用

文化管理部门在加强社会文化市场的管理和文化环境的整治中发挥着重要的作用。加强文化管理部门的作用，一是应加快立法，建立健全社会主义文化市场的相关规章制度，从制度上保证文化市场的健康发展。比如，建立各种媒体尤其是新媒体的登记审查和定期检查制度，建立文化工作人员的教育培训制度，建立对文化市场的治理制度和违法人员的惩治制度等。二是应加大执法力度，做到严格执法。应加大对文化经营部门的监督检查力度，坚持固定检查和突击检查相结合，形成文化监督检查的常态化、长效化机制。大力加强对文化环境的整治力度，通过采取各种有效措施打击制黄贩黄、盗版剽窃等活动，禁止低俗庸俗的、腐朽落后的文化产品进入文化市场，净化文化市场环境。

（二）引导群众积极参与

党的思想政治教育和文化建设工作，实质上都可以说是党的群众工作，是一个教育群众、发动群众、引导群众、提高群众的过程。在这个过程中，群众并不是消极被动的，而是积极主动的，是充分发挥自身的聪明才智积极参与建设的。

1. 树立全员共建意识

思想政治教育的文化融入是一项系统性的工程，这项工程的完成，离不开党的坚强领导，同时也离不开各个部门、各个单位、各个环节的协调和配合，离不开广大人民群众的积极参与。推动思想政治教育的文化融入单纯依靠几个部门的努力是完成不了的，更需要广泛发动社会各个方面的力量，调动最广大人民群众参与建设的积极性和主动性。因此，推动思想政治教育的文化融入，应在全社会树立全员共建的意识，充分调动全社会及其全体成员的积极性、主动性和创造性。只有每个社会成员都深刻地认识到自己的责任并主动肩负起责任，努力做好本职工作，才能有力地促进思想政治教育和文化建设的同步发展、协调发展、融合发展。

2. 引导广大群众积极参与

推动思想政治教育的文化融入，不能只依靠政府部门的努力，还需要依靠广大群众的积极参与。这就需要引导社会全体成员的共同参与，提高广大群众的参与能力，激发他们参与的积极主动性；需要确立人民群众的主人翁地位，真正实现民主参与，建设积极向上的参与氛围。一是改进工作方式。领导干部应转变思想观念，坚持密切联系群众，充分尊重人民群众的主体地位，发挥人民群众的主体作用，将党的一切工作都置于人民群众的监督之下，接受广大群众的监督和考核。通过各种途径及时、定期地与广大群众沟通信息，让广大群众了解当前的形势和面临的任务以及存在的各种问题和困难，增强广大群众的责任感、使命感。二是引导广大群众积极参与到社会生产、经营、管理、服务等的整个过程之中，使广大群众与经济社会的发展同呼吸、共命运，从而形成一个能够相互依靠、相互促进的利益共同体。

二、建立思想政治教育与文化的互动发展机制

实现思想政治教育的文化融入需要保持思想政治教育与文化之间的良性互动和同步发展。如果思想政治教育与文化之间出现隔离或者其中的一个严重滞后于另一个，就会深刻地影响到思想政治教育的文化融入效果。

（一）建立思想政治教育与文化的互动机制

推动思想政治教育和文化的互动，要求实现思想政治教育和文化在内容上、功能上、载体上、方法上的互动与整合。思想政治教育与文化的互动包括主客体的互动，内容、方式、目标的互动，以及主客体与内容、方式、目标的互动等。

第一，建立思想政治教育与文化的平衡协调机制。建立思想政治教育与文化的平衡协调机制，要求人们主动地对社会文化信息进行积极的反馈、筛选和辨别，从而形成思想政治教育和文化的正确

导向机制。一方面充分发挥思想政治教育的主导作用；另一方面从组织、制度、方法等方面建立和完善社会主义文化建设的导向机制，进而主动吸收各种文化信息中的积极有益的成分，丰富和充实思想政治教育和文化的内容和形式，为思想政治教育和文化增添时代色彩和生机活力。

第二，建立思想政治教育与文化互动的规范、约束、引导机制。建立思想政治教育与文化互动的规范、约束、引导机制，需要从以下几个方面进行努力：一是发挥社会主义文化对人们的思想和行为的规范、约束和引导作用；二是形成个人的自我教育、自我导向和自我完善机制；三是充分发挥社会精神、集体舆论、典型榜样、人际环境以及各种规章制度等对人们的规范、约束和引导作用，促进社会主义文化的健康发展。

第三，建立思想政治教育与文化互动的保障机制。建立思想政治教育与文化互动的保障机制，需要从以下几个方面进行努力：一是帮助人们形成正确、高尚的自我导向机制，使人们自觉地、主动地、正确地对各种文化信息进行辨别、筛选、消化、吸收，使人们的思想文化素质的提高过程变成一个自我教育、自我完善的过程。二是经常对广大群众进行理想信念、中国特色社会主义、国情社情、形势政策等方面的教育，使广大群众在面对各种社会文化思潮的冲击时保持坚定立场和正确方向。三是结合我国的基本国情和广大群众的个体发展需要，加快对人们尤其是青少年的政治社会化进程，使他们在政治社会化过程中形成正确的价值目标、政治态度、道德规范、职业角色等。四是开展多种形式的社会实践活动，形成社会实践、科技文化服务、经济建设“三位一体”的活动机制，积极组织广大群众参与到这些社会活动之中，介入经济社会发展的整个过程之中，在亲身实践中提高思想素质、锻炼工作能力。

（二）建立思想政治教育与文化的同步发展机制

开展有效的思想政治工作是党的优良传统，也是党多年来积累的宝贵经验。在社会主义市场经济不断健全和完善的今天，思想政治教育仍然是一项不可或缺的重要工作，并在经济社会发展的各个方面都发挥着重要的作用。社会主义文化建设作为中国特色社会主义建设布局的重要部分，是“五位一体”中的重要一维，并在经济社会发展中越来越显示出它的重要性。从一定意义上说，一个国家的文化发展状况决定了这个国家的竞争力的高低，文化已经成为国家发展的重要动力。可见，无论是思想政治教育还是文化建设，都是党的事业的一部分，都在各自的领域中发挥着不可替代的作用，并且这两者相互促进、相辅相成。思想政治教育保证了文化建设的正确发展方向，而文化建设也推动了思想政治教育的改进和创新。

思想政治教育和文化建设虽然存在着密切的联系和相互作用，但这种相互作用还是存在一定的差别的。思想政治教育对文化建设更多的是一种指导作用，而文化建设对思想政治教育更多的是一种促进作用。也就是说，思想政治教育在“两个文明”建设中处于指导地位，具有导向作用。思想政治教育指导着文化建设保持社会主义方向，而文化建设为思想政治教育创造了必要的条件和良好的环境。文化建设以其独特的文化方式和活动方式为思想政治教育提供了新思路、新内容和新方法，有效地促进了思想政治教育向深度和广度拓展。

从整体上看，虽然思想政治教育和文化建设具有许多相同之处或相通之处，能够实现有机结合，但在实际工作中，这两者都不能偏废，更不能相互替代。思想政治教育和文化建设承载着不同的社会职责，在经济社会发展中发挥着各自不同的作用，不能以文化建设代替思想政治教育，更不能以思想政治教育代替文化建设。否则，就会模糊界限，不仅会削弱思想政治教育的作用，还会使文化建设失去指导方向。建立思想政治教育与文化的同步发展机制，应坚持思想政治教育和文化建设同时加强、同步推进，在工作的具体部署和安排上应保证思想政治教育与文化工作的同步骤、同安排。应逐步建立有利于促进思想政治教育文化融入的多层次、多形式、立体化、开放式的工作平台，建立以信息反馈、信息整理、信息共享为基础的工作系统，在加强对各种信息的反馈、整理、共享的基础上，推动思想政治教育和文化建设的同步发展、融合发展。

三、建立思想政治教育文化融入的推动和保障机制

实现思想政治教育的文化融入，需要一定的推动力量和保障力量，这就要逐步建立健全思想政治教育文化融入的动力机制、反馈评估机制和保障机制。

（一）建立思想政治教育文化融入的动力机制

思想政治教育的文化融入需要一定的推动力量。这种动力直接

来源于人们的精神文化需要，来自于人们的精神文化需要与思想政治教育对人们的满足之间的矛盾。实践证明，思想政治教育和文化建设只有在拥有一定动力的时候，才能促进文化更好地融入思想政治教育的工作之中。

1.建立思想政治教育文化融入的利益驱动机制

利益是思想政治教育和文化建设的出发点和归宿。利益驱动是思想政治教育文化融入的动力机制中的最基本力量。正如马克思所指出的："人们为之奋斗的一切，都同他们的利益有关。""'思想'一旦离开'利益'，就会使自己出丑。"毛泽东同志也曾指出："马克思列宁主义的基本原则，就是要使群众认识自己的利益，并且团结起来，为自己的利益而奋斗。"

思想政治教育和文化建设都反映了一定的利益关系，都服从和服务于一定社会阶层或利益集团的利益，并在一定程度上能够满足人们的政治利益和文化利益。离开了利益，思想政治教育和文化建设也就失去了存在的条件和价值。思想政治教育和文化建设的一个重要作用就是引导人们的利益追求方向，引导人们树立正确的利益观和价值观，从而调节社会的各种利益关系，尤其是正确处理好满足物质利益与提高思想境界之间的关系。

2.建立思想政治教育文化融入的政策驱动机制

政策驱动是动力机制中的重要力量。思想政治教育文化融入的政策驱动机制，主要是指中央、地方、基层等各单位制订、下发的各种政策、条例、纲要、意见、通知等。这些政策的制定和实施，主要用来满足人们的政治文化需要以及对人们的各种需要进行调节。当人们的需要具有合理性、正当性，并与社会的发展目标相一致时，就应该制订政策进行鼓励和支持，进而调动人们的积极主动性，实现社会发展目标；当人们的需求过高、不切实际或者与社会发展目标不一致时，也应该通过各种政策或制度措施对人们进行价值引导，合理调节人们的各种需要，将人们的思想引导社会发展的轨道上来。

3. 建立思想政治教育文化融入的精神驱动机制

精神需要属于人的高层次的需要，包括进行社会交往、获得社会尊重、取得社会成就、促进个人发展、实现自我价值等。思想政治教育和文化建设的一个重要目标就是为人们提供强大的精神动力。正如马克思所指出的："理论一经掌握群众，也会变成物质力量。"

精神驱动机制是动力机制中的隐性推动力量。思想政治教育文化融入的精神驱动机制，主要是指以目标激励、精神激励、情感激励等为主的激励，体现在思想政治教育和文化建设的组织者和参与者的思想观念、理想信念、道德素质、情感意志等方面。这些因素是人们从事生产生活及其他一切社会活动的重要精神推动力量。新形势下，推动思想政治教育的文化融入，就是要大力开发人们的精神动力，创造良好的文化环境和社会环境，不断为建设中国特色社会主义和实现中华民族伟大复兴提供精神动力、智力支持和思想保证。一是把文明意识、服务意识、竞争意识、忧患意识等汇集成一种群体意识，使人们的精神境界得到优化和提高。二是从人们最关心、最需要帮助和解决的事情入手，多做得人心、暖人心、稳人心的工作，达到以情感人、以事促人的效果。

（二）建立思想政治教育文化融入的反馈评估机制

对思想政治教育文化融入的效果进行评估，其前提是收到思想政治教育的反馈信息。因此，一定的信息反馈是对思想政治教育的文化融入进行有效评估的前提条件。完成文化融入的评估，要求全面建立思想政治教育的信息反馈系统，并对思想政治教育文化融入的实际状况、融入进度、融入效果、功能作用等方面进行全面的测量和评价。

1. 建立思想政治教育文化融入的信息反馈机制

畅通的信息反馈机制是对思想政治教育和文化建设进行有效调控的前提，也是保证思想政治教育文化融入的有效推进的基础。及时了解计划的执行情况、思想政治教育和文化的发展与融入情况，有利于及时发现问题、掌握具体情况，牢牢把握住思想政治教育和文化建设的主动权；有利于对相关信息及时进行反馈沟通，不断研究解决新问题，为进一步做出正确决策提供保证。如果没有及时、全面、准确的信息反馈，就很难对思想政治教育文化融入的过程进行调节和控制，也就无法达到应有的效果。

建立思想政治教育文化融入的信息反馈机制，需要从以下几个方面做出努力：一是在各个部门和各个单位建立信息上报制度、信息流通制度、信息公示制度，以确保信息的畅通。二是将各级党委的宣传部门作为思想政治教育的信息反馈和集散中心，并根据反馈信息及时做出工作情况报告，提出改进的意见和建议。三是各级党委加强对工会、共青团、妇联等社会团体的领导，将他们作为密切联系群众的重要渠道，发挥自我教育、自我管理的作用。四是建立合理、及时、畅通的信息机制，促进社会群体反映民意的规范化、常态化、长效化。

2. 建立思想政治教育文化融入的效果评估机制。

有效地开展对思想政治教育文化融入效果的评估，有利于增强思想政治教育文化融入的计划性和针对性；有利于准确地评价和衡量思想政治工作者的绩效和贡献，正确认识思想政治工作者的劳动价值；有利于进一步推动思想政治教育内容和方法的改革创新，提高思想政治教育科学化水平。建立思想政治教育文化融入的效果评估机制，应明确评估标准、制订评估计划、细化评估责任、形成考核机制。

第一，明确思想政治教育文化融入的评估标准。对任何事物的评估都离不开一定的标准。评估标准的确立是有效开展评估活动的必要前提。思想政治教育的文化融入活动也不例外。马克思主义告诉我们，实践是检验真理的唯一标准。评价任何活动的先进与否，关键要看它是否有利于促进社会生产，有利于推动经济社会的全面发展。思想政治教育文化融入的评价标准也应该体现在是否有利于促进经济、政治、文化、社会、生态等的全面协调可持续发展；是否有利于促进人的全面发展；是否有利于思想政治教育的功能发挥、作用实现以及文化的发展和繁荣。

第二，制订思想政治教育文化融入的组织目标和实施计划。开展思想政治教育和文化建设工作应有一定的计划性，应在每一年度或每一季度制定组织目标和活动计划。在进行年度总结和考核评价时，应将日常的工作情况和实施效果与年前的目标和计划进行对照，看实际工作情况是否与工作计划相一致，制定的工作目标是否已经实现。

第三，探索建立思想政治教育文化融入的责任制。加强对思想政治教育文化融入的年度总结和考核评价，根据设计规划、组织制度及相关政策建立思想政治教育文化融入的责任制。把履行思想政治教育文化融入的任务纳入述职内容，接受党员群众的民主评议和监督，并将考核结果作为干部晋升、物质奖励的重要依据。完善奖惩机制，增强思想政治工作者和文化工作者的使命感和光荣感，激发出他们的积极性、主动性和创造性。

第四，探索建立思想政治教育文化融入的定性与定量相结合的考核机制。对思想政治教育的评估，一般都停留在定性评估的层面，这是由思想政治教育活动难以量化的特点决定的。对思想政治教育的定性评估，是指对思想政治工作者的活动进行宏观上的分析和鉴别，通过评价思想政治教育的效果和影响程度来定性分析他们的工作是否优秀、是否合格，包括听取工作汇报、进行实地考察、听取他人意见等。这种定性分析方法发挥着一定的作用，但主观性比较强，评估效果的好坏在一定程度上受到评估人的主观影响。因此，应积极探索思想政治教育文化融入的量化考核机制，建立思想政治教育文化融入的评估指标体系，运用模糊数学等方法将行为变成数据，通过对行为数据的分析对思想政治教育的效果做出科学评价。当然，在评估过程中，这两种方法都是不可缺少的，应实现这两种方法的有效结合。

（三）建立思想政治教育文化融入的保障机制

思想政治教育的文化融入需要有一定的制度作为支撑和保障，特别是国家的相关法律法规对思想政治教育文化融入的有效实施具有促进作用。保障机制为思想政治教育的文化融入提供了必要的物质条件和制度基础。思想政治教育文化融入的保障机制，主要包括组织保障机制、队伍保障机制、物质经费保障机制、制度保障机制等。

1. 建立思想政治教育文化融入的组织保障机制

建立思想政治教育文化融入的组织保障机制，党委（党组）“一把手”应该是第一责任人，应负起主要的领导责任，其他的领导成员也应明确各自的任务，担负起各自的责任。各单位、各部门的主要负责人是所属单位或部门开展思想政治教育和文化建设工作的第一责任人，应全面保障思想政治教育的文化融入取得良好成效。

各级党委可以根据实际工作需要建立联席会议制度，对思想政治教育和文化工作实行有效的领导。可以成立工作协调机构，由分管宣传和思想政治工作的党委书记任组长，协调思想政治工作和文化工作的部署和实施。党委宣传部是具体的执行部门，办公室、组织部、工会、人事处等部门都参与其中，各个部门密切配合形成促进思想政治教育文化融入的有效合力。

2. 建立思想政治教育文化融入的队伍保障机制

推动思想政治教育的文化融入，需要一支政治强、业务精、作风正、素质高的干部队伍作保障。思想政治教育的文化融入是一个长期的过程，不可能在短期内很快完成，这就需要建立一支高素质的专职干部队伍。建设高素质的思想政治工作者队伍和文化工作者队伍是做好思想政治教育和文化建设工作，推动文化有效融入思想政治教育的客观要求。

提高思想政治教育文化融入的有效性，要求这支高素质的干部队伍既能胜任思想政治工作，又能承担文化工作，始终坚持“两手抓、两手都要硬”。一是按照素质高、结构优、队伍稳定的要求，选拔一批“德才兼备”的、政治文化素质高的中青年人才充实到思想政治工作队伍和文化建设队伍之中。二是各级党委和部门应加强对专职干部的教育和培养，积极开展各种教育培训活动，使他们定期学习，不断提升干部队伍的思想理论素质和实际工作能力。三是组织思想政治工作者和文化工作者深入实践、调查研究，不断研究新情况、发现新问题、探索新规律，在实际工作中提高工作能力和文化水平。四是增强思想政治工作者和文化工作者的事业心和使命感，增强他们工作的荣誉感，使思想政治教育工作和文化建设工作得到全社会的尊重和重视。

3. 建立思想政治教育文化融入的物质经费保障机制

有效开展思想政治教育和文化建设，推动思想政治教育的文化融入，需要在人力、物力、财力等方面进行大量的投入，以改善思想政治教育和文化建设的外界条件。可以说，推动思想政治教育的文化融入，经费保障尤为重要。一是加大经常性教育经费、大型宣传教育活动和文化活动经费、理论研究和实践调研经费的投入力度，满足思想政治工作者和文化工作者的教育培训、表彰奖励等方面的经费需要。二是在财政预算时，对思想政治教育和文化建设进行独立预算，能够有足够的经费配备相关设施、组织开展各种具体活动等，以满足政工部门和文化部门基本建设的需要。三是各级各地党委应把思想政治教育和文化建设的基础设施、基本设备、活动场地、基本建设等纳入当地的总体建设规划，从基本建设经费中给予保证。思想政治教育和文化建设的设施、设备应该面向现代化、面向世界、面向未来，充分利用现代技术手段，使思想政治教育活动和文化活动生动形象、寓教于乐。

4. 建立思想政治教育文化融入的制度保障机制

在社会主义市场经济深入发展的今天，推动思想政治教育和文化建设工作，促进思想政治教育的文化融入，已不再能够简单地依靠行政手段，而是要综合利用法律、经济、行政、文化等手段，尤其是要充分发挥法律的作用。建立有利于文化融入的思想政治教育制度体系，是推动思想政治教育文化融入、形成良好社会风尚的根本保障。一是对现有的思想政治教育和文化建设的各种规章制度进行全面修订和完善，建立健全多层次、全方位的有利于思想政治教育文化融入的制度体系，将社会倡导的文化道德原则融入思想政治教育和文化工作的各个方面。二是制定和完善有利于思想政治教育文化融入的具体政策措施，引导思想政治教育和文化建设沿着健康有序的方向发展。三是制定和完善思想政治教育和文化建设同步发展、融合发展的政策法规，使思想政治教育和文化建设切实得到法律的保障。四是在制定思想政治教育和文化建设的各项规章制度的基础上，进一步完善思想政治教育和文化建设的工作机制，切实保障思想政治教育和文化建设的各项规章制度得到全面的贯彻落实，保证思想政治工作者和文化工作者都能够切实地履行职责、完成任务，切实地各负其责、协调一致。

第七章 基于文化视角的思想政治教育路径

第一节 提升文化主体的自强与自信

人是文化存在的主体，是以自知、自主、自为的方式存在，产生了影响久远、渗透细微、扩展广泛的文化力，具有强大的文化理解力、凝聚力、内驱力与创造力等柔性实力。思想政治教育作为提升主体能力的实现路径，理应引导人以主体意识审视自身的价值、定位与本质，启发人、激励人增强文化力，进而增强文化自信，终而实现文化自强。

一、增强主体的文化自信

文化自信是文化主体对所处文化体系的认同、信任与敬畏，是对文化意义的自我确信与文化价值的自我笃信。

（一）增强文化意义的确信力

文化意义的确信力，是人对所处的文化体系意义合理性的确信。文化意义确信力的增强，要历史、理性、辩证地予以确证文化意义的合理性，即以历史的视域理解文化的源流发展，以理性、辩证的视野合理评价与理解传统文化与当下文化。

首先，要历史地把握传统文化。文化自信既是本民族对民族文化的认同过程，认清本民族的精神特质与文化个性，也是民族文化的“认异”过程，是本民族与其他民族之间进行文化样式区分与文化身份辨识的过程。在中国传统文化与精神问题上，梁漱溟先生认为，传统文化与民族精神具有鲜明的个性、顽强的生命力。“中国文化具有顽强的生命力。历史上与中国文化若后若先之古代文化，如埃及、巴比伦、印度、波斯等，或已夭折，或已转易，或失其独立自主之民族生命。唯中国能以其自创之文化绵永其独立之民族生命，至于今日岿然独存。”在此，把握传统文化的要旨，是要引导国人充分辨识传统文化的本然价值与特质，即传统文化是如何具有顽强的生命力、无比的魅力、强大的吸引力、广泛的包容力，在数千年的历史流变中，未动摇其文化根基，未改变其文化本质，在吐故纳新、兼容并蓄中，焕发着文化生命力。同时，文化自信是对传统文化的历史渊薮、发展历程、未来方向的自我认知与确信。纵观传统文化的发展历程，传统文化历经传承、融合与发展，形成了具有中国气派、魅力与风度的文化特质。中华传统文化在历史发展中，既有文化和谐交融，又有文化冲突碰撞，突出表现在，儒、佛、道的文化争鸣、碰撞与融合，逐渐融汇形成了中华民族的民族精神。以东汉之后的文化发展为例证，儒、佛、道逐渐成为文化显学，围绕损益、本末、义理、人伦等方面，文化论争此起彼伏，如佛教、道教所宣扬的出世思想，与儒家所倡导的忠孝之道发生了冲突，引发了老子化胡之争、沙门不敬王之争、白黑论之争、夷夏论之争、神灭论之争等大规模的文化争论。儒、佛、道在论争中逐渐融合，儒家汲取了佛教的心性之学，发展了儒学的心性论与宇宙论，形成了多元互补的文化模式。

在此，一方面，思想政治教育应引导人系统地梳理传统文化的发展脉络，以历史的眼光理解历史，以社会科学普及的方式，让国人了解各历史发展阶段的文化显学，如上古的易学、先秦的诸子百家、两汉经学、魏晋玄学、宋明理学、明清朴学等文化显学应为国人所了解，明晰其发展路径、历程。在此，思想政治教育避免以学究之气向大众教导古奥晦涩的文化义理，而是将传统精髓与时代特征、生活气息有机结合，在“日用常行”之中渗透融入传统文化的价值理念与意蕴。另一方面，思想政治教育引导人本真地理解传统文化的精髓与神韵，要避免两种偏执心态，即一种是全盘否定传统文化，坚持历史与民族文化的虚无主义；另一种是全然接受传统文化，甚至是要完全复制、模仿传统文化的具体样式与内容。由此，思想政治教育应引导人树立宏大的历史观，引导人本然、本真地理解并传承传统文化，以不偏执、不狭隘、不虚无的心态审视传统文化。可见，“那种数典忘祖、蔑视传统、一味丑化民族文化的做法，是十分有害的。当然，弘扬优秀传统文化决不是回到过去、守旧复古，而是要立足新的实践、顺应时代潮流，不断进行新的文化创造。”

其次，要发扬传统文化的时代价值与精神。传统文化不是“故纸堆”中的僵化迂腐之存在，而是在时代变迁中的传承、坚守与创新。在五千年的文化演进中，中华民族形成了刚健有为、清净无为、仁爱和谐等民族精神。如梁漱溟先生所言：国人具有“勤俭”“韧性及弹性”“和平文弱”“知足自得”“圆熟老到”等民族性格。中华民族承载着“刚毅木讷近仁”的儒家思想，具有刚健有为的精神品格，自强不息、独立自主、积极进取，坚忍不拔，以积极入世的姿态应对问题与挑战。中华民族具有清净坚守、无为自然的精神品格，不臆断、不妄为、不偏执极端而为，而是遵循规律，顺应天时、地性、人心而为，达到顺其自然、淡泊明志的精神境界。中华民族具有仁者爱人、和谐共存的精神品格，克己复礼，坚守忠恕之道，以“和而不同”的方式，达到人际和谐、天人和谐、天下为公的精神境界。

在此，思想政治教育在一方面要引导国人提升文化自信的价值认同，要明确传统文化对于构建社会主义先进文化的重要意义，围绕实现中华民族伟大复兴的“中国梦”，将传统文化的精髓与社会主义核心价值观相融合与契合。“要认真汲取中华文化的思想精华、道德精髓，大力弘扬以爱国主义为核心的团结统一、爱好和平、勤劳勇敢、自强不息的思想和精神，深入挖掘和阐发中华传统文化讲仁爱、重民本、守诚信、崇正义、尚和合、求大同的时代价值，使中华传统美德实现创造性转化、创新性发展。”另一方面，思想政治教育要注重引导国人提升文化自信的精神品格，将传统文化的精神意蕴、价值观念固化为精神品格与文化气质，形成社会大众一致的文化心理特征、趋同的思维倾向与心理结构，增强国人对传统文化发展与创新的文化使命意识与践行能力，形成积极正向、刚健有为、崇德善行的社会文化氛围。

（二）增强文化价值观的笃信力

人对文化价值观的笃信，是对所处的文化体系的精神内核的笃信。提升文化价值观的笃信力，要在理性把握文化发展的趋势与规律的基础上，对文化价值观念予以接受、认同与恪守。

首先，要以感性方式体悟文化价值观念。“文化不是时代蛋糕上的酥皮，不是太平盛世的装饰物。它不仅汇聚着一个民族的知识与智慧，更承载着民族的精神信念和积极的时代价值观。文化是时代的正能量和‘精气神’，是一个民族自信心、凝聚力和理想精神的来源。”在此，文化自信是以感性认知为前提，直觉感受直观的文化表征、具体的文化样式。感性思维促成了以情感体验为表征的道德、审美文化。文化体系所营造的生活世界，在视听嗅味触觉的作用下，为人所感性认知与直觉体验，进而由感觉整合为直觉，对文化样式产生整体的反映，形成了丰富的情感世界。在感性认知中，人对所处的文化体系产生了直观认同与情感表达，形成了多样化的情感。由此，思想政治教育要以感性方式增强文化自信，引导人感性认同文化体系。一方面，加强人的道德感体验，以一定的道德标准评价人的思想、观念和行为所产生的主观体验，以合理适度的方式表达爱国情感、集体荣誉感、社会责任感；另一方面，加强人的美感体验，按照一定的审美标准评价自然、社会与文化艺术品而产生的情感体验，在文化理念、价值观念与道德规范的制约与影响下，形成主流的文化审美标准，反对“以反常为正常，以畸趣为兴趣”，“以低俗为通俗，以恶俗为本色”，“以欲望为精神，以贪婪为气派”，“以仿袭为本事，以俗套为个性”，引导人在比较、甄别当下文化中，能够认清美丑、辨明善恶、决断是非。

其次，要以理性方式认同文化价值观念。所谓文化认同，是面对纷繁复杂的文化样式，认同并选择自有文化体系，真正意识到其文化的本真价值，认清自有文化与他者文化之间的本质差别与联系。文化认同是由个体拓展至群体，乃至社会的文化接受与坚守过程。文化认同感作为个体对共同体文化的认可、认同的态度，以自觉、自主的方式接受并实践共同体文化的价值观标准。价值认同与实践、文化认同与践行是知行的二维存在。这需要思想政治教育引导社会大众在认同、情感与行为方面的协调一致，需要一个长期的道德规范内化与外化的过程。随着文化的碰撞、社会的交往，社会核心价值体系在大众的选择、认同与内化过程中，形成了共同的精神家园，引导社会大众形成了共同的历史选择，确立了共同的道德评判标准、共有的价值取向与理想目标，汇集形成共有的精神家园。在此，思想政治教育要在教育情境的设定上，关注多重化的生存境遇中，在多样化文化生活中认知传统文化、民族精神与社会主义核心价值观；在教育内容设置上彰显社会主义核心价值观，引导社会大众塑造刚健有为、和谐共存的精神品格。

二、实现主体的文化自强

文化自强的过程是文化发展过程，更是人的发展完善与价值实现的过程。文化自强的实现，是人在文化自觉与文化自信的基础上，既形成以核心价值观为内核的精神文化统一体，实现了文化的体系完善、影响弥远与作用强力，也提升了人的主体能力，实现了人的文化自主、自为与自强。

（一）提升文化凝聚力

所谓文化凝聚力，是指文化所具有的凝集与聚合的作用。提升文化凝聚力既要实现文化价值观念的内聚，形成具有坚实精神内核的文化体系，也要实现文化主体的聚合，在共有目标的驱动中，形成具有共同合力的文化共同体。

首先，要提升文化的内聚力。文化内聚力是面对多变、多样的文化发展态势，坚定文化的核心价值与信仰，既不妄自菲薄自有文化的合理性，也不盲目否定他者文化的价值，形成了具有坚实的内在文化核心的动态发展的文化体系。文化内聚力的提升既要在社会整体层面以先进文化为方向引领，又要在个体生存层面以信仰信念为文化感召。基于此，一方面，思想政治教育注重先进文化的引领，提升群体的文化定力，增强中华民族自信意识。社会主义先进文化作为民族复兴与腾飞的精神动力，以中华民族的伟大复兴的共同价值目标为导向，使中华民族实现了身份认同、文化认同与行为认同，振奋了民族自信心与自豪感。另一方面，思想政治教育注重以文化的深刻意蕴，启发个体的文化智慧，引导个体以不同的路径解决思想问题、心理问题与现实问题，增强应对生存困惑、物质诱惑、内心迷惑的文化定力。在此，思想政治教育以理想信念的方式，坚定人生信念，明确人生方向；要以精神超越的方式，“正是实践在无限的展开中达到了预成与生成、经验与超验的内在统一”，引导人在人生阅历的体验与积淀中，渐悟人生的智慧、感悟人生的价值，提升个体应对人生际遇的文化定力。

其次，要提升文化的发展合力。文化合力是在文化共同体中，不同的人立足于自身的现实角度，形成了不同的意志、观念，以不同的方式、不同的方向作用成为交错繁杂的力，各种力体现了不同的主观意识与发展趋向，如同具有无数个力的平行四边形，形成最终的确定性的方向与结果。文化合力体现了文化发展的必然规律，合力的方向是个人无法抗拒的必然方向。文化合力是在各种意志的牵引与干扰下形成的，其历史与文化的发展方向不同于具体的个人的意志愿望。但具体的个人的意志与力量共同汇成了合力，个人成为合力中的构成要素，个人的集合体以客观、综合的方式共同影响了文化发展的方向。基于此，思想政治教育理应立足先进文化的发展方向与必然趋势，引导个体在文化交往中，不断深入协作与沟通，逐渐形成共有的利益取向、价值取向与理想目标，汇集形成共有的精神家园，形成了共向的文化合力。只有如此，先进文化才能提升文化合力，增强中华民族自强能力。先进文化才能作为民族复兴与腾飞的精神纽带，以改革创新为核心的共同的时代精神为感召，以共产主义的理想信念为指引，凝聚了共有的价值观念，承载了共有的理想信念，汇集强大的文化合力。

（二）提升文化辐射力

所谓文化辐射力，是指文化具有强大的辐射、影响与渗透作用。文化辐射力的提升是以核心价值观念为圆点，在对个体、群体与社会的层层渗透与辐射中，形成了不同半径的文化同心圆。在此，文化辐射力应彰显出“水”的特质，文化如水，看似无形无势，却具有强大的韧性与可塑性，产生强大的渗透力与拓展力。

首先，要增强文化渗透力。文化自强具有文化渗透功能，正如水滴与江河一般，在刚柔之际，渗透于个体的心理意识与人格之中，成为支撑个体存在发展的精神之根；内隐于民族的性格、文化意识之中，成为支撑民族发展延续的文明基因。由此，思想政治教育应发挥文化的教化功能，具有灌输的作用，彰显文化的显性与刚性育人功能；也有渗透的作用，彰显文化的隐性与柔性育人功能。在显性与隐性、刚性与柔性的辩证关系中，思想政治教育形成强大的文化辐射力，在全过程、全方位育人中，将核心价值体系影响至社会各个层面；同时思想政治教育具有绵柔的文化渗透力，在文化环境氛围的潜移默化中，在社会整体的互相影响中，其影响力看似绵柔，其影响的深度与广度则甚为久远。

其次，要增强文化拓展力。文化自强是文化价值与精神对不同主体的影响、渗透与拓展。由于文化主体具体表征为个体、群体与类，由此，个体表征为文化之“小我”，群体乃至类彰显为文化之“大我”。文化自强是文化“小我”与“大我”的自强。在不同的历史发展阶段，“小我”与“大我”的关系定位与价值定向，表现出不同特质的理想信念与时代精神，如中国传统文化注重以“小我”为基点，辐射拓展至“大我”。儒家主张个体要“修身、齐家、治国、平天下”“穷则独善其身，达则兼济天下”，在个人修为的递进中，不断完善自身，发挥个人的社会价值。亦如西方文化注重公民意识的塑造，由公民的个体素养作为文化软实力，影响了国家与社会的整体实力。在实现文化自强过程中，思想政治教育应凸显育人指向的“公共性”，发挥着关系协调功能，调解“小我”与“大我”之间的关系，基于共有的价值目标、价值理念与价值判定，恪守共有的公民道德规范，实现个体文明素养与社会文明风尚的协同提升。

（三）提升文化生命力

所谓文化生命力，是在应对传统与现代、本土化与全球化紧张关系的境遇中，既把握住自有文化价值与精髓，又以开放的姿态、全球的视野、宽厚的胸襟吸纳、选择外来文化与现代文化，在历久弥新中生成源源不断的文化活力。

首先，要形成文化包容力。文化包容意味着人在文化交往中，实现“求同存异”的文化兼容并包。尤其是在当下文化境遇中，个体的私权意识、公共参与意识日趋高涨。如何理性、有度地表达个人观点、维系个人利益、保障个人权利，成为思想政治教育所面临的重要现实问题。在此，思想政治教育应立足“求同存异”的包容心态。一方面，求同就是要立足共同点，以共同的思想、利益、价值观念来实现人际关系的和谐，实现人的文化认同与身份认同；另一方面，求异就是要承认不同的分歧、利益差别、意见主张，在差异中形成互补，实现和谐共存。可见，“拥有一个可能正确的观点，只是进入公共讨论的第一步，而更重要的是正确表述这种观点，并学会正确地表达自己的反对意见。这不仅是一种重要的教养，更是公民的基本责任：你捍卫了其他人的话语权利，也就捍卫了自己的话语权利。在众声喧哗的互联网广场，这种权利上的互相呵护，是公民理性对话的重要保障。”只有如此，思想政治教育在文化包容力的培植过程中，构建出理性的文化心态、适度的文化交往与交流方式，营造出正向、积极的社会心态，产生强烈的文化归属感与安全感，形成具有自我统一、和谐连续的文化人格。

其次，要形成文化融合力。文化作为人的文化存在样式，在历史流变、空间拓展中，往往具有文化内在意蕴与外在样式等诸多方面的异质性的隔膜与冲突。此种异质性是“根源于不同文化体系、文化形态之间的时代性差异、对立和冲突，以及由这种文化的时代性落差而产生的文化偏执心态”。观照现实境遇，“一个伟大的时代应当孕育出伟大的文化。今天的中国，正经历着前所未有的发展契机，经济社会发展已经取得了举世瞩目的成就，中国特色社会主义文化发展道路已经形成。”由此，思想政治教育应树立文化包容意识，以新时代的视野与境界，对文化的发展前景怀有信心。

第二节 合理利用思想政治教育的文化载体

思想政治教育作为人的文化存在的具体方式，与文化载体之间具有内在的关联性。一方面，思想政治教育发挥着重要的文化传播、承载与创新的功能，实现了文化载体的传承、创新与拓展；另一方面，文化载体的创新与拓展有利于思想政治教育目标的实现。可见，“所谓文化载体，即以文化为思想政治教育载体之意，是指思想政治教育者充分利用各种文化产品并将思想政治教育的内容寓于文化建设之中，借此对人们进行教育，以达到提高人们的思想道德素质的目的。”

一、拓展文化载体形式的多样性

文化载体作为传播文化内容、彰显文化精神、实现文化功能的形式与实体，具有多种表现形式与存在样式。文化载体既包含了各类文化实体，如图书音像资料等文化作品；也包含了各类文化活动过程，如大众传播、理论教育、精神文明创建等活动；又包含了文化活动场域，如图书馆、博物馆、体育馆、艺术馆等。伴随着现代信息网络技术的突进，虚拟载体已然深刻改变了人们的生活，人的文化存在方式已经由单一性的现实存在转变为现实存在与虚拟存在的结合体，文化载体的样式与影响逐渐由现实层面拓展至虚拟层面。在此境遇中，思想政治教育既面临着挑战，在虚拟媒介的冲击下，现实载体呈现出影响甚微的趋势；也面临着机遇，创新教育载体，探索运用虚拟载体，在现实载体与虚拟载体的互补与契合中，拓展教育影响的深度与广度。

（一）文化的现实载体与虚拟载体实现多样性互补

思想政治教育载体是以承载教育目的、原则、任务为前提。若是缺失了教育目的与价值的指向性，教育载体本身也就沦为“无本之木”，丧失了自身的合理性与价值意义。

首先，现实载体与虚拟载体所蕴含的教育根本目标指向应趋于一致。“虚拟载体主要是指以电子传媒为主的网络载体，如QQ、电子邮件、BBS、手机短信、微博等。现实载体是指除网络载体之外的其他载体。”现实载体的信息传播与沟通方式大多是自上而下的单向传播，传播内容具有严格性与权威性，传播手段具有相对的单一性。虚拟载体的传播方式则是多向化的交互传播，传播内容具有海量特征，摆脱了传统媒体的时段限制与容量限定，传播手段具有多种信息技术的综合性。目前，国内互联网络发展呈现的趋势是，“高流量手机应用的发展，以社交为基础的综合平台类应用发展迅速，网络游戏用户增长乏力，手机网络游戏迅猛增长，网络购物用户规模持续增长，团购成为增长亮点”。可见，二者的文化特性与功能存在着相对应的差异，此种差异是由其载体的内在技术差别与教育载体运用者的差异决定的。在此，现实载体与虚拟载体之间应发挥“和而不同”的整合作用，实现其教育目标指向的一致性。一方面，所谓“不同”意味着现实载体与虚拟载体存在具有价值取向的差异。在现实境遇中，随着虚拟现实技术的不断完善，网络技术所造就的虚拟生存已成为人类新的生存方式。宽松的虚拟空间易于造成网络行为的道德失范，部分网络信息的真实性与权威性遭遇质疑。虚拟空间作为人的现实存在的文化投射，造成了人生意义的平面化。人的现实际遇所遭遇的困境在虚拟空间中予以宣泄，甚至有一些为博得出名与出位的网络红人，不惜混淆是非、颠倒美丑，依靠过激、低俗的言论和行为吸引众人眼球。同时，在现实载体与虚拟载体所营造的异质性空间中，人呈现出双重的人格倾向、道德标准与行为方式，也出现了“网上联络沟通”“网下聚集交往”的现实与虚拟之间的双向互动。另一方面，所谓“和”，意味着现实载体与虚拟载体所蕴含的价值指向应避免冲突，都应坚持教育的根本目标，即培养“有理想、有道德、有文化、有纪律”的新人。这既契合了社会发展的要求，也契合了人自由全面发展的本真价值。由此，虚拟载体与媒介需要社会主义核心价值观的匡正，使人的虚拟生存的价值观念与现实存在的价值观念相契合。“网络化生活虽然便利了人与人的沟通，却封闭了面对面的接触与倾诉。在碎片化时代，人们普遍感到孤立、隔绝，而人本身是社会化生存的，所以人们对别人的价值观和行为方式有参照和窥视的欲望，希望借此帮助自己做选择。”基于人的现实与虚拟存在的实际发生过程，思想政治教育要注重载体的现实性与虚拟性的结合，立足人的现实性需求匡正虚拟载体的价值指向，尊重人的需求与生存状态的多样性，按照多样化的现实合理需求，利用虚拟载体与现实载体进行引导与教育。

其次，现实载体与虚拟载体所蕴含的教育具体目标指向应趋于互补。基于教育的根本目标指向，思想政治教育要依托各类载体，既要以育人成效为具体目标指向，也要以育人过程的科学性与规律性为具体目标指向。基于现实载体与虚拟载体的特性差别、价值指向差别，二者的教育具体目标也应予以明确划界，并在差别中实现互补与协调。就基本特性而言，现实载体是通过文字沟通、群体沟通等方式，运用肢体动作、语言语音、文字符号等表达形式，具有直观性、现实性与情境性的特点。虚拟载体是以网络为媒介的沟通方式，具有虚拟性、网络性、模糊性与易变性等特点。同时，虚拟载体呈现出“微”特征，就具体载体而言，微信、微博等网络载体成为社会大众的虚拟社交的重要平台；就内容而言，虚拟载体易成为“碎片化”阅读工具，名人微博日志、网络连载小说为网民所追捧，系统化的阅读内容被片段化内容所取代。尤其是手机浏览用户，“平均每次使用手机浏览器时长为10~30分钟，占比为33.1%，可见，用户在使用手机浏览器的习惯上主要为每天使用多次，每次使用时间较短，碎片化特点明显，这和用户目前使用手机浏览器的主要功能相关，浏览网页和新闻阅读为主。”在此，现实载体与虚拟载体呈现出不同的价值意蕴，理性精神构成了现实载体的价值表征，现实载体受制于人的现实存在过程，以现代化价值目标与道德规范为主导；虚拟载体则具有后现代的价值意蕴，具有去中心化、解构传统、消解正面意义等价值表达方式。“网络流行语、网络文化进入到了一个搞怪—模仿—从众的循环，但也为网民提供了自我释放的途径和现实社会中越来越难以获得的群体归属感。”基于现实载体与虚拟载体的内在特征与价值取向的差异，二者蕴含的具体目标存在着差别与互补，即现实载体应注重培养人的文化存在的适应性与限定性品质，使其具有理性精神，适应现代社会的生活方式；虚拟载体应注重培养人的文化存在的自由性与开放性品质，在适度自由、宽松的虚拟情境中，丰富人的感性，启发人的悟性，弥补个体在现实情境中的心理缺失与价值缺失。在此基础上，思想政治教育应构成现实载体与虚拟载体之间多向互动、系统整合的多维模式，现实载体以广泛、全面的传播方式，承载着具有导向性与权威性的教育内容，以自上而下的方式，发挥显性的教育功能；虚拟载体则以精细、多样的传播方式，基于碎片化阅读的特征，将教育内容以短小、精微的形式，渗透于相关的网络媒介、平台。

（二）文化的现实载体与虚拟载体实现多样性整合

思想政治教育作为有目的、有计划与有组织的教育实践过程，在教育者、受教育者、教育载体与教育环境之间的互动反馈中，实现教育系统的结构优化与功能优化。教育载体作为教育体系中的要素，必然要发挥其自有功用，承载相应的教育价值观念，使之与教育目标相一致；作为教育者的教育中介与手段，必然要为教育主体所能运用与控制，将教育内容准确、有效地传递于教育对象。基于现实载体与虚拟载体的内在特征，思想政治教育要注重其载体运用的可控性与实效性，真正将载体这一教育手段服务于教育主体，避免教育载体的失控与异化。

首先，基于目标实现的互动整合过程，思想政治教育实现现实载体与虚拟载体有机结合。现实载体与虚拟载体具有不同的内在特质，所发挥的教育功用也不尽相同。在当下境遇，教育的现实载体所体现的话语权削弱，道德约束逐渐失效，诚信缺失、见利忘义、价值观扭曲等问题逐渐泛化至社会生活中，冲击了职业道德、家庭道德及公共道德。尤其是伴随网络传媒的扩张，虚拟载体的舆论导向出现多样化，面对社会不良现象，缺乏应有的批判与否定态度，“社会情绪反向”现象显现，直接危害社会的他律作用、公信力和公共秩序。同时，现实与虚拟载体所体现的多样化的教育导向产生交错。现实载体与虚拟载体之间的交融与互动更为频繁，“跨媒体”已成为二者整合的中介。一方面，现实载体融入了虚拟载体，广播、电视、报刊等传统媒体逐渐转型为数字媒体，采用网络数字电子、报刊电子杂志、微博等多种虚拟载体形式；另一方面，虚拟载体向现实载体转型，网络小说翻拍为热播电视剧与票房卖座电影，网络热词、流行语逐渐为权威性现实载体采纳与运用。在此过程中，人的虚拟存在与现实存在之间的界限逐渐模糊化，二者在日常生活中予以交织与活动。以手机终端的应用为例，“手机娱乐发展迅速，成为我国手机网民的主流应用，也带来网民手机娱乐行为新的变化，逐渐从‘碎片化’时间向‘长’时间发展，由情境驱动娱乐向习惯进行娱乐发展，手机娱乐成为一种固定化的生活习惯……手机娱乐已成为用户一种常态化的生活方式，习惯驱动作用不断凸显”。在此境遇中，只有多样化的载体在教育合力的凝聚中，实现汇集、交织，甚至是碰撞，才能实现教育者与受教育者对教育内容的群体认同。教育合力的实现需要教育者具有高度的鉴别力，能够甄别选取具有针对性的教育载体，通过不同的教育表达方式，引导受教育者在多样化的认知与行为选择中，形成教育的他律与自律合力。现实载体与虚拟载体要基于良性的互动反馈机制，促使教育者、受教育者与载体之间需要形成教育的合力，即教育者根据教育目标、受教育者特点，综合运用不同的现实载体与虚拟载体，以期实现各教育要素之间的优化整合。

其次，基于目标实现的自我修正机制，思想政治教育实现现实载体与虚拟载体有机结合。现代化社会转型推动了人们生活方式的多样化，也带来了利益诉求的多样化和价值选择的多元化，一改过去高度集中、同质化的社会生活模式。人们对物质利益的过度追求，对个体自由的张扬，对多样传播媒介的自主选择，在一定程度上降低了社会核心价值体系所体现的社会整合、社会动员和社会凝聚的功效。尤其是传播媒介的飞速发展，实现了现实载体与虚拟载体之间的交织与互动，互联网、手机之间等通信信息技术已经成为成熟的主流技术，逐渐改变了现实载体对虚拟载体的控制力与主导力，反而使虚拟载体成为大众获取各类信息的主要媒介。“截至 2013 年 12 月，中国网民规模达 6.18 亿……互联网普及率为 45.8%。中国手机网民规模达 5 亿……网民中使用手机上网的人群占比提升至 81.0%。”在此发展态势中，虚拟载体与网络媒介已经扎根于社会大众日常生活，其负面作用显现。在此境遇中，一方面，思想政治教育要纠正虚拟载体的媚俗特征。多样化的社会群体选择不同的传播媒介，尤其是虚拟载体具有极强的易变性与不可控性。大多数人通过虚拟载体，进行多样化的意见表达与价值选择。一些人则将虚拟载体作为炒作、迎合大众心态的媒介，沦为“滥俗”“庸俗”“媚俗”的文化媒介。由此，教育载体不可脱离主流价值体系的匡正，避免异化为心理宣泄、消解价值指向的文化载体。另一方面，思想政治教育要规避教育载体的文化解构倾向。虚拟载体所体现的后现代文化样式，大多具有“嬉笑怒骂”的风格，偏重于“恶搞”式的文化颠覆与解构。例如，当前许多影视音乐文化作品，通过新的填词、配音等方式；在表达效果上直接颠覆了原有作品的意义，具有反传统、反主流的价值表达意义。可见，虚拟载体所体现的文化形式繁多，具有很强的时代气息，但缺乏历史的积淀与文化的厚度，容易导致精华与糟粕同在、矫揉与真实共有的文化境遇。由此，教育载体要注重载体运用的灵活性，在多样化的载体运用中形成教育合力，规避虚拟载体所产生的生命周期较短，反思力度不强，主体性趋于弱化等负面影响，发挥现实载体与虚拟载体应具有自我修复与纠错机制。

二、增强文化载体影响的渗透性

思想政治教育作为人与教育的双向实现过程，一方面是在认知与实践中，实现人的自由全面发展；另一方面是在教育的渗透中，实现教育内容的内化与外化。在此，文化载体影响的渗透性是在思想政治教育过程中，通过各类文化载体，在文化氛围的感染与暗示中，以隐蔽的教育方式，引导人渐进接受教育内容，实现抽象的教育理论与具体的生活情境相结合，实现教育认知、情感与行为的有机统一。

（一）文化载体渗透入教育的内化过程

思想政治教育过程是人的思想认知塑造与发展的过程，在教育内容的内化中，以期形成自觉的思维意识。其中，内化是经过认知、理解与认同等环节，由外在的知识观念转化为内在的思想信念，成为影响持久、深刻信服并为之践行的观念信条。认知过程是形成良性的认知、理解、认同的思维模式的过程，是面对各类问题与困惑，充分发挥自身的能动性，做到自学乐知，自修自悟。在思想认知上，认知过程是完善思想道德知识体系，完善法律、道德、政治知识；在理解能力上，认知过程是理性思考问题，冷静观察社会、思考人生、理解现实；在理论认同上，认知过程是提升理论与价值观的辨别力，透析现象本质，辨明是非曲直，认清甄别各类社会思潮与价值取向，提升社会核心价值体系的认同力、内驱力。

首先，思想政治教育应善于理解语言，在语言形式与内容中把握受教育者的思想动态与状况。文化的内化过程必然需要文化载体，在人的沟通与交流中，实现主体间的文化认同。美国心理学家贝克尔指出，沟通过程包含了信息源、信息、通道、信息接受者、反馈、障碍和背景等七个要素。信息源是信息沟通的发出者，是要带来确定信息的个体或群体。信息是沟通者传达的内容，在语音、语意与语用的统一中，为信息接受者所接受、理解与认同；此外，障碍因素与背景因素在沟通中发挥着重要作用。在此，语言载体发挥着重要的媒介与沟通作用。在当下社会中，网络语言趋于盛行，出现了一批看似荒诞但内含深意的新词汇。“穷挫矮”与“高富帅”成为年轻人两极分化的代名词，那些出身草根、工作卑微、收入微薄的年轻人自嘲为“穷挫矮”，家庭背景好、经济收入高、社会地位高的年轻人被称为“高富帅”。这些网络流行词透析出当前一些年轻人在社会竞争中，面对机会不均等问题，表现出的焦虑、急躁与辛酸的心态。基于此，思想政治教育应注重以语言作为把握教育信息与动态的重要载体。语言作为人的本质的重要表征，在口头语言与书面语言的传播中，实现了教育内容的形象化与抽象化的有机结合，既直观描述了具体信息与场景，也抽象反映了深刻的理论知识。思想政治教育的语言载体与内化过程的有机融合，是在理解语言与运用语言的双向过程中实现的。思想政治教育要注重网络语言与流行语言的发展动态与取向，真正了解语言在不同层面折射出人的心理状态与思维方式，使语言的创造与流变过程本质地反映了文化的演变过程。

其次，思想政治教育应善于运用语言。教育者要掌握语言的艺术，实现语言的语音、语义的综合作用。在语音方面，思想政治教育要注重语气语调的运用，语音的平仄、语气的缓急、语调的高低，都要契合于具体情境，以求达到预期的教育效果，营造适宜的教育氛围。在语义方面，思想政治教育要注重语词的意义流变与沿承。语言风格要根据受众的教育程度、个性特征、情感体验等方面，采取多样的话语方式与语言风格，提高语言的感染力与渗透力，降低教育受众的心理阻抗。可见，语言艺术的精妙之处，正是实现了语音、语义的有机统一，以最为质朴、精练的语言，表达了最为深刻的内涵，甚至臻于“言有尽而意无穷”的至境。只有如此，思想政治教育才能破除文化的隔阂与沟通的障碍，使教育主体之间在沟通中产生认同感与共鸣。在语言载体与教育内化过程的融通中，深刻、抽象而系统的教育内容转化到具体、直观与现实的生活场景中，使教育既是知识的教育，使受教育者以识记的方式，掌握系统的教育知识，也是文化的教育，使受教育者以内化的方式，把握知识内在的精神内涵与文化意蕴。

（二）文化载体渗透入教育的外化过程

首先，思想政治教育作为实践的教育，充分发挥文化的“化人”功能，以实践操作的方式，将文化智慧转化为实践智慧，在实践自觉中确证人存在的本质，实现实践行为的外化。外化是在自身需求的激励下，思想信念的引导下，心理活动机制的作用下，认知、情感、意志、信念与行为相统一的过程。思想政治教育的外化过程的实现必然需要行为载体，即在立足“以人为本，以生活为基点”，回归生活世界，引导人立足实践自觉，养成实践行为，引导人合理完善自我，实现个人价值与社会价值的和谐统一。在此，行为载体与语言载体具有互为补充与诠释的内在关系。思想政治教育应依托语言载体，深化对教育价值、内容与过程的理解与解释，使人的行为更具有合理性与指向性；依托行为载体，在实践交往中，确证教育的合理性与实效性，由内在的逻辑解释转向为外在的实践确证，形成了开放性、生成性的教育过程。在行为载体的中介与依托下，思想政治教育凸显出人的本质价值，即在解释世界与改造世界的过程中，自我确证人之存在的合理性。

其次，思想政治教育注重行为载体的生成性。文化载体的影响渗透不是固有的模式，而是不断生成的影响过程。这一过程既是教育实践过程，也是人的本质生成与确证的过程。教育模式注重的是形式上的表征，而非实质上的内在规律，忽略了人的变化生成的过程。教育模式作为教育实践中确定性思维方式与实践方式，以重复性、单一性、抽象性、一元化为基本特征，注重教育形式与程序，而忽略教育对象的差别性、教育内容的异质性以及教育情境的多样性，导致了抽象的教育模式与具体的现实情况的冲突对立。行为载体的渗透要注重化有形为无形，化僵化为灵活，化单一为多样，化封闭为开放；注重人的存在过程的整体性，将社会大众作为理性、感性与悟性相结合的存在，启发人感悟生活、觉悟是非、领悟真理、体悟人生；注重心理过程的整体性，厘清认知、情感与行为的有机关系，加强认知教育、情感体验与实践养成。

最后，思想政治教育注重行为载体的灵动性。文化载体的影响渗透不是以刻板、严肃的方式，进行抽象理论说教，而是以直观的内容、间接的方式与生动的情境相结合的方式，引发人感性认知；以强烈浓厚的教育氛围，引起情感共鸣；以生动鲜活的教育事例，在可亲可敬可信可学的典型示范带动下，提升人生境界与觉悟。由此，思想政治教育要以多维度、全方位的行为载体，立足现实传媒载体与虚拟传媒载体、认知教育载体与社会实践载体、管理服务载体与文化教育载体相结合，有效“活化”教育内容，拓展教育覆盖面。教育者要深切理解“教无教法”的内涵，避免以机械、僵化与不变的模式应对具体的受教育者，而是要充分发挥载体的创造性、灵动性，把握受教育者的特点，善于运用教育的情景，使用恰当的教育手段，达到将教育理念为受教育者所理解、接受认可，实现内化于心与外化于行的双向统一。

第三节 优化文化育人环境

思想政治教育环境具有整体性，即教育环境、途径、教育者、受教育者之间具有整体性关联。人作为社会存在者，必然在社会交往中形成多种社会关系，构成了多方面的教育场地。其中，家庭、学校与社会构成了主要的教育场所。基于教育环境的整体性，思想政治教育工作要充分发挥环境育人的作用，学校、家庭与社会在教育工作中形成合力，充分发挥全员育人、全场域育人、全过程育人的作用。

一、塑造具有养育功能的家庭文化

家庭是人的文化存在的基点，所谓基点，是指家庭成为人之存在的基本联结纽带与最小单元。家庭是“由姻缘、血缘关系或收养关系而形成的亲属间的社会生活组织单位”。家庭文化是在个体成长的初始阶段最先接受、熏陶的文化样式。家庭文化发挥着文化启蒙与生活教养的养育功能。

（一）家庭文化要凸显文化启蒙功能

家庭是满足人的文化存在需要的基础，促成了人的社会化与个性化的实现，也促成了人的人格塑造与健全。当下国内的家庭类型是以核心家庭为主体。美国文化人类学家乔治·彼得·默多克考察了核心家庭的特征、分布状况与作用，他指出，在人类文明史的纵向发展过程中，核心家庭逐渐成为主要的家庭类型；在文明形态的横向分布中，有 250 个之多的社会存在着核心家庭。核心家庭作为夫妻与子女组成的家庭，是构成其他家庭类型的基础。核心家庭是人类普遍存在的家庭结构常态，发挥着其他家庭类型不可替代的作用，即性、生育、教育、生活四种作用。在此，基于中国文化的现实境遇，教育作为核心家庭的基本功能之一，具有家庭的文化启蒙功能。“启蒙”其意为启迪，开导，给予理智的洞察力。“蒙”有蒙昧无知、阴暗不明之意。“启蒙”是指“教育童蒙，使初学者得到基本的、入门的知识”，以开启心智，使其通透豁达。

首先，家庭文化要凝练、传承家训。“启蒙”功能是以家庭文化的道德价值观念的凝练为前提，具体表征为家训的凝练与传承。在中国传统文化中，家训既指“父母对子女的训导”，也指“父祖为子孙写的训导之辞”。在此，家训具有两个层面的意义，一是家庭文化对人的教化与开导；二是家庭文化的价值凝练与表达。就历史发展而言，家训的形成、凝练与传承具有深厚的社会文化背景。家训源流甚长，从隋代的《颜氏家训》至现代的《傅雷家书》，家训的数量与影响力可谓是蔚然大观。就文化内容而言，“中国古代、近代和现代的家训内容虽然非常丰富，且覆盖面广，但都是围绕着励志勉学、读书做人、管理家庭、择业交友等问题展开的，其核心与精髓都是对子孙、家人进行的家庭和社会伦理道德教育。”

家训的历史传承与时代创新，构成了当下家庭文化的重要内容。一方面，家训要彰显厚重的文化底蕴。家训所蕴含的传统文化精髓在当下仍具有现实意义与影响。正如古语言：“积习成性。”家训在传承过程中，发挥着家庭生活的规范与养成作用。尤其是当下国内家庭是以核心家庭为主，祖辈、父辈与子辈之间面临着代际差异、价值观念差别、生活方式的多样等问题。在此，家训作为家庭生活的文化凝练，应基于家庭的亲情培养、关系定位、生活养成、礼仪举止等层面，予以规范与坚守，实现家庭文化的认知情感、价值观念与行为规范的深度契合。另一方面，家训要彰显时代精神与特征，要基于社会主义核心价值观予以发展与创新。传统家训是基于家国同构的传统社会，具有维系家族宗法血缘关系的重要功能。在当下境遇，传统社会已离解，尤其是在城镇化进程中，宗族家庭逐渐弱化，由熟人社会逐渐转变为陌生人社会。家训的文化价值与形式需要时代转换，基于“爱国、敬业、诚信、友善”的公民个人层面的价值准则，加强家庭美德教育，彰显社会主义精神文明，形成修身律己、崇德向善、礼让宽容的道德风尚。

其次，家庭文化要营造良好家风。在中国传统文化中，家风“犹门风，指一个家庭或家族的传统风尚”。在此，家训与家风构成了彼此呼应与整合的家庭文化。家训是家庭核心价值观念的凝结，家风则是家训的具体表征与实际践行，是家庭文化在日常生活中的习惯沿袭、行为方式、成员关系中体现的整体风格、风气与氛围。家风基于家庭层面，作为社会主流价值观的具体实现方式，应彰显文化自觉意识，有意识地认知、评价家风，自觉地培育与践行家风。家风的优劣直接关系到家庭成员，尤其是子女的德育、智育与美育的成效。

（二）家庭文化要凸显生活教养功能

家庭文化应注重“养”与“育”的有机结合，既注重体质培养，又注重心智培养。“养”与“育”之间具有内在的关联性。养不仅具有生养、养活之意义，也具有教育熏陶之意，“涵育熏陶，俟其自化也”。在此意义中，生活教养是人的社会化的初始阶段，尤其是父母长辈对亲子的生活教养，对儿童的发展具有至关重要的影响意义。

首先，家庭文化注重生活习惯养成。家庭文化要遵循儿童的成长规律，以“自化”的育人方式，实现生活教养与天性呵护之间的适度平衡。在中国传统教育中，儿童在 4 岁左右要进行“开蒙”教育，其目的是培养儿童基本的书写认读能力，掌握基本的日常生活与文化常识，促成良好生活习惯的养成，形成基本的道德规范。例如，《朱子童蒙须知》所言：“夫童蒙之学，始于衣服冠履，次及言语步趋，次及洒扫涓洁，次及读书写文字，及有杂细事宜。”儿童蒙学的合理性在于，儿童在 3~7 岁期间，是人格塑造的关键时期。这一阶段的家庭环境、文化氛围、亲子关系直接影响到儿童的性格塑造与习惯养成，对于其今后的人生发展产生最为关键与基础的影响。在家庭成员的日常生活过程中，尤其是在父母的言传身教中，儿童以有意识与无意识相结合的方式，由强制化的训导转变为无意识的重复，由本能生存方式转化为文化生存方式。在传统社会向现代社会转型过程中，家庭文化的功能也随之发生了转变，文化启蒙的功能逐渐由专业化的教育机构——学校承担，而家庭的重心转为养育。然而，当前国内家庭教育存在一定的认知与行为误区，偏重“育”而忽略“养”，偏重“智育”而忽略“德育”。基于此，家庭如何顺应儿童的发展规律，在生活养成中实现儿童智育、德育与美育的有机结合，培养儿童的社会性与个性，学习适应社会的各类知识与技能，这一问题成为家庭文化面临的重要问题。由此，家庭文化要注重儿童人际交往的引导与规范，在社会沟通与联络中建立稳固的社会关系，提升个体的社会归属感；注重儿童发展的底线问题，即教育引导儿童提升安全意识，获得安全感，强化安全防范的能力。

其次，家庭文化要适度保持“天性”与“文化”之间的张力。蒙台梭利提出，人具有双重胚胎期，一是肉体胚胎期，婴儿降生之前在母体中度过；二是 0~6 岁是人的“精神胚胎期”，具有内在的生命力，在学习、交流与模仿中，自我构筑出内在的精神世界。卢梭也曾指出，人在 12 岁之前处于理性的睡眠期，感官与身体的训练成为教育的重点，因此，要进行自然的教育、人的教育与事物的教育，尤其是自然的教育是顺应儿童的“天性”进行教育，契合儿童的成长节奏，避免人为阻断其自然的发展过程。可见，“天性”构成了儿童身心发展的初始状态，构成了其发展的潜在空间与能力。同时，“天性”存在着先天式的缺陷，处于体质、心智的不成熟状态。恰恰此种不成熟状态成为人的文化存在可塑性的前提，使儿童对世界具有强烈的好奇心、想象力与模仿力，由自在的思维体系转化为自觉的思维体系。在此，家庭的生活养育要注重去“成人中心”化，避免以成人的价值标准审视儿童的教育；去“功利化”，不以认字的数量、背诵诗歌的多少作为教育的基本内容，对孩子进行智力与知识的训练，一味将孩子培养为父母眼中“成功的人”，而是首先要将孩子培养成为“幸福的人”，培养成为适应现代生活的“社会人”。由此，家庭文化要凸显养育功能，必须营造平等与关爱的家庭关系。正可谓大爱无爱，父母对子女的“爱”不应是溺爱与宠爱，而是真正以子女的自由全面发展为本真目，顺应子女的个性特征与成长规律；要尊重与顺应儿童的天性，以自然的方式实现亲子关系的融洽，在内容上注重子女发展的阶次化，以孩子的身心发展规律为依据，在换位思维中，深入孩子的内心世界。

二、传承具有训育功能的学校文化

训育是以“训”之方式进行教育。“训”具有三个层面的意义：一具有解释之意；二具有训练之意；三具有开导之意。基于“训”的基本内涵，学校训育具有三层功用：一是进行知识与文化的理解与掌握；二是进行教育灌输与训练养成；三是进行心智的启发与熏陶。在此，学校文化在训育的内容完善、功能发挥与阶次递进中，彰显“立德树人”的价值理念，发挥“以文化人”的价值功用。

（一）训育应彰显学校文化的价值理念

学校文化作为特有的精神气质与内涵，以校训精神为凝练，以文化的传承与创新为动力，发挥着“人文教化”的育人功能，对于提高学生思想道德素质和科学文化素质、促进学生全面发展，增强学校乃至国家的文化软实力具有重要作用。在此，学校文化的精神底蕴、价值目标与育人实效的彰显、价值是以训育为实现路径。

首先，训育应彰显学校文化的价值指向，始终秉承“育人为本，德育为先”的价值理念。“育人为本”中的“本”，有着“根源、根基”的意义，也有着“中心的、主要的”“根据”等意义。在此，“育人为本”意味着“人”作为教育的内在依据与前提，既是教育的根本落脚点与目标，也是衡量教育成效与价值的根本标准；“育”是实现人的价值目标的手段。“德育为先”中的“先”是“次序或时间在前”，也是逻辑在前，意指“首要的事情”。在此，“德育为先”意味着学校教育包含着德育、智育、美育等子要素内容，其中“德育”在学校训育的内容体系中处于首要位置，也在教育的次序中处于首要环节。“真正的训育是品格修养之指导。”训育的过程是立德树人的过程，是人的思想品德得以形成、发展与完善的教育过程。

其次，训育应彰显学校文化的育人功能，实现知识的说教训练与文化的培养熏陶的有机结合。训育是立德树人的过程。“训育对于性格培养来说是双重的——间接的与直接的，它一部分是帮助教学，使教学成为可能并去影响一个业已独立的人今后性格的形成；一部分是起这样的作用：通过行动或非行动直接就使学生产生或不产生初步的性格”在此，训育包含两个层面的内容：一具有“训”的功能，以训导、训练的方式进行知识的灌输，构建完善的教育知识体系；二具有“育”的功能，学校文化对学生予以培养与培育，拓展与完善学生的综合素质与能力。可见，“训育的调子完全不同，不是短促而尖锐的，而是慢慢地深入人心和渐渐地停止的，因为训育要使人感到的是一种陶冶”。训育应注重“训”与“育”的功能调和，由外在教育规范的约束转向为内在教育认同的引导，真正实现“立德树人”的教育目标。“‘教育即生长’，是要使每个人的天性和与生俱来的能力得到健康生长，而不是把外在的东西灌进一个容器。智育是要发展好奇心和理性思考的能力，而不是灌输知识；德育是要鼓励崇高的理想追求，而不是灌输规范；美育是要培育丰富的灵魂，而不是灌输技艺。”在此，训育要以“立德树人”为内在的价值旨归，以课程学习为载体，构建系统化的知识与文化内容；以生活教育为重点，进行行为训导与养成；以学校文化为依托，在内化与外化、为人与为学、自律与他律的辩证统一中，将社会主义核心价值体系内化到学生群体与个体之中。在层层递进与相互依托中，训育真正构建出知识传授、生活养成与文化熏陶并重衔接的教育体系，训导与培育学生由被动认知到主动理解，再到积极实践，逐步确立完善世界观、人生观与价值观。

（二）训育要注重教育阶段的有机衔接

训育既是以“立德树人”为价值指向与根本目标，又具有不同阶段与层次的育人重点与具体目标。这归因于思想品德形成与发展规律的方向性与不平衡性。就方向性而言，个性品质的形成与发展是由低级阶段向高级阶段的方向演进。就不平衡性而言，个性品质的发展是由个体发展过程中的不平衡因素引发的。人不仅具有本能和生物因素等自然属性，更具有社会和文化等内在特性。

首先，小学阶段训育功能的发挥。在小学阶段，学生正处于童年期（大约 7~12 岁）。根据美国心理学家埃里克森提出的人格发展八阶段理论，童年期的主要发展任务是解决勤奋与自卑的心理冲突，克服自卑感，获得勤奋感，要形成的积极品质是能力。在此阶段，就学习的形式而言，小学生在教师的指导下，开始学习间接经验与理论，由松散的游戏式学习转变为具有限定性、强制性与组织性的学习。就学生的思维特点而言，小学生以形象逻辑思维为主导，逐渐向抽象逻辑思维发展，意义记忆与抽象记忆逐渐超过机械记忆与形象记忆，概括能力与推理能力得到有序发展。基于这一学龄阶段的特点，训育应侧重于两个方面。一方面，强化学生的学习意识，系统地习得学习方法、端正学习态度，养成学习习惯，加强校规的学习与遵守。另一方面，强化学生的品行培养，按照学龄特征，小学低年级的学生注重常规的行为训练，使具体的行为举止符合学校的纪律要求；小学中年级的学生侧重于集体意识、规则意识与纪律意识的培养；小学高年级的学生侧重社会公德、爱国意识以及公民意识与素质的培养，注重朋辈交往与友谊的良性发展，养成文明待人的良好习惯。

其次，中学阶段训育功能的发挥。在中学阶段，学生正处于青春期与青年期的初期，在此阶段，中学生的生理发育、人格特征、品德修养与社会化程度日趋成熟。在此阶段，中学生不仅面临着学业与升学的压力，还面临着生理发育与心理发展的不平衡性与矛盾性，尤其是存在着心理的成人感与半成熟感、心理断乳与精神依赖、自我封闭与开放、成就感与挫败感之间的交替与矛盾。正如埃里克森的观点，青少年（12~18 岁）主要发展任务是解决自我同一性和角色混乱的心理冲突，克服角色混乱，形成角色统一性，要形成的积极品质是诚实。按照学龄阶段，中学阶段又划分为初中与高中阶段。在初中阶段，初中生的抽象逻辑能力逐渐成熟，自我意识更为觉醒，关注自我的外貌体征、人格特征、学习能力，朋辈关系更为亲密，对父母与教师的逆反心理与行为趋于明显。在此阶段，训育应着重培养学生的公民素养、社会责任意识、生命意识，将德育作为素质教育的重要环节；要基于现实性，避免单纯空洞的道德说教，从日常学习生活入手，找准学生面临的思想困惑与人生迷惑，将解决思想问题与生活学业问题有机结合起来；基于可操作性，避免以“完人”式的教育目标衡量学生的现实行为与素养，而是设定合理的教育目标，在现实生活的道德选择与实践中，实现道德认知、情感、意志与行为的层层递进与协调。在高中阶段，高中生的自我意识趋于完善，伴随着生活经历的丰富，对自我认知与评价更为客观，通过不断的自我接纳与自我否定，人生观与价值观初步确立。在此阶段，训育要着重进行世界观、人生观与价值观教育，注重智育与德育的有机结合，综合提升思想政治素质、政策理论水平、创新能力、实践能力和组织协调能力；进行政治法律教育，通过政治课等课程，坚定政治立场，激发爱国意识，维护社会正义，履行社会责任。

最后，大学阶段训育功能的发挥。在大学阶段，学生正处于青年期，思维认知能力、情感意志与人格特征趋于稳定，社会化程度趋于成熟。在此阶段，大学生面临着择偶与爱情的压力，择业与职业生涯规划的多种选择，面临着人际交往的困惑。“一些学生不同程度地存在政治信仰迷茫、理想信念模糊、价值取向扭曲、诚信意识淡薄、社会责任感缺乏、艰苦奋斗精神淡化、团结协作观念较差、心理素质欠佳等问题。”针对这些问题，训育逐渐由灌输式教育向渗透式教育转变，在学校的文化氛围的渗透影响下，通过校史、校情、校训，以学校办学历史、治学理念、学者名家的人格魅力的感召，增强学生钦慕学术自由、包容多样文化、追求真知真理、重责任坚信仰的价值诉求。训育要尊重与培养学生的个性，要基于学生的成长经历，梳理其价值判定的标准、思路与认知模式，科学遵循学生成长成才规律，分步骤、分阶次进行引导教育，真正关注学生成长发展中的“大事”与“小事”，善于了解流行文化，采用其喜欢的沟通、交流、联络和聚集的新方式；善于把“大道理”转化为学生能接受的理念，将马克思主义的观念、立场与哲学方法有机融入现实生活中，内化到学生头脑中。训育要凸显学校文化的主导性、原则性与方向性，确立社会主义核心价值体系的一元化的主导地位，引领与匡正多样性的文化价值趋向，以培养社会主义合格建设者与可靠接班人为目标，坚定大学生的理想信念，将社会主义核心价值体系转化为自觉追求的共同理想、自愿秉承的精神信念、自由发展的理论支撑、自主践行的行动指南，形成以统一指导思想、共同理想信念、强大精神力量、基本道德规范为主导的育人机制。

三、营造具有化育功能的社会文化

1．营造具有化育功能的社会公共文化

社会文化具有鲜明的公共性，具体表征在社会文化的主体、内容、方式与环境等诸多方面。就主体而言，人的群体本质决定了其

社会关系的广度与深度，社会关系在很大程度上则取决于人的公共性的程度。就内容而言，社会文化是以培养公民素养为基本内容，凝聚公共价值观，保持社会公共秩序的良性态势。就环境而言，社会文化是社会公共环境为营造场域，宏观的社会环境成为主要的社会公共领域。就作用方式而言，社会文化是以化育为功能作用方式，以社会核心价值观为联结纽带，促成个体对社会主流文化的认同、社会核心价值观的凝聚。在此，社会公共文化构成了人的文化存在的文化基础、交往基础与发展基础。在社会公共文化的化育过程中，人成为具有公共性的文化存在，即秉承着既定的社会核心价值观，制约于社会道德规范，以社会化的方式实现自身的生存与发展。

首先，社会公共文化以化育的方式，培育社会大众的公共意识。当前中国正处于现代社会转型过程，尤其是社会拐点的出现意味着在市场经济作为原初力量，撬动了传统社会结构。社会公共领域的价值理念既是对市场经济的映射，也是对市场经济负面效益的弥补。社会公共领域成为平衡个人私权与社会公权之间的重要场域。基于如此境遇，社会公共文化理应以化育的方式，在文化协调与文化整合中培养社会大众的公共意识。

一方面，就文化协调而言，社会公共文化要注重协调“经济人”与“道德人”的价值定位，实现经济利益意识与道德规范意识内在协调。人在公共领域中不仅是追求工具理性与个人私利的“经济人”，也是孜求价值理念与社会公益的“道德人”。社会文化要在“道德人”与“经济人”的张力中，彰显公共人格，公民意识与责任观念。

公共意识作为个体对自身在社会中的定位与关系等方面的认知，是人的社会化程度的重要表征。人的个体本质与群体本质的实现方式成为个人、集体乃至社会的联结纽带。正如马克思所言“在这些权利中，人绝对不是类存在物，相反，类生活本身，即社会，显现为诸个体的外部框架，显现为他们原有的独立性的限制。把他们联结起来的唯一纽带是自然的必然性，是需要和私人利益，是对他们的财产和他们的利己的人身的保护”。可见，社会公共文化是以个体的权利利益的实现与满足为基点，在共有的社会规范意识协调下，实现了个体与社会之间的价值协调。

另一方面，就文化整合而言，社会公共文化要注重实现个人与社会的关系整合，促成社会从众意识与个性独立意识的内在协调。公共文化要发挥从众的正面效应，促进个体对群体以及社会的认同与归属。从众是个体面临群体压力，在认知判断、价值观念与行为选择等方面，主动与群体中的大多数人相一致。从众是个体自愿做出了选择，以求个人与群体的契合。在社会归因方面，从众是个体为自身的存在，寻求社会参照系，使个体与群体保持一致，为自身的选择与判断提供合法性依据。在心理归因方面，从众是个体为避免偏离社会群体而产生恐惧、焦虑情绪，在行为上附和群体的要求，进而提升自身在群体中的认同感与归属感。

其次，社会公共文化以化育的方式，培育社会大众的公共交往能力。社会公共文化作为发展人、塑造人的化人功能，既有实践的共有特征，体现了人自由自觉的活动特性，又有自身的内在规定性特征，体现了塑造人、发展人的重要功能。在此，社会公共文化在公共意识与公共理性的导向中，社会主义核心价值观的匡正下，培育公共交往与文化践行能力。“公共理性追求的目标是公共的善，或曰公平与正义的价值，它在政治层面的表现就是公共选择和公共政策的公共性、正当性和合法性。公共理性应该成为调节工具理性与价值理性、个体理性与国家理性、精英理性与大众理性的中介和桥梁。公共理性是横跨国家、政党、政府、社会、利益集团、大众和个人之间，并以成熟自律的公民社会为基础的利益整合的能力和机制。”尤其是基于当下境遇，社会群体的分化趋于明显，既有基于文化价值选择差异的群体分化，更主要的是基于利益考量的群体分化。尤其是近年来，社会群体的维权意识更为高涨，基于共同价值诉求的群体行为屡见各类媒体，甚至引发多种群体冲突。在群体行为中，既有长期利益诉求被压制而导致的“积累型聚合利益群体”，也有因偶然事件导致的“诱发型聚合利益群体”。“随着社会的进一步分化，相同利益、身份、价值观念的群体也会不断分化出来，这些具有相同群体特征的人们要表达他们的诉求、保护或争取他们的利益时会越来越多地采取群体形式，群体之间的摩擦、冲突也会相应增加。”由此，社会公共文化不仅要具有鲜明的公共意识，更是实践层面的理性彰显；既注重维护社会利益的合法性，也注重实现个人利益的正当性。

2. 营造具有化育功能的社会法治文化

在“法治”一词中，“法是‘依’法治国的‘根据’，而非‘以’

法治国的‘工具’”。基于“法治”的内在意蕴，“法治文化是指实现了法治的国家和社会所具有或应具有的文化。也就是说，在这样的国家和社会里，法治本身就意味着一种特定的社会文化类型、文化体系。它是从国家社会的整体面貌和文化性质上，把法治看作一种基本的、普遍的‘生活样式’，而不仅仅是某个领域或某个层面的特殊职能。”

首先，社会法治文化在价值观念层面，培养法治精神。一方面，就其终极价值目标而言，法治是以期实现人的自由、平等与正义。基于人的文化存在的自由与限定之间的辩证关系，人总是基于文化视域的限定、文化传统的局限，理解“法治”的内在精神与意义，是以“从心所欲不逾矩”的方式，促成了自由与必然之间的适度协调，实现人对自由与必然关系的自觉理解与觉察。“从心所欲”是人达到自由自觉状态，对存在方式进行自主的认知、自行的选择与自为的实践；“不逾矩”是人存在于既定文化体系之中，理解文化体系的限定性，必然处于一定文化模式中，受制于文化的规范性，恪守法律制度、道德规范、风俗习惯，成为特定文化传统与模式所塑造的人。在此，我国的法治文化是社会主义法治文化，必然以马克思主义为基本理论框架，彰显法治的终极指向，即实现自由与必然、自我与他者之间的和谐统一。此种和谐统一的终极目标就是消弭个体、群体与类之间的紧张关系，实现人的文化存在方式的积极扬弃，最终实现“人和自然界之间、人和人之间的矛盾的真正解决，是存在和本质、对象化和自我确证、自由和必然、个体和类之间的斗争的真正解决”。基于此，社会主义法治文化应彰显法治对人的生存与发展的本真意义。法治不仅仅是国家执政与社会管理层面上的法律规章制度，更是人的文化存在的具体样式与表征，是对人的文化存在的合理性依据与制度性规范。另一方面，就其现实境遇而言，法治是社会主义核心价值观内容之一，凸显了公平正义的价值导向。

其次，社会法治文化在生活规范与习惯层面，培育法治的践行方式。社会法治文化的彰显与贯彻，必然是落脚于社会大众的日常生活之中。在生活规范层面，“任何社会行为一旦脱离法治视野，便不可能带来公共福利的实质增进，也难有公平正义的真正实现。今天，如果说，‘权利意识’的启蒙我们已经完成，那么‘法治观念’的启蒙还在路上。这也是党的十八大提出‘法治思维’和‘法治方式’的深层原因所在。既要‘权利意识’，也要‘法治观念’，二者彼此砥砺、相互促进，才能让法治精神融入社会治理和社会生活，使‘权利意识’成为构建现代公民人格、建设民主法治社会的基础。”由此，社会主义法治文化应强化社会大众的规则意识与程序意识，将法治观念内化为人的惯性思维，避免以人治思维、官本位思想取代法治观念，以个人权益的价值诉求遮蔽法治的精神与权威；应注重转化为“日用常行”的日常生活规则与道德规范，在生活的细微点滴中，避免因慑于法治的管束、强制与处罚而违心遵守法治规范，无视法治的规则与权威，甚至以“法不责众”的侥幸意识脱离法治规则的约束，以至于出现“中国式组团过马路”的乱象。

由此，法治文化应基于规则意识的培养，真正使法治精神成为人之存在的恪守信条，以“慎独”的方式恪守法治观念，以敬畏的态度遵循法治规范。

参考文献

[1]中国共产党第十八次全国代表大会文件汇编[M].北京：人民出版社，2012.

[2]中共中央关于全面深化改革若干重大问题的决定[M].北京：人民出版社，2013.

[3]赵陈晨.关于网络恶搞的亚文化研究述评[J].现代传播(中国传媒大学学报)，2011（07）.

[4]张小刚.鲍德里亚文化生态批判的指向与反思[J].小说评论，2011（S1）.

[5]张华.世博会志愿者群体亚文化研究[J].当代传播，2011（01）.

[6]蔡骐.SNS网络社区中的亚文化传播——以豆瓣网为例进行分析[J].当代传播，2011（01）.

[7]关于培育和践行社会主义核心价值观的意见[M].北京：人民出版社，2013.

[8]周文斌.思想政治教育文化品性研究[D].长沙：湖南大学，2015.

[9]李合亮.解析与建构：当代中国思想政治教育的哲学反思[M].北京：人民出版社，2010.

[10]赵辛辰."文化"润"德"思考与实践[J].中国教育学刊，2011（9）：87-89.

[11]杨智圆.高校校园文化与思想政治教育的良性互动研究[D].兰州：兰州理工大学，2011.

[12]宋元林.网络思想政治教育的文化价值及其实现途径[J].高校理论战线，2010(11).

[13]李爽.试论推进马克思主义中国化、时代化、大众化[J].党建研究，2010(02).

[14]孙代尧，何海根.马克思恩格斯的文化观及其当代价值[J].理论学刊，2011(07).

[15]齐卫平.马克思主义时代化与当代中国民主政治发展[J].杭州师范大学学报(社会科学版)，2010(06).

[16]姜玉齐，宋进.论新民主主义革命时期中国共产党引领社会思潮的逻辑意蕴[J].江西师范大学学报(哲学社会科学版)，2011（04）.

[17]孙婷.大学文化之于思想政治教育的价值研究[J].扬州大学学报(人文社会科学版)，2012(16).

[18]夏锋.人的文化存在与思想政治教育创新研究[D].济南：山东师范大学，2014.

[19]董云川.论大学的文化属性——基于工具性与价值性的层次视角[D].昆明：云南大学，2013.

[20]杜奉瑛.当代中国思想政治教育社会管理功能研究[D].长春：东北师范大学，2012.

[21]梁庆婷.大众传媒的思想政治教育功能研究[D].徐州：中国矿业大学，2011.